中华优秀传统文化要义

任俊华 著

中央党校出版集团
大有书局

图书在版编目（CIP）数据

中华优秀传统文化要义 / 任俊华著. -- 北京：大有书局，2024.1
ISBN 978-7-80772-075-1

Ⅰ.①中… Ⅱ.①任… Ⅲ.①中华文化－研究 Ⅳ.①K203

中国国家版本馆 CIP 数据核字（2023）第 192754 号

书　　名	中华优秀传统文化要义	
作　　者	任俊华　著	
统筹策划	严宏伟	
责任编辑	叶敏娟　张媛媛	
责任校对	李盛博	
责任印制	袁浩宇	
出版发行	大有书局	
	（北京市海淀区长春桥路6号　100089）	
综 合 办	（010）68929273	
发 行 部	（010）68922366	
经　　销	新华书店	
印　　刷	泰安市恒彩印务有限公司	
版　　次	2024年1月第1版	
印　　次	2024年1月第1次印刷	
开　　本	710毫米×1000毫米　1/16	
印　　张	29.75	
字　　数	222千字	
定　　价	72.00元	

本书如有印装问题，可联系调换，联系电话：（010）68928947

前　言

党的二十大报告指出："中国共产党人深刻认识到，只有把马克思主义基本原理同中国具体实际相结合、同中华优秀传统文化相结合，坚持运用辩证唯物主义和历史唯物主义，才能正确回答时代和实践提出的重大问题，才能始终保持马克思主义的蓬勃生机和旺盛活力。"继往以开来，承古以强今。中国特色社会主义进入新时代，在我们以中国式现代化全面推进中华民族伟大复兴的征程中，如何充分挖掘中华优秀传统文化的当代价值，并对其进行创造性转化和创新性发展是当前文化建设面临的重大理论和实践课题。

多年来，我一直在思考哪些经典文献是我们必须提供给从事专业学习的本科生研究生和中华传统文化爱好者学习阅读的。经过三十余年的授课和研究，我发现要进行人文素质教育，首先就是让他们熟悉最基本的经典。本书就是我在教学实践基础上选编讲解的一种教材。无论对于从事专业学习的学生，还是对于中华优秀传统文化的爱好者，都应该诵读、研习这些经典。

本书选录自先秦至近代的优秀传统文化传世文献五十六部（篇），在二十三万字以内的篇幅里，精选出最能体现中华优秀传统文化精华的代表作。这些作品涉及中华优秀传统文化的多个方面，既有最近出土不太为人所熟悉的珍贵文献，又有历代传诵不衰的传世名篇。

本书参考了古今众多的相关选本资料，如《昭明文选》《古文观止》《经史百家杂钞》《经史百家简编》《诸子集成》，以及"古代文史名著选译丛书""华夏国学经典正宗文库""中华国学文库"等，注重突出哲学智慧，兼顾文史各个方面，不仅适合本科生研究生专业阅读，也可作为学习优秀传统文化的速成教材使用。

本书所选原著，一般都采用原有篇名，少数节选的文章编者加了标题，皆一一注明。为帮助读者理解原文，每篇都作了现代语译。译文以帮助读者准确理解原文为出发点，不限于一字一词的解读。根据个人的学习情况，需要进一步深入学习的，可参考相关作者的专集和全集资料。

中华古籍浩如烟海，有些有广泛影响的名著，如《春秋三传》《黄帝四书》《商君书》《管子》《公孙龙子》《周礼》《吕氏春秋》《淮南子》《论衡》《法言》《抱朴子》《东西均》《天演论》等，因限于篇幅未能选入，读者可参考相关文献，自修部分内容。

在十分有限的篇幅里介绍博大精深的优秀传统文化，我深知自不量力，尽管我研究传统文化三十多年来一直有选编优秀传统文化读本的心愿，也积累了大量资料，出版过一些研究原著的作品，但一直心存慎重之心。虽然认真去做编选工作，但我学力有限，所选不当之处，敬请读者批评指正。本书出版深得中央党校出版集团大有书局和泰山慈善基金会舒涵基金的支持，在此一并感谢！

任俊华

2023年10月

目　录

出土文献 —— 001

　　鲁邦大旱 —— 001

　　保　训 —— 004

《尚　书》—— 008

　　尧　典 —— 008

《诗　经》—— 014

　　文　王 —— 014

《周　易》—— 017

　　大象传 —— 017

　　序　卦 —— 039

《道德经》—— 051

　　道法自然 —— 051

　　天长地久 —— 054

　　知常曰明 —— 056

《论　语》—— 062

乐山乐水 —— 062

　　吾与点也 —— 066

《孙　子》—— 068

　　计　篇 —— 068

《墨　子》—— 101

　　兼爱上 —— 101

《孟　子》—— 106

　　公孙丑章句上 —— 106

　　滕文公章句下 —— 132

《庄　子》—— 155

　　至德之世 —— 155

　　万物不伤 —— 160

《韩非子》—— 163

　　五　蠹（节选）—— 163

《楚　辞》—— 167

　　橘　颂 —— 167

　　离　骚 —— 170

《荀　子》—— 186

　　天　论（节选）—— 186

《礼　记》—— 190

　　大　学 —— 190

　　中　庸 —— 208

《黄帝内经》—— 242

　　四气调神大论（节选）—— 242

　　经　水（节选）—— 246

《史　记》—— 248

　　货殖列传序 —— 248

《春秋繁露》—— 254

　　王道第六（节选）—— 254

　　仁义法（节选）—— 258

《后汉书》—— 260

　　皇甫嵩朱儁列传第六十一 —— 260

《黄帝阴符经》—— 288

　　神仙抱一演道章 —— 288

　　富国安民演法章 —— 290

　　强兵战胜演术章 —— 291

《贞观政要》—— 296

　　君　道 —— 296

　　政　体 —— 311

　　任　贤 —— 333

李　白 —— 357

　　与韩荆州书 —— 357

　　古风·其九 —— 363

韩　愈 —— 366

原　道 —— 366

柳宗元 —— 377
　　登柳州城楼寄漳、汀、封、连四州 —— 377
　　封建论 —— 381

欧阳修 —— 394
　　朋党论 —— 394
　　秋声赋 —— 401

苏　轼 —— 407
　　刑赏忠厚之至论 —— 407

周敦颐 —— 412
　　太极图说 —— 412
　　通　书（节选）—— 416

张　载 —— 418
　　西　铭 —— 418
　　横渠四句 —— 422

程　颢 —— 424
　　秋日偶成 —— 424

程　颐 —— 428
　　颜子所好学论 —— 428

朱　熹 —— 433
　　中和旧说第三书 —— 433
　　观书有感·其二 —— 435

文天祥 —— 438

　　指南录后序 —— 438

王守仁 —— 447

　　传习录（节选）—— 447

王船山 —— 452

　　思问录（节选）—— 452

曾国藩 —— 455

　　致诸弟·劝弟谨记进德修业 —— 455

　　评"研几工夫最要紧" —— 460

出土文献

鲁邦大旱

鲁邦大旱，哀公①谓孔子："子不为我图之？"孔子答曰："邦大旱，毋乃失诸刑与德乎？唯……""……之何哉？"孔子曰："庶民知说之事鬼也，不知刑与德，如毋爱圭璧币帛于山川，政刑与……"出，遇子贡②，曰："赐，尔闻巷路之言，毋乃谓丘之答非欤？"子贡曰："否，緊乎子女，踵命其与！如夫政刑与德，以事上天，此是哉！如夫毋爱圭璧币帛于山川，毋乃不可。夫山，石以为肤，木以为民。如天不雨，石将焦，木将死。其欲雨又甚于我，又必恃乎名乎？夫川，水以为肤，鱼以为民。如天不雨，水将涸，鱼将死。其欲雨又甚于我，又必恃乎名乎？"孔

---

① 哀公：指春秋诸侯国鲁国君主鲁哀公（？—前468），姬姓，是鲁国第二十六任君主。其为鲁定公儿子，公元前494年至前468年在位，总共在位二十七年。
② 子贡：指春秋末年卫国人端木赐（前520—前446），其复姓端木，字子贡（古同"子赣"）。孔子的得意门生之一。孔子曾称其为"瑚琏之器"，有突出的经商才能，为儒商鼻祖。

子曰："呜呼……公岂不饱粱食肉哉，縈无如庶民何……"（文中省略号为原简破损处）

【译文】

鲁国发生了大旱。鲁哀公对孔子说："你不帮我想想怎么解决这个问题吗？"孔子说："国家发生了大旱，不就是刑和德方面出了问题吗？只要把刑和德的问题处理好就没事了。"哀公又问："……具体应该怎么办呢？"孔子说："百姓只知道去敬奉鬼神、祭祀山川，哪知道什么刑和德？如果用美玉、金钱、丝帛去祭祀山川，讨百姓喜欢，就能将刑和德的问题处理好。"孔子出来后，遇到子贡，对他说："赐啊，你听了百姓的议论，是不是大家认为我的消灾之策有问题呀？"子贡说："不是这样的。但您难道真的如此重视祭祀鬼神、山川吗！通过刑罚公正、道德彰明来感动天地、消除旱灾，是对的；但用祭祀山川、神灵的办法来消灾，就是不对的。山是石头做的，有众多林木生存其中，如果上天不下雨，石头就会被烤焦，林木就会枯死。它们比我们还需要雨，我们能靠祭祀山来改变命运吗？川，是由水组成的，有鱼在里面生活。如果老天不下雨，水就会干涸，鱼就会死亡，它们比我们还需要雨，我们能靠川吗？"孔子说："哎呀……（如果不让他们去祭祀）百姓就会认为国君和这些当官的人饱食终日，不管百姓的死活呢……"

【评解】

《鲁邦大旱》选自《上海博物馆藏战国楚竹书》（二），为方便阅读，本文根据《鲁邦大旱》图版进行了修订。根据本文记载,孔子对鲁国发生大旱的看法,采用了天人感应学说。他认为,鲁国发生大旱是由刑、德之失而起的,应当进行祭祀求雨。汉儒董仲舒宣扬天人感应学说,并乐于祭祀求雨行径,与孔子对待鲁国大旱的言行是一致的。也就是说,董仲舒宣扬天人感应学说是继承了孔子儒家思想的,这种说法并非空穴来风,他以此"托天管人",鞭策"人君"以德治国,实乃继承了孔子儒家借天人感应学说"正刑与德"推行以德治国的思想方法。这对纠正流行的"天人感应非儒家学说",是有力的文献证据。《鲁邦大旱》为战国中期(楚国迁郢前)的文献(与郭店楚简相近),对我们正确理解孔子借天人感应学说谈以德治国学说有十分重要的意义。本文所讲刑、德之失而引起政治危机,也值得从政者反思。通过刑罚公正和道德彰明来治理国家,就像依法治国和以德治国相结合,应该是富有政治智慧的治国之策。

保　训

惟王五十年，不豫，王念日之多历，恐坠宝训，戊子，自靧水，己丑，昧[爽]……[王]若曰："发，朕疾适甚，恐不汝及训。昔前人传宝，必受之以词，今朕疾允病，恐弗念终，汝以书受之。钦哉，勿淫！昔舜旧作小人，亲耕于历丘，恐求中。自稽厥志，不违于庶万姓之多欲。厥有施于上下远迩，乃易位迩稽，测阴阳之物，咸顺不逆。舜既得中，言不易实变名，身兹备惟允，翼翼不解，用作三降之德。帝尧嘉之，用受厥绪。呜呼！发，祗之哉！昔微假中于河，以复有易，有易服厥罪。微无害，乃归中于河。微志弗忘，传贻子孙，至于成汤，祗备不懈，用受大命。呜呼！发，敬哉！朕闻兹不旧，命未有所延。今汝祗备毋解，其有所由矣。不及尔身受大命，敬哉，勿淫！日不足，惟宿不详。"

【译文】

周文王在位五十年的时候，得了重病且病情一直不见好转，他觉得自己活不了多少天，担心来不及向继承人传授宝训。戊子日那天，文王自己洗了洗脸，第二天把太子姬发叫到身边……对他说："姬发啊，我的病越来越严重了，真担心没有时间再训导你了。过去人们传承宝训，一定要把它背诵下来，我现在病得很重，不知道能不能背完，你一定要认真地把它一字一句记下来，恭恭敬敬地做事，不要放纵自己啊！舜原来做百姓的时候，在鬲丘那个地方从事生产劳动时，就曾去找寻'中'，树立了为实现百姓的愿望而奋斗的理想，他从政后就按照'中'的原则来施政，总是设身处地为百姓着想，从正、反两方面来考虑问题，事情做得很好。舜得到'中'后，看似没有改变其实名分已经变了，他更加勤勉，不敢有丝毫懈怠，把'中'作为最高的道德准则。尧帝非常赞赏他的做法，把帝位传给了他。哎呀！姬发啊！原来商汤的祖先上甲微也曾经向河伯去借'中'，降服有易氏，有易氏就认罪伏法了，上甲微没有受到损害，就把'中'还给河伯。但上甲微已经把'中'的内容牢牢记在心里了，后来把它传给了子孙，一直到成汤的时候，恭敬、谨慎不懈地按照'中'来行事，最终取得了大位宝座。哎呀！姬发啊，一定要恭恭敬敬地对待'中'呀！我的病老治不好，怕是活不了多长时间了。你一定要恭恭敬敬啊，一定要按照'中'来做事啊，我是看不到你承继天命登上大位的那一天了。一定要恭敬啊，不要放纵自己呀！我的时日不多了，怕哪一天睡过去就醒不过来了，所以先训导训导你。"

【评解】

《保训》选自刘国忠著《走近清华简》一书（高等教育出版社2011年版），是清华简的重要篇目。保训，即宝训，记叙的是周文王病重，向太子姬发陈述自己政治遗言的情况。

在文中，周文王特别强调了"中"的重要性，介绍了舜依靠

"中",使尧帝将帝位禅让给他,介绍了商汤的祖先上甲微因为向河伯借到了"中",才降伏有易氏,因为把"中"传给了子孙,商汤才取得大位。那么,这么重要的"中",到底是什么呢?我认为"中"最初是一面有神性的旗帜,有了它,就等于得到了天命,政权就会获得上天的认可。后来引申为可以成为政权合法性依据的旗帜和政治思想理论。

我认同中国人民大学张法教授的观点,远古时代的"中"与国家政权相关:"'中'在古文字中,是与天相观测相关的一个中杆。通过中杆,古人理解了天的规律,如果说天在远古被理解为一个神的话,那么中杆上反映的就是神的意图。因此,最早的'天人合一'就体现在中杆的'中'上。'中'又是一种建筑形式,由于'中'代表天道的神圣性,原始部落的领导人举行重要仪式的地方,就站在中杆下面。他在中杆这一神圣的地点开会,就占有了天道,天是神,他就拥有神的护佑。站在中杆下,你的话和行为就'中',不然就不'中'。'中'在古文字中的另一个写法是一面旗帜。在中国文化中,旗帜非常重要,在古文字中,民族的'族'就是一个人或一些人站在一面旗帜下。"[①]那时的人们相信天地之间并不遥远,人可以通过直插云霄的高山到达天上,甚至见到神灵。山是天与人之间自然的桥梁,但在日常生活中人们不能随时登山望神,体悟神意。于是,山的形象被抽象,人们便仿照山的形象创造出旗帜,并把它作为沟通天人的工具。中国的

---

① 张法:《紫禁城的文化遐想》,《中国教育报》2006年10月11日第11版。

"中",最初的写法就是一面旗帜。这面旗帜象征政权的神圣合法与国家民族的团结,极具治国的大智慧。后来政治家讲的中庸之道和举好旗帜问题,即发端于此,值得从政者仔细品味。

《尚　书》

尧　典

昔在帝尧，聪明文思，光宅天下。将逊于位，让于虞舜，作《尧典》。

【译文】

古时候，唐尧称帝时，耳聪目明，治理天下有大智慧，全天下都受他的福泽普照。将要退位的时候，把帝位禅让给了虞舜，《尧典》就是为记叙这件事而作的。

曰若稽古帝尧，曰放勋，钦、明、文、思、安安，允恭克让，光被四表，格于上下。克明俊德，以亲九族。九族既睦，平章百姓。百姓昭明，协和万邦。黎民于变时雍。

【译文】

查考历史，尧帝的名字叫放勋。他为人恭敬勤俭、明察秋毫、态度谦和、诚实恭谨，能够举贤让能，因此他的福泽惠及四海，感动天地。尧善于选用德才兼备的人才，使族人团结和睦；团结好族人后，他又对百官的政绩进行考察奖赏，努力使各部族之间都能安定和谐。在尧的治理下，百姓相递变化友好和睦起来。

乃命羲和，钦若昊天，历象日月星辰，敬授人时。分命羲仲，宅嵎夷，曰旸谷。寅宾出日，平秩东作。日中，星鸟，以殷仲春。厥民析，鸟兽孳尾。申命羲叔宅南交。平秩南讹，敬致。日永，星火，以正仲夏。厥民因，鸟兽希革。分命和仲，宅西，曰昧谷。寅饯纳日，平秩西成。宵中，星虚，以殷仲秋。厥民夷，鸟兽毛毨①。申明和叔，宅朔方，曰幽都。平在朔易。日短，星昴②，以正仲冬。厥民隩，鸟兽氄毛。帝曰："咨！汝羲暨和，期三百有六旬有六日，以闰月定四时成岁。允厘百工，庶绩咸熙。"

【译文】

尧帝命令羲氏、和氏，恭敬谨慎地遵循天道，按照日月星辰的运行规律来制定历法，以引导人们按照时令节气从事生产生活。又命令吩咐羲仲，住在东海名叫旸谷的地方，恭敬地守候日出，辨别记录不同时间日出的情况。把昼夜长短相同，朱雀七宿出现在天的正南方的那一天，作为春分。在春分的时候，在田野

---

① 毨：xiǎn。
② 昴：liǔ。

里处处都有人民在劳作，鸟兽也开始生育繁殖。再命令羲叔，住在南边，观察太阳向南运行的情况，来确定仲夏的节气，并恭敬地等待着太阳的到来。以白昼时间最长、天火星见于正南方的那天确定为夏至。这时人民住在高处，鸟兽开始脱毛。命令和仲，住在西方名叫昧谷的地方，以测定日落，恭敬地观看日落，并观察太阳落山的情况，以安排秋季收获庄稼的工作，将昼夜长短相等、北方玄武七宿中的虚星黄昏时出现在正南方，定为秋分。这时，人民离开高地而住在平原，开始收获庄稼，鸟兽的毛也越来越厚。再命令和叔，居住在北方的幽都，以观察太阳从南向北运行的情况。把白昼最短、昴星见于正南方的那天作为冬至。这时，人民都住在室内取暖，鸟兽的毛也长得最厚以抵御冬天的寒冷。尧说："唉！羲与和啊！一年有三百六十六天，要用加闰月的办法确定春、夏、秋、冬四季来成岁。据此来规定百官的职责，这样各项工作就会做好了。"

　　帝曰："畴咨若时登庸？"放齐曰："胤子朱启明。"帝曰："吁！嚚讼，可乎？"

【译文】

　　尧帝说："唉！谁能担当依据四时变化安排各项事务的职务呢？"放齐说："您的儿子丹朱就可以啊。"尧帝说："唉！他谈吐狂妄，爱争辩，能行吗？"

帝曰："畴咨若予采？"骧兜曰："都！共工方鸠僝功。"帝曰："吁！静言庸违，象恭滔天。"

【译文】

尧帝说："谁能担当处理政务的工作呢？"骧兜说："哦！还是共工吧！他承担了很多事情，做得都不错。"尧帝说："唉！这个人很会说些漂亮话，但阳奉阴违，貌似恭敬，实则内心傲慢。"

帝曰："咨！四岳，汤汤洪水方割，荡荡怀山襄陵，浩浩滔天。下民其咨，有能俾乂？"佥曰："於！鲧哉。"帝曰："吁！咈哉，方命圮族。"岳曰："异哉！试可乃已。"帝曰："往，钦哉！"九载，绩用弗成。

【译文】

尧帝说："唉！四方诸侯之长啊！滔滔洪水四处肆虐，包围了大山，淹没了高冈，遮天蔽日。百姓深受其害，有谁能治理洪水，使百姓安居乐业呢？"大家都说："哦，鲧可以！"尧帝说："唉！他常常违反法纪，不服从命令，危害同族。"四方诸侯之长说道："我们觉得他不是这样的，就让他试一试吧。"尧帝说："去吧！鲧，可要认真地治水啊！"鲧治水九年，也没有什么成效。

帝曰："咨！四岳：朕在位七十载，汝能庸命，巽朕位？"

岳曰："否①德忝帝位。"曰："明明扬侧陋。"师锡帝曰："有鳏在下，曰虞舜。"帝曰："俞！予闻，如何？"岳曰："瞽子。父顽，母嚚，象傲，克谐以孝烝烝，乂不格奸。"帝曰："我其试哉！女于时，观厥刑于二女。"厘降二女于妫汭，嫔于虞。帝曰："钦哉！"

【译文】

尧帝说："唉！四方诸侯之长啊！我已经在位七十年了，你们有谁能够顺应天命，承继我的帝位？"四方诸侯之长回答说："我们德行鄙陋，怕辱没了帝位。"尧帝说："应该四处去寻访一下，找到有贤能的人，即使他地位低贱也没关系！"大家向尧帝禀告说："有一个贫穷的光棍叫虞舜的很贤明。"尧帝说："是啊，我听说过。他的德行如何呢？"四方诸侯之长回答说："他是乐官瞽瞍的儿子，父亲糊涂，母亲跋扈，弟弟象傲慢，但舜能和他们和睦相处。这么一个有孝心的人，使自己的行为不至流于奸邪。"尧帝说："我要考察考察他！把我的两个女儿嫁给舜，来观察他的德行。"就这样，尧的两个女儿就在妫河的转弯处与虞舜举行了婚礼。尧帝说："恭谨地处理政务吧！"

【评解】

本文是《尚书》的第一篇。《尚书》又称《书》《书经》，是我国第一部上古历史文献和部分追溯古代事迹著作的汇编，它保

---

① 否：bǐ。

存了商周特别是西周初期的一些重要史料。其中所记载的大多是有关政治的一些言论和史事,有的出于当时史官的记录,有的根据史料的追述。因它是上古之书,所以称为《尚书》("尚"即上,"尚书"就是上古的历史记录)。《尧典》是《尚书》的首篇,记叙的是禅让帝位、公开议定百官及用东西南北四方与春夏秋冬四时相配的情况,其内容涉及所谓尧时期的政治体制、政治思想及社会制度等方面,为研究我国原始社会后期的政治制度和古代思想、习俗提供了值得参考的资料。

《诗　经》

文　王

　　文王在上，於昭于天。周虽旧邦，其命维新。有周不显，帝命不时。文王陟降，在帝左右。

　　亹亹①文王，令闻不已。陈锡哉周，侯文王孙子。文王孙子，本支百世。凡周之士，不显亦世。

　　世之不显，厥犹翼翼。思皇多士，生此王国。王国克生，维周之桢②，济济多士，文王以宁。

　　穆穆文王，於缉熙敬止。假哉天命，有商孙子。商之孙子，其丽不亿。上帝既命，侯于周服。

　　侯服于周，天命靡常。殷士肤敏。祼③将于京。厥作祼将，

---

① 亹亹：wěi wěi。
② 桢：zhēn。
③ 祼：guàn。

常服黼冔①。王之荩臣。无念尔祖。

无念尔祖,聿修厥德。永言配命,自求多福。殷之未丧师,克配上帝。宜鉴于殷,骏命不易。

命之不易,无遏尔躬。宣昭义问,有虞殷自天。上天之载,无声无臭。仪刑文王,万邦作孚。

【译文】

文王在天有神灵,光辉照耀显神明。岐周虽是旧邦国,但建立新朝应天命。大周王朝大荣耀,天意佑周业长兴。文王神灵启天地,长随上帝在天庭。

文王勤勉日夜忙,美名地久又天长。护佑大周施恩德,后代子孙永为王。文王子孙百代兴,旁支嫡系都兴旺。公侯百官与贵族,世世代代显荣光。

世世代代皆显贵,深谋远虑又恭谨。贤良优秀与才俊,济济一堂为周臣。贤士君子此地生,长大辅佐我国君。各种人才都齐备,文王在天亦安心。

文王庄重态度端,处事公正又谨慎。天命所定不可违,殷商后代今成臣。殷商子孙人数众,成万上亿皆商民。王位属意我大周,臣服于我天命顺。

殷商子民拜周王,天命无常唯德昌。殷商顺民谨遵礼,镐京拜祭在庙堂。为臣助祭行灌礼,头戴殷冕着祭装。为国尽忠勇献身,先祖恩德不敢忘。

---

① 黼冔:fǔ xǔ。

先祖教诲记心间，修身养德多勤勉。恭恭敬敬顺天命，自求多福遂心愿。殷商与民同心时，德行昭彰可配天。我等当以商为鉴，德配天地不能变。

德配天地有天佑，别在你处天命丧。美好声名多传颂，天命决定殷商亡。天意高深不可测，难从声气来考量。效仿文王好榜样，臣服万邦永称王。

【评解】

《诗经》又称"诗三百"，是我国第一部诗歌总集，由风、雅、颂三部分组成，其中，雅分为《大雅》和《小雅》。它是儒家重要经典，对我国后世诗歌文学、文化传承，以及中华民族的民族心理、民族性格的形成都有深远影响。

本篇是《大雅》的第一篇。相传为周公所作，内容是赞誉文王。朱熹《诗集传》认为该诗的主题是"周人追述文王之德，明国家所以受命而代殷者，皆由于此，以戒成王"。由此推断，《文王》成诗于西周初年，是《诗经》中多篇歌颂文王诗文的首篇，表达了德配天地的王朝更替思想，对论证西周政权的合法性具有现实的和长远的重要政治意义。

《周 易》

大象传

天行健，君子以自强不息。

【译文】

天的运行刚劲强健，君子效法天道发愤图强，永不懈怠。

地势坤，君子以厚德载物。

【译文】

大地的气势浑厚，包含着随顺安分的美德，君子效法天道增强道德修养包容万物。

云雷,屯。君子以经纶。

【译文】

云在雷上,象征着有雷无雨、下雨困难。在事业初创期的君子多想办法、勇往直前、迎难而上、治理国家。

山下出泉,蒙。君子以果行育德。

【译文】

山下泉水冲破阻碍流出,象征着启蒙开智的时期。此卦象启发君子应果断行动,培育德行。

云上于天,需。君子以饮食宴乐。

【译文】

天上的云还需要慢慢聚集才能下雨,象征着还需要等待时机。此卦象告诉君子要尽情享受饮食宴会,等待时机。

天与水违行,讼。君子以作事谋始。

【译文】

天向西转,水向东流,方向不一致表示有争端。君子据此知道在做事时,一开始就要谋划好,避免发生诉讼争端。

地中有水，师。君子以容民畜众。

【译文】

地中有水，取之不尽，象征着兵源充足。君子据此应广容百姓，蓄养众人。

地上有水，比。先王以建万国，亲诸侯。

【译文】

地上有水，润泽大地，象征着亲密的关系。据此，古代圣王分封了众多的诸侯国，与诸侯相亲相辅。

风行天上，小畜。君子以懿文德。

【译文】

天上刮着微风，形容小有积蓄（农作物）。君子应当效法这一精神，修身养性，提高自己的道德修养和各项才艺，以等待报效国家的时刻。

上天下泽，履。君子以辩上下，定民志。

【译文】

天在上，水在下，象征一切都要依礼而行。君子据此确定区分上下，安定民心。

天地交，泰。后以财成天地之道，辅相天地之宜，以左右民。

【译文】

天地和顺、万物化生，象征万事通泰。君子应当按照天地运行的规律，遵照时令变化指导百姓适时耕作，使其安泰。

天地不交，否。君子以俭德辟难，不可荣以禄。

【译文】

天在下，地在上，比喻闭塞不通。君子在乱世或有灾害时，应带头勤俭节约，带领百姓度过困难，不应为荣华富贵所诱惑，只顾自己享受。

天与火，同人。君子以类族辨物。

【译文】

天在上，火也向上，象征志趣相投、人与人和睦相处。君子应按照不同人群、不同事物的特点，辨别各自的区别，求同存异、和睦相处。

火在天上，大有。君子以遏恶扬善，顺天休命。

【译文】

火在天上、照耀四方，比喻社会光明公正，盛大富有。君子应当遏制邪恶，彰显善行，顺应天命，使社会更美好。

地中有山，谦。君子以裒①多益寡，称物平施。

【译文】

大地中有高山，比喻谦让。君子应当处事公正，减多增少，衡量事物的多寡，缩小贫富差距。

雷出地奋，豫。先王以作乐崇德，殷荐之上帝，以配祖考。

【译文】

雷声发出，大地欢腾。古代圣王，创造音乐表彰盛德，献给天帝，祭祀祖先的亡魂。

泽中有雷，随。君子以向晦入宴息。

【译文】

湖中的水随着雷声震动泛起波浪，比喻跟随。君子应当效法大自然运行的规律，白天工作，晚上休息。

山下有风，蛊。君子以振民育德。

【译文】

山下疾风迅猛，形容有乱事出现。君子应当振奋民心，培育社会道德。

---

① 裒：póu。

泽上有地，临。君子以教思无穷，容保民无疆。

【译文】

湖中有地，比喻居高临下。君子应以德亲民、教化百姓，包容爱护百姓没有止境。

风行地上，观。先王以省方，观民设教。

【译文】

风行地上，无处不至。古代的圣王巡视四方，体察民情，教化百姓。

雷电，噬嗑。先王以明罚敕法。

【译文】

电闪雷鸣，震慑人心，比喻法律的威严。古代的圣王，公布法令，让百姓了解国法无情，不要违犯。

山下有火，贲。君子以明庶政，无敢折狱。

【译文】

山下灯火明亮，象征装饰。君子应谨慎明察政务中的小事，不能轻率地去裁决诉讼。

山附于地,剥。上以厚下安宅。

【译文】

不管多高的大山都要依附于大地,不然就会有土石崩落流失之象。处在上位的人不能离开百姓,要厚待百姓,使他们安居乐业。

雷在地中,复。先王以至日闭关,商旅不行,后不省方。

【译文】

雷声在地中涌动,象征着地里的阳气初生。君王应在阳气初生的冬至这一天关闭关口,不允许经商旅行,自己也不巡视四方。

天下雷行,物与无妄。先王以茂对时,育万物。

【译文】

天下响春雷,象征着万物生长不敢怠慢。君王应遵循天命配合天时,养育万物。

天在山中,大畜。君子以多识,前言往行,以畜其德。

【译文】

天被大山包围,象征着巨大的积蓄。君子应扩大自己的知识范围,多了解往圣前贤的言论和行为,修养自己的品德。

山下有雷，颐。君子以慎言语，节饮食。

【译文】

雷声在山下震动，比喻万物萌发。君子应言语谨慎，节制饮食以修养自己。

泽灭木，大过。君子以独立不惧，遁世无闷。

【译文】

大水淹没了树木，象征着事情做太过了就会有灭顶之灾。君子面对困难也要保持独立的人格，不得已要埋名隐居，也不会烦恼。

水洊至，习坎。君子以常德行，习教事。

【译文】

大水不断涌来，比喻危险重重。君子要把修养自己的德行和学习从政教化百姓的方法作为一辈子的事。

明两作，离。大人以继明照于四方。

【译文】

光明不断出现，比喻明而又明。君子处理政事要坚持明察秋毫的原则使四方百姓受益。

山上有泽，咸。君子以虚受人。

【译文】

山上有湖泊，比喻山水互相感应。君子应虚怀若谷包容百姓。

雷风，恒。君子以立不易方。

【译文】

风雷俱作，是自然界常见的现象，比喻长久不变。君子应坚守自己的志向不改变。

天下有山，遁。君子以远小人，不恶而严。

【译文】

天下有高山，天高山远，象征退避。君子应远离小人，严于律己，以使小人不敢接近。

雷在天上，大壮。君子以非礼弗履。

【译文】

雷声响彻天空，象征声势壮大。在盛世时，君子应谨守礼仪，不合乎礼的事情不做。

明子地上，晋。君子以自昭明德。

【译文】

阳光普照大地，代表光明。君子应修养自己，使自己本就有的光明德行显现出来。

明入地中，明夷。君子以莅众，用晦而明。

【译文】

太阳消失在地平线下，象征着光明消失。君子在面对民众时，应虚心听取大家的意见，不要过早表达自己的观点，以集思广益。

风自火出，家人。君子以言有物，而行有恒。

【译文】

外面的风来自本身就有的火，外因只有通过内因才能起作用，比喻家人。君子应言之有物，行为做事遵守固定的原则。

上火下泽，睽。君子以同而异。

【译文】

火焰向上燃烧，湖水向下流，比喻方向不一致。君子应求同存异。

山上有水，蹇。君子以反身修德。

【译文】

山高水险，比喻行走困难。君子遇到困难时，要从自己身上找原因，修养自己的品德。

雷雨作，解。君子以赦过宥罪。

【译文】

雷雨过后就是彩虹，比喻疏解。君子应当赦免有过错的人，宽恕犯罪的人。

山下有泽，损。君子以惩忿窒欲。

【译文】

山下有湖泊，比喻山体受到湖水冲蚀，会有所减损。君子应控制自己的愤怒和贪欲。

风雷，益。君子以见善则迁，有过则改。

【译文】

风雷交加，声势互涨。君子应向做好事的人学习，有过错及时改正。

泽上于天，夬。君子以施禄及下，居德则忌。

【译文】

水上升到天上，就会下雨，比喻果决。君子广施恩泽给百姓，但切忌因此居功。

天下有风，姤。后以施命诰四方。

【译文】

天下有风，无处不至，比喻在哪里都能遇到。君子应把要实施的命令告知四方，让百姓都知道。

泽上于地，萃。君子以除戎器，戒不虞。

【译文】

湖水涨到地面，水太多太大，有决堤之险，比喻危险齐聚。君子应及时修理兵器，以防意外发生。

地中生木，升。君子以顺德，积小以高大。

【译文】

大地长出树木，比喻上升。君子应顺行美德，积小善成大德。

泽无水，困。君子以致命遂志。

【译文】

湖中没有水，比喻困难。君子遇有危险应舍生取义。

木上有水，井。君子以劳民劝相。

【译文】

树上的树叶从树根中吸取水分，就像从井里汲水一样。君子应不辞劳苦地为百姓谋利益，倡导良好的社会风尚。

泽中有火，革。君子以治历明时。

【译文】

湖泊中有火，有新事物出现，比喻革新。君子应按照时节变化制定历法，使百姓依照时节变化从事农业生产。

木上有火，鼎。君子以正位凝命。

【译文】

用木头生火，表示烹饪。君子应像鼎一样，端正态度、按照天命安排，恪尽职守。

洊雷，震。君子以恐惧修省。

【译文】

雷声响不停，比喻上天的威严和警示。君子应诚惶诚恐地修养身心，反省自己的错误。

兼山，艮。君子以思不出其位。

【译文】

两山重叠，比喻停止不动。君子考虑问题应切合实际，不要超出自己能力所及的范围。

山上有木，渐。君子以居贤德善俗。

【译文】

山上有树木慢慢长大，比喻渐进。君子应不断修养自己的德行，使社会风尚得到改善。

泽上有雷，归妹。君子以永终知敝。

【译文】

长男迎娶少女，表示出嫁。君子应恪尽为夫之道，珍惜糟糠之妻。

雷电皆至,丰。君子以折狱致刑。

【译文】

雷电齐至,比喻声势浩大。君子应明察案情,量罪定刑。

山上有火,旅。君子以明慎用刑,而不留狱。

【译文】

山上的火燃草而蔓延,比喻不是长久如此,如同旅行。君子应明察秋毫,谨慎用刑,不拖延案件。

随风,巽。君子以申命行事。

【译文】

风儿袭来,万物随之摇摆,象征跟随。君子应按照反复强调的政令行事。

丽泽,兑。君子以朋友讲习。

【译文】

两湖相连,互通有无,象征和睦喜悦。君子应与良朋益友互相学习。

风行水上，涣。先王以享于帝立庙。

【译文】

风儿吹过水面，波纹慢慢散开，象征涣散。古代圣王祭祀天帝，修建宗庙，以使民心凝聚。

泽上有水，节。君子以制数度，议德行。

【译文】

水受堤坝约束流于湖上，不能流于别处，比喻节制。君子应制定规章制度规范人们的言行，考察人们的德行。

泽上有风，中孚。君子以议狱缓死。

【译文】

湖上有风刮过，泛起层层波纹，比喻言过留声，诚信。君子应谨慎处理刑狱，减少死刑。

山上有雷，小过。君子以行过乎恭，丧过乎哀，用过乎俭。

【译文】

山上的雷声，因山谷回声比别处声音大，比喻稍微超过了一点。君子应行动多恭顺一点，服丧多哀伤一点，用度多节俭一点。

水在火上，既济。君子以思患而豫防之。

【译文】

水在火上，能煮熟食物，表示事情可成。君子应多考虑安全背后的隐患，防患于未然。

火在水上，未济。君子以慎辨物居方。

【译文】

火在水上，位置不合适，表示事情办不成。君子应慎重地辨别事物，找到正确的方向。

【评解】

《周易》在我国传统文化宝库中占有极其重要的地位。儒家尊为六经之首，道家奉为三玄之一，传统兵家、医家、农家、天文家、文艺家等各家各派都受其影响。可以说，不了解《周易》，就很难理解传统文化，所以我们必须下功夫学习和了解它。《周易》包括六十四卦经文和十篇解释经文的《易传》，称为"十翼"，相传为孔子所作。这"十翼"是《彖传》上下、《象传》上下、《系辞传》上下、《文言传》、《序卦传》、《说卦传》、《杂卦传》。《象传》分《大象》《小象》，《大象》解卦，《小象》解爻，无论解卦解爻，大多着眼人事。特别是解卦的《大象》，更是儒家借以发挥自己思想的主要依托，最见儒家的思想本色。明人王夫之以为《大象》是"纯乎学《易》之理"，肯定是孔子学《易》

的心得体会。从内容看，《大象》确乎只讲修身、齐家、治国、平天下的大道理，并不言及其他，而且满口"君子"，行文用句，全是儒家风范。

比如《泰》卦《象辞》。《泰》卦本来是个讲阴衰阳盛的卦，三阳在内，有上长之势；三阴在外，有离去之象。《泰》卦卦辞说："小往大来，吉，亨。"《周易正义》据卦辞解释说："阴去故小往，阳长故大来，以此吉而亨通。"这个思想通过《大象》的解释，意境完全变了。《大象》解释说："天地交，泰。后以财成天地之道，辅相天地之宜，以左右民。"后便是君，"财成"即裁成。《大象》以天地交感谓之泰。这在卦象上倒也有些依据，因为三阳为《乾》，乾便是天；三阴为《坤》，坤便是地。《乾》在主位，而《坤》处次位，各得其所，所以说"天地交"，天地交说明了什么呢？接下来就完全因卦象而推及人事了："后以财成天地之道，辅相天地之宜，以左右民。"君上裁定治理之遭，臣下相辅助以致治理之宜，教化百姓，养护庶民，于是天下大治。在这里，天地交感成了君臣合作。合作默契，处事得宜，天下大治，这就叫作"泰"。

儒家讲治国平天下多是站在"辅相"的地位说的，讨论的是如何辅助贤明君主治理天下。这里的前提必须是贤明君主，是可治之世，如果遇上昏暴君主，遇上乱世，该怎么办呢？《否》卦《大象》回答了这个问题："天地不交，否。君子以俭德辟难，不可荣以禄。"《否》卦的卦象恰好与《泰》卦相反，三阴在内，三阳在外，阴占了主位，有阳衰阴长之象。《否》卦卦辞说："否之匪人，不利君子贞，大往小来。"大往小来，失多得少，当然是不吉利了。但《大象》不是直接从往来的多少讲利与不利的，而是从人事的角度讲何以叫《否》，何以不利。"天地不交"，故曰否；天地不交，大则天下大乱，小则在位非人，遇上这种情况，君子就只有"俭德辟难"，收敛起自己的德才，不可以荣禄为意，就像后世的"卧龙"一样，"苟全性命于乱世，不求闻达于诸侯"。这确乎是经验之谈。因为在一人治的社会，天下是一人的天下，国家是一人的国家，君主要败国毁家，谁也拿他没法子，最多出几位"忠臣孝子"，做些毫无意义而又极端愚蠢的"尸谏"之类的举动，也就算千古美谈了。其实这并非儒家思想，至少不是正宗的儒家思想。儒家的原则乃是孔子曾经说过的："危邦不入，乱邦不居，天下有道则见，无道则隐。""君子以俭德辟难，不可荣以禄。"

《大象》讲治国，更讲修身，而修身必从立志始。《乾》卦《大象》："天行健，君子以自强不息。"天德是刚健的，唯其刚健，才能运行不止，寒暑不易。作为君子，也应该像天的刚健一样，坚强挺拔，奋发有为，自强不息。而"自强不息"一语也就成了激励人们奋发前进的千古训条。

与《乾》的刚健相对应，《坤》的特点在于笃厚。故《坤》卦《大象》说："地势坤，君子以厚德载物。"《大象》从大地的宽厚特点出发，提出君子必须有大地一样开阔的胸怀、深厚的修养，能容纳众物、吞吐众物。特别是作为君王主要辅弼的宰相，最提倡这种胸襟。

又如《屯》卦《大象》："云雷，屯，君子以经纶。"经纶有筹治理之义。作者从雷电的声威和迅猛想到了君子行事应有的作风，于是"雷厉风行"一语也就相应产生了。

《大象》解卦，并不拘于卦辞的整体意思，往往只从某一角度、某一部分，甚至某一小点出发，引申拓展，借以树立自己的观点。《蒙》卦《大象》就是典型的一例。《蒙》卦本是讲童子求师及师教童子二者之间的关系。《大象》的作者却只抓住《蒙》卦《坎》下《艮》上的卦象，并不理会卦辞的意思。因《坎》属水，而《艮》属山，《坎》下《艮》上表明山下有水，于是《大象》据此发挥说："山下出泉，蒙。君子以果行育德。"这里强调的是君子重在培养自己果敢坚毅、一往无前的精神。这个立论与卦的关联仅在于"山下出泉"这一自然现象。山下一股泉水，要流入江河，流入大海，不知要遇到多少艰难险阻，然而泉水百折不挠，一往无前地流着，直至达到最后的归宿。以此言之，君子要想成就自己的事业，就必须用心培育这种"果行"的精神，不能半途而废，更不能浅尝辄止。

再如《讼》卦《大象》："天与水违行，讼。君子以作事谋始。"《讼》卦卦体是《坎》下《乾》上，《坎》为水而《乾》为天。天上的太阳由东向西，地下的流水由西向东，完全相反，所以说"天与水违行"。天与水违叫作"讼"，人与人违也叫作"讼"，于是就有了打官司的诉讼。孔子曰："听讼，吾犹人也，必也，使无讼乎！"怎样才能无讼？就是说不和人发生争执，不打官司的唯一办法是在处理每件事前充分考虑到它可能产生的后果，这就叫作"谋始"。因为不是每个人都能做到的，所以说"君子以作事谋始"。"君子"一词，对做到的人有颂扬之意，对未能做到的人有号召鼓舞之意。儒家的宗旨是希望成圣成贤，而孔子"无讼"的着力点也正在此处。

再如《颐》卦《大象》。颐本指口中有物，《颐》卦卦辞："观颐，自求口实。"意思是说，别人口中有物，看人家吃东西没有任何实际意义，必须自己去寻找吃的，鼓励人勿仰给于人，贵在自养。《象传》也全在"养"字上作文章，由观人养而反身自养，由人自养而到天地养万物，圣人养万民。《大象》却别立一义，从口的饮食、言语两大功能出发，提出"君子以慎言语，节饮食"的修身训条，而慎言语的修养和节饮食的崇俭原则，是儒家一贯提倡的。

《大畜》的《大象》更是如此，《大畜》卦象与卦辞本无联系。卦辞简单含混，基本上没有什么实在的意义。卦辞说："利贞，不家食，吉。利涉大川。"《大象》完全甩开卦辞，从《大畜》的畜字立论说："天在山中，大畜。君子以多识，前言往行，以畜其德。"这段《大象》虽然与卦辞风马牛不相及，却大大深化了《大畜》的主题思想，而且又与卦象相一致，实际上是对经文的一种匡正。《大畜》卦体是《乾》下《艮》上，《乾》为天而《艮》为山，有天在山中之象。山要装下一个天，自然是比天更大的储藏库了，所以叫"大畜"。推之人事，这个天大的储藏库该藏些什么呢？《大象》认为，不是金钱，也不是谷米，更不是娇妻美妾，而应该是思想品德。因为思想品德不是一夜之间突然有的，所以必须从对先贤言论的学习和往事经验教训的总结中逐步积累起来，这就叫作"畜德"。畜德自然是越多越好，所以叫作"大畜"。

序　卦

　　有天地，然后万物生焉。盈天地之间者唯万物，故受之以《屯》。屯者，盈也。屯者，物之始生也。物生必蒙，故受之以《蒙》。蒙者，蒙也，物之稚也。物稚不可不养也，故受之以《需》。需者，饮食之道也。饮食必有讼，故受之以《讼》。讼必有众起，故受之以《师》。

【译文】
　　有天地，然后就有了万物。充满天地之间的，只有万物，所以《乾》《坤》卦后，接着为《屯》卦。屯的意思是盈满，是万物开始生长的状态。万物刚刚产生，必定都是蒙昧的，所以在《屯》卦后，就是《蒙》卦。蒙的意思，就是蒙昧，亦即万物在幼小的时候，不能不养育，所以接着是《需》卦。需表示吃饭穿衣的道理，解决吃饭穿衣的问题，必定会出现诉讼，所以接着是《讼》卦。诉讼，必定会激起民众，所以接着是《师》卦。

　　师者，众也。众必有所比，故受之以《比》。比者，比也。比必有所畜，故受之以《小畜》。物畜然后有礼，故受之以《履》。履者，礼也。履而泰然后安，故受之以《泰》。泰者，通也。物不可以终通，故受之以《否》。物不可以终否，故受之以《同人》。与人同者，物必归焉，故受之以《大有》。有大者，不可以盈，故受之以《谦》。有大而能谦，必豫，故受之以《豫》。豫必有随，故受之以《随》。以喜随人者必有事，故受之以《蛊》。蛊者，事也。

【译文】

师是众多的意思。众多必定互相比较，所以接着是《比》卦。比，即比较之意。比较必定使人有所蓄积，所以下面就是《小畜》卦。物质存蓄后，要有条理，故需要礼来调节，所以下面是《履》卦。履就是礼的意思。行礼方能安定平安，所以接着是《泰》卦。泰是通泰的意思。万物都不可能永远通泰，所以接着是《否》卦。万物不会永远的否塞不通，所以接下来是《同人》卦。与人相同的，万物必归附他，所以接着是《大有》卦。事业取得成功有了大收获后，不可以骄傲自满，必须谦虚，所以下面是《谦》卦。功成名就又很谦虚的人，必能得到欢乐，所以接下来是《豫》卦。沉迷于安逸享乐，必然会萎靡不振，所以下面是《随》卦。高高兴兴追随别人的人，必定有事，所以接下来就是《蛊》卦。蛊就是事情多的意思。

有事而后可大，故受之以《临》。临者，大也。物大然后可观，故受之以《观》。可观而后有所合，故受之以《噬嗑》。嗑者，合也。物不可以苟合而已，故受之以《贲》。贲者，饰也。致饰然后亨则尽矣，故受之以《剥》。剥者，剥也。物不可以终尽剥，穷上反下，故受之以《复》。复则不妄矣，故受之以《无妄》。

【译文】

有事就可以成就大业，所以接下来是《临》卦。临的意思就是大。大了以后，物就值得看了，所以接着是《观》卦。可以观看了以后，就会有所取合，所以下面就是《噬嗑》卦。嗑就是合的意思。万物都不能苟且求合，所以下面是《贲》卦。贲的意思是修饰。过度修饰以后，亨通就到了尽头，所以接着是《剥》卦。剥就是剥落。万物不会永远剥落，剥落到了极点，必然会向相反的方向发展，所以接着是《复》卦。回复以后就不虚妄了，所以下面是《无妄》卦。

有无妄，然后可畜，故受之以《大畜》。物畜然后可养，故受之以《颐》。颐者，养也。不养则不可动，故受之以《大过》。物不可以终过，故受之以《坎》。坎者，陷也。陷必有所丽，故受之以《离》。离者，丽也。

【译文】

有了不虚妄的态度，然后可以积累存养很多，所以接着是《大畜》卦。万物都有所蓄积以后，就可以养，所以下面就是《颐》卦。颐就是养的意思。不养就不会有所作为，所以下面是《大过》卦。事物不可能永远超越，所以接下来就是《坎》卦。坎就是陷阱的意思。度过危险就会迎来光明美好，所以接下来是《离》卦。离就是光明美好的意思。

有天地然后有万物，有万物然后有男女，有男女然后有夫妇，有夫妇然后有父子，有父子然后有君臣，有君臣然后有上下，有上下然后礼义有所错。夫妇之道不可以不久也，故受之以《恒》。恒者，久也。物不可以久居其所，故受之以《遁》。遁者，退也。物不可以终遁，故受之以《大壮》。物不可以终壮，故受之以《晋》。晋者，进也。进必有所伤，故受之以《明夷》。夷者，伤也。伤于外者必反其家，故受之以《家人》。家道穷必乖，故受之以《睽》。

【译文】

有了天地就会产生万物；有了万物就会有雌雄男女之别，人类就产生了；有了男女之别就会有夫妻的名分；有了夫妻名分以后就会有父子；有父子以后就会有君臣的名分；有君臣名分以后就会有上下尊卑的名分；有了上下尊卑的名分后就会出现礼义使每个人都有所区别。夫妻之道，不能不久长，所以在《咸》卦后就是《恒》卦。恒的意思就是长久。万物都不能永远在洞里不出去，所以接下来就是《遁》卦。遁的意思就是退。万物不能永远躲藏，所以接下来是《大壮》卦。物不能总是长大，所以接下来是《晋》卦。晋就是前进。总是前进必定会有所伤，所以接下来是《明夷》卦。夷就是伤的意思。在外面受伤的人，必定会回到家里，所以下面是《家人》卦。家道穷困，必定会有所乖违，所以下面是《睽》卦。

睽者，乖也。乖必有难，故受之以《蹇》。蹇者，难也。物不可以终难，故受之以《解》。解者，缓也。缓必有所失，故受之以《损》。损而不已必益，故受之以《益》。益而不已必决，故受之以《夬》。夬者，决也。决必有遇，故受之以《姤》。姤者，遇也。物相遇而后聚，故受之以《萃》。萃者，聚也。聚而上者谓之升，故受之以《升》。升而不已必困，故受之以《困》。困乎上者必反下，故受之以《井》。

【译文】

睽就是乖违，乖违必有灾难，所以下面是《蹇》卦。蹇就是灾难的意思。万物不可能总有灾难，所以接下来是《解》卦。解是缓慢的意思。缓慢就会失败，所以接下来是《损》卦。损失到低谷时，必定会有所增益，所以接下来是《益》卦。老是增加，必定有所决去，所以接着是《夬》卦。夬就是决去。决去必定有所遭遇，所以接着是《姤》卦。姤就是遭遇的意思。万物遭遇以后，就会聚合，所以接着是《萃》卦。萃就是聚合之意。聚集而上升的，就是升，所以接下来是《升》卦。不停上升就会碰到困难，所以接下来是《困》卦。在上面遇到了困难，必定会回到下面来，所以接着是《井》卦。

井道不可不革，故受之以《革》。革物者莫若鼎，故受之以《鼎》。主器者莫若长子，故受之以《震》。震者，动也。物不可以终动，止之，故受之以《艮》。艮者，止也。物不可以终止，故受之以《渐》。渐者，进也。进必有所归，故受之以《归妹》。得其所归者必大，故受之以《丰》。

【译文】

井道不能不除去污垢，所以接着是《革》卦。用来除去东西的，没有比鼎更好的了，所以接下来是《鼎》卦。手持鼎器，最合适的就是长子了，所以接着是《震》卦。震是动的意思。万物不能永远动，必须让它停下来，所以接着是《艮》卦。艮是停止的意思。万物也不可能永远停止，所以下面是《渐》卦。渐就是渐渐前进的意思。前进必定有所归，所以下面是《归妹》卦。得到归宿后，必定会壮大，所以接下来是《丰》卦。

丰者，大也。穷大者必失其居，故受之以《旅》。旅而无所容，故受之以《巽》。巽者，入也。入而后说之，故受之以《兑》。兑者，说也。说而后散之，故受之以《涣》。涣者，离也。物不可以终离，故受之以《节》。节而信之，故受之以《中孚》。有其信者必行之，故受之以《小过》。有过物者必济，故受之以《既济》。物不可穷也，故受之以《未济》，终焉。

【译文】

丰是盛大的意思。盛大到极点就会失去它的住所，所以下面是《旅》卦。旅行于外，没有安身之所，所以接下来是《巽》卦。巽就是进入之意。进入了以后，就会慢慢欢喜，所以接下来是《兑》卦。兑是喜悦之意。喜悦后就会散去，所以接下来是

《涣》卦。涣是离散的意思。物不会永远离散，所以接着是《节》卦。节俭控制以后，就能取信于人，所以接着是《中孚》卦。孚是信的意思。有诚信的人，言出必行，所以接着是《小过》卦。能够有所超越，必定能做成事，所以接着是《既济》卦。万物是不可能有穷尽的，所以下面是《未济》卦，而《易经》六十四卦就到此终止了，表示人类社会，永远在进步，永远没有穷尽。

【评解】

《序卦》是一篇企图从人伦尊理角度来解释六十四卦排列秩序的文章，虽不免牵强，但也在一定程度上说明了各卦彼此间的关系，而这些关系，又在相当大的程度上体现了儒家的人伦思想。如在解释《屯》《蒙》《需》《讼》《师》《比》诸卦之间的关系时说："有天地，然后万物生焉。盈天地之间者唯万物，故受之以《屯》。屯者，盈也。屯者，物之始生也。"有天地，然后生万物，在顺序上是承接前面《乾》《坤》二卦而来的，在宇宙万物生成的序列关系上也大致合理，因为地球上的各物种都是在天地形成之后才有的。万物始生之谓屯，故《屯》卦紧承《乾》《坤》之后。万物既生，宇宙间充满了生机，所以又说"屯者，盈也"。说的是万物的起源（不含天地），而人类自然也在其中了。又说："物生必蒙……蒙者，蒙也，物之稚也。物稚不可不养也，故受之以《需》。"暗弱幼小之谓蒙，《蒙》卦指的是人、物生长的幼小阶段，所以说"蒙者，蒙也"。无论是人或是动物，既然在幼小阶段，就必须抚养，"故受之以《需》"。"养"

与"需"之间是什么关系呢?《序卦》接着说:"需者,饮食之道也。"需被解作饮食之道,根据在于《需》卦《象辞》:"云上于天,需。君子以饮食宴乐。"饮食是人所必需的,因为是必需的,于是就产生了争夺。"饮食必有讼,故受之以《讼》。"讼者,争也。不仅争吃的,而且争用的,争一切有使用价值的;不仅一人争,而且多人争,甚至结成团伙争。为了争夺的胜利,自然是参加的人越多越好,所以"讼必有众起,故受之以《师》"。师者,众也,反映了争夺的规模。

参与争夺的人也不是无缘无故的,或亲戚朋友,或因利害相关,必有一定的关系,所以《序卦》接着又说:"师者,众也,众必有所比,故受之以《比》。"比者,亲也,人各亲其所亲,于是固定的群体出现,人类社会开始形成,也开始复杂了。

这个由天地到万物,由物的始生到人的始生,由生命本能到生存竞争,由个体到群体的卦与卦之间的关系,使我们看到了自人类出现到人类社会形成的大体线索。这个线索告诉人们,社会形成了,纷争四起了,迫切需要调整和治理,所以紧接着就是起过渡作用的《小畜》,然后就是《履》。履者,礼也,礼治是儒家的宗旨,而这个宗旨不是儒家自己主观确定的,它被解释为社会发展的必然,"天生烝民","作之君,作之师",非如此社会就不能维持,更不能发展。

六十四卦由《乾》而《坤》,由《坤》而《屯》,由《屯》而《蒙》,由《蒙》而《需》,由《需》而《讼》,由《讼》而《师》,由《师》而《比》,由《比》而《小畜》,由《小畜》而

《履》的排列次序，不管最初的排列者出于什么目的，但经《序卦》如此说明解释，确乎有了它内在的逻辑关系，而这种关系正是儒家所需要的，也许卦序的排列者原本就是《序卦》的作者。

明儒王夫之以为《序卦》"非圣人之书"，理由之一就是"有天地，而后万物生焉"的提法不合圣人思想。王夫之在《周易外传·序卦传》中说了一大堆关于"阴阳之往来无淹待而向背无吝留"的道理之后肯定地说："天地不先，万物不后，而《序传》曰'有天地，而后万物生焉'，则未有万物之前，先有天地，以留而以待也。是以知《序卦》非圣人之书也。"王夫之以为天地万物都被概括在《乾》《坤》之中，《乾》《坤》就是一切，一切就是《乾》《坤》，所以说"天地不先，万物不后"。其实这仅是对《易》理的冥想，而绝不是事实。如果不先有天地，这万物又生在何处？我们认为，《序卦》当然不是"圣人"自己所作，但确实是为圣人而作的，因而是"圣人之书"。

《序卦》也按《易经》分上、下经，分前、后两部分，前一部分主要讲社会构成，后一部分主要讲社会伦理。后一部分开篇便说："有天地然后有万物，有万物然后有男女，有男女然后有夫妇，有夫妇然后有父子，有父子然后有君臣，有君臣然后有上下，有上下然后礼义有所错。"这里尽管"万物"和"男女"之间的序列关系有些混淆，但自"有男女"以下各顺序的排列是非常有道理的。"有男女然后有夫妇"，尽管人类从"有男女"到"有夫妇"经过了无比漫长的时间，但夫妇毕竟产生在有"男女"之后，而且它又是构成封建伦理的第一块基石。"有夫妇然后有父子"的父子，表面看来似乎十分平常，但作为封建根基的宗法正出自父子关系的嫡、庶，它是夫妇关系的发展，更是君臣关系的缘由。有了君臣便有了上下，有了上下便有了等级差别，既有等级差别而又要使社会安定，于是"礼义"就派上了用场。

这个将夫妇作为基点的解说，实质上是对《咸》卦的解说。晋韩康伯于此作注说："言《咸》卦之义也。凡《序卦》所明，非《易》之缊也。盖因卦之次，托以明义。《咸》柔上而刚下，感应以相与，夫妇之象，莫美乎斯。人伦之道，莫大乎夫妇，故夫子殷勤深述其义以崇人伦之始，而不系之于《离》也。先儒以《乾》至《离》为上经，天道也；《咸》至《未济》为下经，人事也。夫《易》六画成卦，三材必备，错综天人以效变化，岂有天道人事偏于上下哉？斯盖守文而不求义，失之远矣。"

韩康伯关于"人伦之道，莫大乎夫妇"的议论是很有见地的。因为《序卦》原文未分章节，紧接上文"离者，丽也"而来，而自"有天地"起直至"然后礼义有所错"，全文又未提及《咸》卦，人们容易误会为仍在解释《离》卦，所以有"而不系之于《离》也"的论断。原文是这样的："坎者，陷也。陷必有所丽，故受之以《离》。离者，丽也。有天地然后有万物，有万物然后有男女……"

《序卦》解释《咸》卦而不指明《咸》卦，是为了要在体例上与《乾》《坤》保持一致。因为上篇是从《乾》《坤》之解《屯》《蒙》起端的，所以下篇从《咸》后的《恒》卦开始，而不直接提出《咸》卦。《序卦》接着说："夫妇之道不可以不久也，故受之以《恒》。恒者，久也。物不可以久居其所，故受之以《遁》。遁者，退也。物不可以终遁，故受之以《大壮》。物不可以终壮，故受之以《晋》。晋者，进也。进必有所伤，故受之以《明夷》。夷者，伤也。伤于外者必反其家，故受之以《家人》。家道穷必乖，故受之以《睽》。睽者，乖也。乖必有难，故受之以《蹇》。蹇者，难也。物不可以终难，故受之以《解》。解者，缓也。缓必有所失，故受之以《损》。损而不已必益，故受之以《益》。"这段文字从写夫妇之道的《咸》卦出发，至《恒》，至《遁》，至《大壮》，至《晋》，至《明夷》，至《家人》，至《睽》，至《蹇》，至《解》，至《损》，至《益》，以及后面的《夬》《姤》接连十三卦，都在围绕着夫妇关系这个"人伦之始"做文章。夫妇关系是不可不长久的，所以"受之以《恒》"。夫妻因朝夕相处，不可能没有矛盾，关系也不可能始终停留在起始的位置上，所谓"物不可以久居其所"。出现这种情况，首先做丈夫的应该高姿态，做某些退让。"故受之以《遁》"，但退让也有限度，丈夫的尊严不能全丢了，"故受之以《大壮》"。大丈夫能屈能伸，该迁就的还得迁就，"故受之以《晋》"。《晋》卦是扶阴抑阳的卦，"晋"得过度，就会造成伤害，"故受之以《明夷》"。但家毕竟是家，在外面受到伤害还得靠家庭的温暖来安慰，"故受之以《家人》"。家有家的原则，失去了原则就会发生问题，乃至产生婚变，不能不引起警惕，"故受之以《睽》"。婚变不一定发生，但矛盾总是难免，"故受之以《蹇》"。有矛盾必须解决，至少要使矛盾缓和，"故受之以《解》"。缓和矛盾必须有一方作出让步，对让步的一方来说可能有些损失，"故受之以《损》"。一方有损失，另一方就得利，"故受之以《益》"。受益的一方必须适可而止，如果争强没完，就会造成关系破裂，"故受之以《夬》"。万一破裂也没关系，还可以遇到更适合的，"故受之以《姤》"。通过这样十几个连环结的解说，夫妻间可能出现的种种情况和问题，无一不在其中。一个家庭能事先注意这些，自然就"齐"了，"家齐而后国治，国治而后天下平"，儒家的目的也就达到了。排列卦序的解说智慧，反映了易学对儒学建构与发展的理论贡献。

《道德经》

道法自然*

有物混成，先天地生。寂兮寥兮，独立而不改，周行而不殆，可以为天地母。吾不知其名，字之曰道，强为之名曰大。大曰逝，逝曰远，远曰反。故道大，天大，地大，王亦大。域中有四大，而王居其一焉。人法地，地法天，天法道，道法自然。

【译文】

有一个东西在宇宙的混然状态下产生出来，在天地万物形成以前就已经存在。它寂静无声又空虚无形，独自长存永不改变，循环运行永不衰竭，可以作为天地万物的根本。我不知道它的名字，所以勉强将它称为"道"，再勉强给它起个名字叫"大"。它广大完备而运行不息，运行不息而无限伸展遥远，无限伸展遥远而又返回本根。因此说道大，天大，地大，人也大。宇宙中有

---

* 本篇选自《道德经》第二十五章，标题为作者所加。

"四大"，而人仅居其中之一。人取法地，地取法天，天取法道，而道取法自然。

【评解】

　　老子的《道德经》是道家学派的元典，也是先秦重要的哲学文献。相传为春秋末的老聃所作，实际是战国时期才成书的。老聃，姓李名耳，字伯阳，又称老聃，《道德经》认为，宇宙间存在一种"先天地生"且"为天地母"的东西，老子把它取名为"道"。这是《道德经》哲学本体论最基本的范畴。

　　这个"道"是宇宙万物的本体，是为感官所不能接触的实在。它是宇宙万事万物所共同具有的一切物质的和观念的存在。这个"道"最基本的法则是"道法自然"。"自然"相当于我们今天讲的自然而然，它与"人为"是反义词。郭象、向秀在《庄子注》中曾解释"自然"说："天地以万物为体，而万物必以自然为正。自然者，不为而自然也。"这里讲的"不为"就是不要人为乱来，这样才符合自然而然的宇宙衍生法则。

　　《道德经》认为宇宙间的"四大"，即"道大，天大，地大，人亦大"，都是平等的，没有地位高低和贵贱之别，这样老子就把自己生态伦理学的出发点很好地建立在坚实的生态平等观之上了。为什么要爱护环境、尊重自然？因为天地万物与人一样皆是尊贵的（"大"）、平等的，人与人之间讲伦理，人与生态万物之间当然也应该讲伦理。这样，生态伦理理念才能真正从根本上确立起来。《道德经》以为道、天、地、人，这"四大"共同遵循的普遍规律是"自然",即它们都是自然而然生成的,也应该自然而然地发展下去,任何"人为"的乱来和"天地主宰"的行为都是违反自然本性的。这样,《道德经》就既否定了"人类中心主义",又否定了"天地主宰论",是地地道道的生态平等主义者。在宇宙间,不仅人类尊贵、天地尊贵,天、地、人共同拥有的"道"亦是尊贵的、这"四大"都以尊贵的身份参与宇宙大自然的衍生过程,都是宇宙这个"域"中的一分子,都是大自然的一部分。通过这样的论证,《道德经》的深层生态学理论自然而然又滴水不漏地建立起来了。

宇宙间从来就没有什么"救世主"(主宰者),任何东西(天地万物和人),包括生成天地万物和人的"道"本身,都是平等的,它们皆是宇宙间身份尊贵的一分子,都是"大"的。所以天地万物和人类一道都要珍惜自己,敬畏生命,以不负"大"者的尊严,这样就把《道德经》"贵生""重死"的生态哲学从人类扩充到宇宙天地万物之间,具有了一种深层次的、彻底的宇宙生态伦理观,这是《道德经》哲学对人类世界的伟大贡献之所在,值得我们珍惜。

天长地久*

天长地久。天地所以能长且久者，以其不自生，故能长生。是以圣人后其身而身先，外其身而身存。非以其无私邪？故能成其私。

【译文】

天地是长久存在的。天地之所以能长久存在，是因为它不是为了自己而存在，所以它能够永世长存。因此，圣人将自己的利益放在众人之后，却能够受到大家的推崇而占先；将自己置身事外，却能够让自身得以保全下来。因为他无自我利益，所以能够成就自我。

【评解】

《道德经》把维持生态之网（"天网"）的系统平衡，看成是"天长地久"之道，并号召"圣人"（统治者）要树立"无私"之胸襟，既能保持天网的天长地久，又能成就圣人自己的伟大事业。维持生态系统平衡，保持天长地久，就要效法天地万物厚德载物的"无私"之心，发扬"圣人后其身"，即把个人利益放在身后的美德，积极行动起来，从我做起，从现在做起，明确"天长""地久""身存"三者的辩证法，保护好生态之网。这样做的

---

* 本篇选自《道德经》第七章，标题为作者所加。

话，就既保全了天地之长久，又能最终保全自身的利益，是两全其美之举，何乐而不为呢?！我们说生态系统平衡事关地球上每个人的利益，只有维护好生态系统，才能不危及不损害人类自身的根本利益，所以从《道德经》的生态整体观考虑，我们都要行动起来，把维护生态系统平衡当作自己一项义不容辞的职责来承担，这才是当代人应有的明智之举。

知常曰明 *

致虚极，守静笃。万物并作，吾以观复。

夫物芸芸，各复归其根。归根曰静，是谓复命。复命曰常，知常曰明。不知常，妄作，凶。

知常容，容乃公，公乃王，王乃天，天乃道，道乃久，没身不殆。

【译文】

达到内心的高度无欲状态，才能守住无为的宁静。万物一并生长，让我来观察循环往复、生生不息的规律。万物欣欣向荣，又各自回归其根本。回归根本就是静，静就是复活生命，复活生命就是自然规律，认识并掌握自然规律才不会瞎来。不懂得自然规律，胡作非为，这样就会导致可怕的后果。认识并掌握自然规律才能包容万物，能够包容万物才能做到公正，能够公正才能普遍，能够普遍才能符合天地自然，能够符合天地自然才能符合道义，能够符合道义才能长久下去，终生不会有危险。

【评解】

这句话是老子在《道德经》中对其提出的"观复"生态哲学思想的解释。《道德经》认为，要保持大自然的美好环境，做到良

---

* 本篇选自《道德经》第十六章，标题为作者所加。

性循环（往复）、生生不息，不使之受到破坏，必须从维护"万物并作"的立场出发，讲究"知常"的辩证法，不肆意妄为，这样人类终究不会有毁灭自身的危险。"常"，即自然规律。"知常曰明"，即认识掌握自然规律才不会瞎来。"不知常"，即不懂得自然规律，胡作非为，这样就会导致"凶"的后果。对这种"妄作，凶"的后果，恩格斯曾经作过生动的描绘。他说："美索不达米亚、希腊、小亚细亚及其他各地的居民，为了得到耕地，把森林都砍完了，但是他们梦想不到，这些地方今天竟因此成为荒芜不毛之地，因为他们使这些地方失去了森林，也失去了积聚和贮存水分的中心。阿尔卑斯山的意大利人，在山南坡砍光了在北坡被十分细心保护的松林，他们没有预料到，这样一来，他们把他们区域里的高山畜牧业的基础给摧毁了；他们更没有预料到，他们这样做竟使山泉在一年中的大部分时间内枯竭了，而在雨季又使更加凶猛的洪水倾泻到平原上。"①违背自然规律，破坏生态平衡，就会导致大自然对我们进行无情的报复，造成巨大的灾祸和无法挽回的损失。

如何做到"知常曰明"呢？《道德经》提出了如下方法。

第一，《道德经》认为万事万物都存在一个共同的本质——道，这个道是产生万事万物的总根源，所以认识事物，掌握规律，必须善于透过现象看本质，正确理解其中包含的本质性和自然性的实质"道"。这个"道"既不是上帝创造的，也不是随便

---

① 《马克思恩格斯选集》第3卷，人民出版社1972年版，第517—518页。

附加于物质上的,它本身是有规律性的,"周行而不殆"(《道德经》第二十五章),只要善于观察、细心体会,就能够认识它。

第二,《道德经》认为要善于从事物的对立统一关系中认识客观规律,因为任何事物的存在都是相互依存的,不是孤立的。他说:"天下皆知美之为美,斯恶已;皆知善之为善,斯不善已。故有无相生,难易相成,长短相形,高下相倾,音声相和,前后相随。"(《道德经》第二章)正反双方互为存在的条件,美与恶、有与无、难与易、长与短、高与下、前与后都是通过对方的存在而存在着,所以从对立面认识和把握客观规律不失为一种有效的方法。

第三,《道德经》主张从事物的运动变化中认识和把握规律。任何事物都处在运动变化之中,不能抱着一成不变的思想去认识事物。《道德经》第四十二章讲:"物或损之而益,或益之而损。"事物过于"损"时就会出现"益",反之过于"益"时就会出现"损",任何事物的运动变化都遵循物极必反、损益互补的原则,在运动中求得发展。《道德经》第二十二章讲"曲则全,枉则直,洼则盈,敝则新,少则得,多则惑",便是在事物的运动变化中认识客观规律的生动记录。在运动变化中把握转化规律,这是正确认识事物的又一可行办法。

第四,《道德经》为了帮助人们更好地认识客观规律,提出了对比认识法。《道德经》第五十四章讲:"以身观身,以家观家,以乡观乡,以邦观邦,以天下观天下。吾何以知天下然哉?以此。"这里老子回答别人问他是如何知道天下的情况的,他说自己用的就是这个方法——对比认识法，从自身观察他人，从自家观察他家，从本乡观察他乡，从本国观察他国，从本天下观察他天下。这种方法源于《周易·系辞下》讲的"近取诸身，远取诸物"观察法。《道德经》认真吸取了这一观察认识事物的方法，并将之提高升华为"知天下"的认识路线。这一方法对认识客观规律的确是有助益的。

第五，《道德经》对认识主体提出了"致虚极，守静笃"（《道德经》第十六章）的要求，认为认识主体一旦心灵达到极度虚静状态，保持内心世界的清明澄澈、无私无欲，就能体会出万事万物的变化规律，获得正确的认识，即所谓"不欲以静，天下将自正"（《道德经》第三十七章）、"静胜热，清静为天下正"（《道德经》第四十五章）。

《道德经》认为，只要认识主体掌握了这些方法，加强主观修养，是可以做到"知常曰明"的。

做到"知常曰明"是维护生态平衡的前提。要保护好生态环境，维持好生态系统的良性循环，《道德经》提出了如下主要措施。

第一，主张统治者要带头实行绿色消费观。《道德经》第二十九章提出"圣人去甚、去奢、去泰"的生态哲学命题，要求统治者饮食不要奢侈，住宅不要太豪华，宴请不要太过分。因为饮食奢侈，势必消费过多的粮食；住宅豪华，势必消耗过多的土地空间和建筑材料；宴请过度，势必造成粮食资源的巨大浪费，所以必须实行"去甚、去奢、去泰"的绿色消费观。

第二，主张知足知止，爱护资源，确保资源用之不竭的长久之道。《道德经》第四十四章提出："甚爱必大费，多藏必厚亡，故知足不辱，知止不殆，可以长久。"老子认为，过多的爱好必定会造成大量耗费，过多的收藏必定会酿成严重的损失。只有知道满足才不会受到侮辱，知道适可而止才不会有危险，这样才可以保持资源的长久不竭。

第三，反对发动战争、破坏生态环境。《道德经》第三十章提出："以道佐人主者，不以兵强天下，其事好还。师之所处，荆棘生焉。"《道德经》第三十一章提出："夫唯兵者，不祥之器，物或恶之，故有道者不处。"《道德经》认为以兵强天下，发动战争，势必破坏生态，造成资源的浪费。"师之所处，荆棘生焉"八个字将战火所到之处，民不聊生，大量耕地荒废，荆棘丛生之景生动地描绘了出来。所以《道德经》认为用兵不是吉祥的事，为有道之士所不取。

第四，提倡生养万物而不去宰杀的生态伦理慈爱观。《道德经》第二章提出："万物作焉而不为始，生而不有，为而不恃，功成而不居。"第十章、第五十一章又一再强调："生而不有，为而不恃，长而不宰，是谓玄德。"自觉去养育万物，使之生长而不去占有，不去宰杀，这才是最高的德行。《道德经》第六十七章将这种最高的德行概括为自己的"三宝"之一——"慈"，即慈爱之心。他说："我有三宝，持而保之。一曰慈，二曰俭，三曰不敢为天下先。"老子的这个"三宝"，前二宝都与生态伦理有关。有慈爱之心，才不会随意损害生命、破坏生态环境；有节俭之举，才有绿色消费理念和生态伦理的推广，所以老子是一位慈祥的生态哲学家，他的"三宝"除了最后的"不敢为天下先"值得商榷、不能随便搬用，其余二宝都是符合现代生态伦理学要求的，值得我们去推而广之，发扬光大。

《论　语》

乐山乐水 *

子曰："知者乐水，仁者乐山；知者动，仁者静；知者乐，仁者寿。"

【译文】

孔子说："聪明的人喜爱水，仁厚的人喜爱山；聪明的人像水般灵活变通，仁厚的人像大山般坚守不动；聪明的人快乐，仁厚的人健康。"

【评解】

孔丘（前551—前479，字仲尼，今山东曲阜人），是公认的儒家鼻祖，被世人称为孔子。他的思想、言论主要收录在其弟子编辑的《论语》一书中。作为儒学的创立者，孔子最早阐述了儒家生态伦理思想。这些思想汇入奔腾不息的中华文明长河之中，

---

* 本篇节选自《论语·雍也第六》，标题为作者所加。

成为中华生态伦理文明一束闪烁的光芒，为我们今天正确认识人与自然的关系，保护生态环境提供了有益的精神资源。

这是孔子赞美"知者"和"仁者"的一句话。在孔子看来，"知者"和"仁者"都是有道德修养的人，相当于我们今天讲的"仁人志士"。孔子赞美仁人志士的修养功夫，实际上是为了鼓励他的学生和广大民众都来做这种"知者"和"仁者"。这种"知者"和"仁者"既快乐又长寿，不正是人生追求的目标和最高境界吗？！

那么，如何培养"乐山乐水"的生态伦理情怀呢？孔子认为，第一，要淡泊明志，有一种做圣贤君子"不改其乐"的人生志向。他说，"君子谋道不谋食"（《论语·卫灵公第十五》），颜回就做到了尽管生活条件十分困难，但因为做圣贤君子的人生志向明确，所以能身处"陋巷"而始终"不改其乐"（《论语·雍也第六》）。第二，要有"泛爱众而亲仁"（《论语·学而第一》）的心理自觉，只有心中充满了仁爱之情，才会"乐山乐水"，爱护好山山水水，对水中的鱼、山中的鸟才不会去赶尽杀绝（《论语·述而第七》"钓而不纲，弋不射宿"），而保持一种"鸟之将死，其鸣也哀"（《论语·泰伯第八》）的同情心。第三，通过学习《诗》《乐》增强欣赏大自然的知识能力和审美意识，他说，"《诗》可以兴，可以观……多识于鸟兽草木之名"（《论语·阳货第十七》），又说"兴于《诗》……成于《乐》"（《论语·泰伯第八》），认为学《诗》可以使想象力和观察力丰富，可以多认识一些鸟兽草木的名称，而学《乐》可以提高修养助人成就事业，所以皆有益于培养"乐山乐水"的生态伦理情怀。

通过论述如何达到这种与山与水同乐同寿的理想人生境界，孔子揭示了培养"乐山乐水"的生态伦理情怀与做仁人志士、树立高尚君子人格的密切关系。从中我们可以发现，孔子的人伦道德与生态道德是一致的，做仁人志士与乐山乐水不仅不相互矛盾，而且是相互促进、相互融通的。"仁者乐山"命题的提出，是儒家思想史上第一次将"乐山"的生态伦理要求纳入"仁"的范畴体系之中，可以看作儒家的第一个生态伦理学命题。这种乐山乐水的生态伦理思想对后世儒者的道德修养影响极大，如汉儒董仲舒高唱《山川颂》、宋儒周敦颐追求山水之"真境"，他们都实现了"出淤泥而不染，濯清涟而不妖"的君子人格理想。因此，宋儒程颐在评点孔子这句话时，很有感触地指出："非体仁知之深者，不能如此形容之。"（《四书章句集注·论语集注卷三》）孔子因为自己是一位仁人志士、修养到家（《论语·述而第七》记载："子之燕居，申申如也，夭夭如也。"可见孔子日常生活仪态舒缓，体现出一副和颜悦色之贤德气象），所以才能体味个中的真谛——原来仁人志士的一举一动都体现着"乐山乐水"的高尚情怀。孔子把"乐山乐水"与做仁人志士联系起来，作为培养儒家理想君子人格的一项道德行为规范，说明儒家创始人对生态伦理的重视。君子要仁民、爱人、乐山、乐水，这就把生态伦理教育有机地融入人伦道德教育之中。过去我们只重视孔子"仁民""爱人"的人伦道德研究，而忽视了孔子"乐山乐水"的生态道德研究，这是十分片面和不应该的。今天随着生态伦理学的蓬勃兴起，深入挖掘孔子这种"乐山乐水"的生态伦理思想，自觉地将生态道德教育与人伦道德教育结合起来，无疑有着重要的理论和实践意义。

吾与点也*

（点）曰："莫春①者，春服②既成，冠者五六人，童子六七人，浴乎沂，风乎舞雩，咏而归。"

夫子喟然叹曰："吾与点也！"

【译文】

曾点说：春夏之交，春天的农事已做完，我与五六位成年人和六七个小孩子一起在沂水河中洗个澡，上舞雩台吹吹风，一路上唱着歌儿回来。

孔子听后赞叹道："我赞同曾点的看法！"

【评解】

实际上，视"乐山乐水"为一种优美的人生境界，也体现在孔子"吾与点也"的思想论述之中。《论语·先进第十一》记载，一次孔子与他的学生子路、曾点、冉有、公西华谈人生志向和理想，孔子对子路、冉有、公西华治理国家的看法不屑一顾，而对曾点热爱大自然的看法却赞叹不已。为什么会这样呢？这就是因为曾点的理想主义（曾点追求人间的和谐与自然的和谐二者相统一的社会理想主义，这从"冠者五六人，童子六七人"的讲话可

---

* 本篇节选自《论语·先进第十一》，标题为作者所加。
① 莫春：采黄侃疏，用既适于农事且符合北方气候的夏历作依据，译为"春夏之交"。
② 春服：据《尔雅·释诂上》"服，事也"，释为"春事"。

体现出来。曾点是与冠者、童子们一起享受山水之乐而非一人独享，这才是真正"乐山乐水"的仁人志士之高尚理想情怀），与孔子主张培养"乐山乐水"的仁人志士之高尚理想情怀是一致的。孔子要培养的是既有仁者胸怀又能治世的理想君子人才，这种人才仅仅能治世是不够的，必须有"乐山乐水"的生态伦理情怀，将人间的和谐与自然的和谐自觉统一起来，去实现"老者安之，朋友信之，少者怀之"（《论语·公冶长第五》）的儒家社会理想。应该说，孔子这种理想的人才教育思想是相当有远见的。当今生态环境恶化，尽管原因是多方面的，但一些国家的领导人和一些单位的决策者仍缺乏"乐山乐水"的仁者情怀，只追求眼前利益，不管子孙后代，滥用地球资源，违背生态道德（特别是代际伦理道德），造成了一方面经济空前繁荣、国力强大，另一方面环境问题严重、生态危机四伏的"二律背反"局面，这是十分可怕的。现在我们都知道"只有一个地球"，地球上的山山水水都是全人类共享的不可再生资源，如果再不加强"乐山乐水"的生态伦理教育，恐怕要不了多久，人类就会遭受灭顶之灾，到时候人类的命运如何也就不言自明了。所以赶在"灭顶之灾"降临之前，弘扬孔子"乐山乐水"的仁人志士道德教育思想，实在是最明智之举了。我们说，从现在做起，从我们每个人做起，自觉培养"乐山乐水"的生态伦理情怀，地球和人类会和平发展下去。让我们早日醒悟吧！

《孙　子》

计　篇

孙子曰：兵者，国之大事，死生之地，存亡之道，不可不察也。

【译文】

孙子说：战争是国家的大事，它关系着军民的生死，决定着国家的存亡，是不能不仔细研究、慎重对待的。

【评解】

《孙子》开篇就提出军事和战争对于一个国家的重要性，认为战争关系着国家的存亡和人民的生死，必须十分谨慎，不要将它当作儿戏。在我国历史上，轻视战争的规律性而灭亡的例子有许多，淝水之战后前秦的灭亡就是其中之一。

南北朝时期，苻坚在王猛的辅佐下，使前秦成为一个强大的国家，先后灭了前燕、前凉和代，夺得巴蜀，进入西域，一举统一北方。虽然在王猛生前苻坚对他言听计从，可是王猛一死，苻坚狂妄自大、一意孤行的毛病就暴露出来了，他把王猛临死留下的不要进攻东晋的忠告抛在脑后，把东晋当作唯一的敌人，决定非把它消灭不可。王猛死后不到三年，苻坚就派十几万大军，分兵几路进攻东晋的襄阳，花了将近一年的时间，终于把襄阳攻了下来。接着，他又派兵十几万从襄阳东进，攻打淮南。东晋兵将在谢石、谢玄率领下，把秦兵打得落花流水。

虽然遭到了沉重打击，但苻坚并没有放弃进攻东晋的打算。公元382年10月，他认为时机成熟，就下决心大举进攻东晋。苻坚问文武大臣："各地的势力现在基本上都被我们平定了。只剩下东南的晋国不肯降服于我们。现在，我们已经有了九十七万精兵，我打算亲自带兵去灭掉晋国，大家认为如何？"大臣权翼说："晋国虽然不如我们强大，但是他们的皇帝还没犯什么大错，手下还有像谢安、桓冲那样有才能的文武大臣，目前他们国内团结一心。咱们要灭亡东晋，现在恐怕不是时候。"石越也说："晋国有长江作为天险，再加上百姓斗志旺盛，我们恐怕难以取胜。"其他大臣也跟着附和，纷纷对攻晋的计划提出反对意见。

苻坚却认为并不像大臣说的那样，他大声说："长江天险算得了什么？我们有百万大军，大家把手里的马鞭子一起投到长江里，就可以把长江的水堵塞。他们还能拿什么来做屏障？"见大家都不同意，他最后厌烦地说："你们都走吧，这件事还是让我自己来决断。"

大臣们走后，只剩下苻坚和他的弟弟苻融还留在殿上。苻坚对苻融说："自古以来决定国家大计的，总是只能靠一两个人。今天大家议论纷纷难以讨论出结果来。这件事还是由我们两个人决定吧。"苻融说："依我看来，现在攻打晋国的确有许多困难。再加上我军连年征讨，兵士们已经疲惫不堪，不想再出去远征。今天这些反对攻打晋国的，都是为陛下您考虑，他们都是您的忠臣，希望您能采纳他们的意见。"

苻坚没想到自己的弟弟也会反对，他生气地说："不要再说这种丧气话了，我有精兵百万，有堆积如山的兵器、粮草，要打下小小的晋国如同探囊取物，怎么会有不能取胜的道理？"苻融见哥哥如此一意孤行，苦苦劝告他说："现在攻打晋国，不但没有必胜的希望，而且陛下一旦离开长安远征，京城里那些鲜卑人、羌人、羯人就可能起来叛乱，到时候后悔也就来不及了。"

不但大臣们反对苻坚出兵，他的家人也劝告他慎重从事。苻坚的妃子张夫人听到朝廷内外很多人不赞成攻打晋国，就寻找机会好言劝阻他。苻坚不但不听，反而不耐烦地说："打仗不是你们女人管的事。"苻坚最宠爱的小儿子苻诜也劝苻坚说："皇叔（指苻融）是最忠于陛下的，陛下为什么不听他的话？"苻坚冷冷地说："国家大事，你们小孩子不要乱插嘴。"苻坚决心已定，不顾内外一致反对，决定出兵进攻东晋。

公元383年8月，苻坚亲自带领八十七万大军离开长安，一路浩浩荡荡向南进发。过了一个月，苻坚率领的主力部队到达项城（今河南沈丘南），益州的水军也沿江顺流东下，黄河北边来的人马也到了彭城（今江苏徐州市），从东到西一万多里长的战线上，前秦水陆两路进军，向江南逼近，并一举攻破寿阳。

东晋大军由谢石、谢玄指挥，虽然兵力远远少于前秦，但非常精干。谢石、谢玄首先派北府兵的名将刘牢之率领精兵五千人，先对苻坚派出进攻洛涧的秦军发起突然袭击。北府兵强渡洛涧，个个勇猛非凡，秦军大败，秦将梁成也被晋军杀了。洛涧大捷大大鼓舞了晋军的士气。谢石、谢玄亲自指挥大军，乘胜直逼淝水（今淝河，在安徽寿县南）东岸，把人马驻扎在八公山边，和驻扎在寿阳的秦军主力形成隔岸对峙之势。

谢玄派人给苻坚送去一封信，要求秦军能把阵地稍稍往后撤一点，腾出一块地方，让晋军渡过淝水，以便双方决战。苻坚没看透晋军的计划，答应后撤。谢石、谢玄一得到回信，迅速整好人马，准备渡河进攻。

约定渡河的时刻到来，苻坚一声令下，苻融开始指挥秦军后撤。他们万万没有料到，秦兵早就厌恶了战争，再加上害怕晋军，一听到后撤的命令，马上后退，当时就失去了秩序。谢玄率领八千多骑兵，趁势迅速渡过淝水，向秦军发动猛攻。这时候，晋军在秦军中的内应在阵后叫喊起来："秦兵败了！秦兵败了！"后面的兵士不知道前面的情况，看到前面的秦军往后奔跑，也转过身跟着逃命。苻坚再也控制不住秩序，只好骑上一匹马拼命逃走。秦军大败。

经过这场失败，强大的前秦元气大伤。苻坚逃到洛阳，收拾残兵败将，清点人马，只剩下了十几万人。鲜卑族的慕容垂和羌族的姚苌趁机背叛前秦，分别建立了后燕和后秦，苻坚本人也被姚苌所杀。

故经之以五事，校之以计，而索其情：一曰道，二曰天，三曰地，四曰将，五曰法。

【译文】

因此，要通过对敌我双方五个重要方面的分析，通过对双方各种情况的考察和比较，探究和解释战争胜负的情势。这五个方面是：一、政治是否清明；二、天时是否适当；三、地利是否有利；四、将领是否称职；五、法制是否完备。

【评解】

孙子认为，政治清明、天时地利、将领素质、法令制度都是决定战争胜负的因素，因此要想取得彻底的胜利，这些都是需要考虑的。

商朝末年，纣王残暴无道。而在西方的周慢慢强大起来，逐渐对商形成了威胁。

周族是一个古老的农业部落。商朝后期，由于受戎、狄等少数民族的威逼，周族首领古公亶父率族人从陕甘一带他们世代生活的地区迁居到岐山脚下的周原，为了借助商王朝的力量对付威胁自己的少数民族鬼方而做了商的属国。经过季历和文王两代，周把与他们敌对的小国和部落一一打败，终于称霸西戎。周文王的时候，他又率领族人迁居到丰（今陕西），继续发展壮大，成为威胁商的一支强大力量，双方发生了多次冲突。文王晚年，周已经三分天下有其二，并造成了对商王朝的包围之势。

文王死后，周武王即位。武王即位的第二年，就一面派间谍到殷都搜集情报，一面在孟津大会诸侯，举行军事演习。派去殷都的人回来报告说，纣王荒淫残暴，并且宠信任用了一些奸臣，国中百姓对之都十分怨恨。前来会盟的八百诸侯都认为"纣可伐矣"，想要武王带头伐纣。武王却没有听从大家的意见，说"汝未知天命"，就带领军队回去了。其实，深通韬略的武王并非笃信天命，"天命"只不过是他的借口，而是他觉得伐纣时机尚未成熟。这次孟津会盟的目的仅仅是"以观诸侯集否"（《史记·齐太公世家》），即会合诸侯是为了试探自己的号召灵不灵，但伐纣准备还不充足。况且，商王朝此时仍有相当实力，所以必须要再等待一些时日。又过两年，商纣王暴虐专制变本加厉，在内杀死了比干，囚禁了箕子，闹得众叛亲离；对外穷兵黩武，集中全力征伐东夷。伐纣的时机成熟了。大约在公元前1066年，武王在孟津集合起兵车三百乘、虎贲三千人、甲士四万五千人，联合庸、蜀、羌、髳、卢、彭、濮等西南各少数民族，不顾出征前卜龟兆不吉利，也不顾伯夷、叔齐等人的阻拦，毅然传令东进，终于在牧野一战灭亡了商朝。

道者，令民与上同意，可与之死，可与之生，而不畏危也。

【译文】

所谓"道"，就是要让普通百姓的意愿和国君一致，如果这样,他们就能够为国君而生,为国君而死,而不会畏惧危险。

【评解】

"道"是中国哲学的重要范畴,甚至可以说是中国哲学的元范畴。在现存的甲骨文中,没有"道"字出现,金文中有"道"字,但大多是指道路。春秋战国时期,"道"的内涵不断扩展并成为中华文化的核心概念和理论原点之一。

在西周时期,"道"就已经从"道路"引申出来,被作为一种价值观念或意识形态,成为统治阶级和知识分子为自己树立的政治和道德的准则。《尚书》说:"皇天用训厥道,付畀四方,乃命建侯树屏,在我后之人。"(《尚书·康王之诰》)这里所说的"道",就是对统治阶级的一种政治要求和道德准则。《诗经·大雅·烝民》有"天生烝民,有物有则。民之秉彝,好是懿德……仲山甫之德,柔嘉维则,令仪令色,小心翼翼,古训是式,威仪是力",把仲山甫看作恪守"道"的一个典型。《左传·桓公六年》载季梁曰:"所谓道,忠于民而信于神也。上思利民,忠也;祝史正辞,信也。"《左传·文公六年》又说:"闰月不告朔,非礼也。闰以正时,时以作事,事以厚生,生民之道,于是乎在矣。不告闰朔,弃时政也,何以为民?"都是把"道"当作统治者的一种原则性的要求和规范,并且要把"利民""为民"作为"道"的基本要求。

到了春秋战国时代,由于社会关系的激烈变动和百家争鸣局面的出现,"道"的观念已呈现多元化演变的趋势,成为一个具有多义性的概念。孔子继承和发展了早期"道"观念中一些积极的内容，强调一个有志向的人就要"志于道"，说"士志于道，而耻恶衣恶食者，未足与议也"（《论语·里仁第四》）。关于儒家所理解的"道"，《论语·里仁第四》说："子曰：'参乎！吾道一以贯之。'曾子曰：'唯。'子出，门人问曰：'何谓也？'曾子曰：'夫子之道，忠恕而已矣。'"也就是说，儒家把"忠恕"等道德要求，作为"道"的基本内容，尤其对于统治者来说，要求他们必须"爱民""利民"，讲求政治清明。在儒家的道德本体论框架中，"道"主要被理解为人道、"仁"道，在一定程度上它给儒家的伦理道德学说赋予了形而上的根据，成为其人伦道德之本。后来，经过董仲舒和程朱的发展，"道"又有了宇宙、天道的意义，并在此基础上将其与道德伦理及其规范进一步联系起来。

当然，对"道"最为重视、论述最多的，还是道家学派。虽然《道德经》开篇就说"道可道，非常道"，但在仅仅五千余言的著作中，"道"这个核心概念就出现了七十多次。在老子的思想中，"道"是宇宙万物之本原，它"先天地生。寂兮廖兮，独立而不改，周行而不殆，可以为天地母"（《道德经》第二十五章），是其他万物产生的基础，"道生一，一生二，二生三，三生万物"（《道德经》第四十二章）。"道"的基本特征是无形、无声、无色、无味，以"自然"为法则，它"视之不见""听之不闻"，"无状之状，无象之象"（《道德经》第十四章），"人法地，地法天，天法道，道法自然"（《道德经》第二十五章）。当然，老子也把"道"的概念推广到社会领域。在社会理想上，他所认为的"道"就是回到"使有什伯之器而不用，使民重死而不远徙。虽有舟舆，无所乘之；虽有甲兵，无所陈之。使人复结绳而用之。甘其食，美其服，安其居，乐其俗。邻国相望，鸡犬之声相闻，民至老死不相往来"的"小国寡民"的状态中。

《孙子》中的"道"与孔子和老子理解的"道"既有相同点，又有不同点。孙子所理解的"道"，主要是指统治者实行开明的政治，取得人民的拥护。关于孙子对"道"的理解，《孙子评传》进行了详细的论证，现引证如下："什么是'道'？春秋末年的许多思想家如老子、孔子等，他们各有各的解释。孙子对'道'也自有他赋予的特殊含义。他说：'道者，令民与上同意也。可与之死，可与之生，而不畏危也。'明代军事家戚继光对孙子这段言论，有较好的见解。他阐述说：'道者，令民与上同意，此道字即率性之道，令字即修道之谓教，意字指好恶而言，好恶同即因民之所好而好之，因民之所恶而恶之之意，苟在上者能同民之好恶矣，而我之所好恶，民岂有不同……孰谓孙子尽用权谋术数，观此谓非知道之言，可乎？'他接着又说：'可与之死，可与之生，而不畏危也，此乃效验，即孟子所谓执梃以挞秦楚之坚甲利兵者，是也。'（《止止堂集·愚愚稿》）显然，在孙武看来，上层统治者对人民修道而教，观察人民的好恶，好者从之，恶者去之，则人民便会与上同心同德，生死与共。这样，就能形成一股巨大的力量，任何坚甲利兵都将抵挡不住，它是战争取得胜利的可靠保证。在分析战争胜利的条件时，孙子又指出：'上下同欲者胜。'（《孙子·谋攻篇》)所谓'上下同欲',亦即'令民与上同意',也就是'有道'的表现。孙子在论述军队官兵关系时还说:'令素行以教其民,则民服;令不素行以教其民,则民不服。令素行者,与众相得也。'(《孙子·行军篇》)'视卒如婴儿,故可与之赴深溪;视卒如爱子,故可与之俱死。'(《孙子·地形篇》)这里的'令素行''与众相得''视卒如婴儿''视卒如爱子',按照孙武的理解,应该都是'修道'的具体说明。""孙武所谓'修道',从广义来讲,就是国君实行开明的政治,能够得到广大人民的拥护。"[1]

天者,阴阳、寒暑、时制也。

【译文】

所谓"天",就是指天气的变化、气温的改变和季节的更替。

【评解】

中国古代对"天"也有着不同的理解,有人给"天"赋予了万物主宰的角色,把"天"想象成有意志的、能够惩恶扬善的。也有人把"天"仅仅作为自然之天看待,只是四时的运行、寒暑的变化、阴晴的转换。由于军事斗争的现实性和客观性,兵家的思想家一般都持后一种观点,并且把天时作为影响军事行动结果的重要条件。

在我国古代,由于军事斗争的需要,积累了许多天文气象

---

[1] 杨善群:《孙子评传》,南京师范大学出版社1992年版,第224—225页。

方面的知识，这在各种兵书中都有所反映，并且还出现了对此专门总结的著作，如唐代黄子发有一部《相雨经》，又称《相雨书》，是一本记录唐代天气经验的书，其中专门对气象知识进行了总结，有些非常实用。例如，其中说："常以戊申日候日欲入时，日上有冠云，不问大小，视四方黑者大雨，青者小雨。候日始出，日正中有云覆日，而四方有云，黑者大雨，青者小雨。四方有云如羊、猪，雨立至。四方北斗中有云，后五日大雨。四方北斗中无云，惟河中有云，三枚相连，状如浴猪豨，三日大雨。以丙丁之辰，四方无云，惟汉中有者，六十日风雨。和常以六甲之日，平旦清明，东向望，日始出时，日上有云，大小贯日中，青者以甲乙日雨，赤者以丙丁日雨，白者以庚辛日雨，黑者以壬癸日雨，黄者以戊己日雨。六甲日，四方云皆合者，即雨。以天方雨时，视云有五色，黑赤并见者即雹，黄白杂者风多雨少，青黑杂者雨随之，必滂沛流潦。""每夕取通草一茎，以火燃之，尽者，次日晴，不尽者雨。""壁上自然生水者，天将大雨。"这些论断都是有一定科学道理的，通草燃不尽、壁上生水都是空气湿度太高的缘故，以此推断天将下雨，显然顺理成章。

地者，远近、险易、广狭、死生也。

【译文】

所谓"地"，就是指作战区域的地势高低、距离远近、地形的险要与平坦、广阔与狭窄，以及是否有利于攻守进退等。

【评解】

地利一直都是我国古代军事家和战略家所强调的，在我国古代兵书中，关于充分认识地形地势、巧妙利用地利的论述比比皆是。

《百战奇略·争战》说："凡与敌战，若有形势便利之处，宜争先据之，以战则胜。若敌人先至，我不可攻，候其自变则击之，乃利。法曰：'争地勿攻。'"

《百战奇略·地战》说："凡与敌战，三军必要得其地利，则可以寡敌众，以弱胜强。所谓知敌之可击，知吾卒之可以击，而不知地利之不可以战，胜之半也。此言既知彼又知己，但不得地利之助，则亦不全胜。法曰：'天时不如地利。'"

《百战奇略·山战》说："凡与敌战，或居山林，或在平陆，须居高阜，恃于形势，顺于击刺，便于奔冲，以战则胜。法曰：'山陵之战，不仰其高。'"

《百战奇略·谷战》说："凡行军越过山险而阵，必依附山谷，一则利水草，一则附险固，以战则胜。法曰：'绝山依谷。'"

《百战奇略·泽战》说："凡出军行师，或遇沮泽、圮毁之地，宜倍道兼行速过，不可稽留也。若不得已，与不能出其地，道远日暮，宿师于其中，必就地形之环龟，都中高四下为圆营，四面受敌。一则防水潦之厄，一则备四周之寇。法曰：'历沛圮，坚环龟。'"

所有这些，都论证了在军事行动时应如何根据不同地理条件相机行事：作战时应先敌抢占有利地形，如已被敌方抢占则不可盲目进攻，而要等敌情发生变化后再行攻击；无论是在山林还是在平原作战，都应先敌抢占制高点，如敌军已先行抢上，则不要轻率仰攻，以免伤亡过大而失败；行经山谷地带时必须选择地势险要且有水草可用的谷地安营布阵；行军、宿营、作战时均应避开沼泽或易被水冲毁的地域，无法回避时则应选取形似龟背的四周低中间高的地带扎营布阵；等等。

东晋安帝义熙五年（409），东晋中军将军刘裕率军攻克南燕都城广固（今山东青州西北），灭亡南燕。这年正月，南燕皇帝慕容超嫌宫廷乐师不够，欲用兵向东晋掠取。二月，慕容超挑起战端，进击东晋的宿豫（今江苏宿迁东南），掠走百姓二千五百余人。刘裕为抗击南燕，于四月自建康（今江苏南京）率舟师溯淮水入泗水。五月，进抵下邳（今江苏睢宁西北），留船舰、辎重，改由陆路进至琅邪（今山东临沂北）。为了防备南燕以奇兵断其后，所过之处皆筑城垒，留兵防守。慕容超召集群臣于节阳殿商议抗拒晋军，征虏将军公孙五楼说："吴兵轻果，所利在战，初锋勇锐，不可争也。宜据大岘，使不得入，旷日延时，沮其锐气。可徐简精骑二千，循海而南。绝其粮运，别敕段晖率兖州之军，缘山东下。腹背击之，上策也。各命守宰，依险自固，校其资储之外，余悉焚荡，芟除粟苗，使敌无所资。坚壁清野，以待其衅，中策也。纵贼入岘，出城逆战，下策也。"慕容超却认为"京都殷盛，户口众多，非可一时入守。青苗布野，非可卒芟。设使芟苗城守，以全性命，朕所不能。今据五州之强，带山河之固，战车万乘，铁马万群，纵令过岘，至于平地，徐以精骑践之，此成擒也"，没有采纳公孙五楼的建议。贺赖卢也苦苦劝谏，慕容超还是不听，于是退谓公孙五楼说："上不用吾计，亡无日矣。"慕容镇劝告慕容超要考虑自己的优势和地形地势条件，说："若如圣旨，必须平原用马为便，宜出岘逆战，战而不胜，犹可退守。不宜纵敌入岘，自贻窘逼。昔成安君不守井陉之关，终屈于韩信；诸葛瞻不据束马之险，卒擒于邓艾。臣以为天时不如地利，阻守大岘，策之上也。"慕容超还是不听。慕容镇无奈地说："主上既不能芟苗守险，又不肯徙人逃寇，酷似刘璋矣。今年国灭，吾必死之，卿等中华之士，复为文身矣。"这话传到慕容超耳朵里，慕容超十分生气，将他关进了监狱。结果，南燕最终为刘裕所灭。

将者，智、信、仁、勇、严也。

【译文】

所谓"将"，就是指将领具有聪明智慧、赏罚有信、爱护下属、勇敢刚毅、法令严明等素质。

【评解】

中国兵家历来重视将领的作用，要求任人唯贤，不拘一格，选拔良将。《黄石公三略》开篇就强调："夫主将之法，务揽英雄之心，赏禄有功，通志于众。故与众同好靡不成；与众同恶靡不倾。治国安家，得人也；亡国破家，失人也。"我国历史上许多成功的君主，都与慧眼识才有关。

"春秋五霸"之首齐桓公的成功可以说与不计前嫌任用管仲

息息相关。齐桓公的父亲齐僖公生有三个儿子：长子诸、次子纠、幼子小白。僖公委派管仲、召忽辅佐公子纠，委派鲍叔牙辅佐保护公子小白。僖公死后，因诸最大，继承国君的位置，是为齐襄公。襄公昏庸无道，终于招致内乱。公元前686年，公孙无知杀了齐襄公，自立为君。于是鲍叔牙保护公子小白逃奔到莒国避难；管仲、召忽则事奉公子纠逃到鲁国。后来，公孙无知被渠丘大夫所杀。一系列的政变使齐国出现了没有国君的局面。鲁国要立公子纠为君，于是派人护送他回国，并派管仲封锁莒国通向齐国的道路。管仲箭射公子小白，但只射中了带钩。小白装死，幸免于难，并星夜赶回齐国。鲁国以为小白已死，路上磨磨蹭蹭，结果还是公子小白抢先回国，登上君位，是为齐桓公。齐桓公即位后，马上发兵伐鲁，鲁军大败。接着，齐国要挟鲁国，要鲁国把公子纠杀掉，并把管仲和召忽抓起来，送回齐国治罪。鲁国迫于压力，杀了公子纠，召忽自刎而死，以殉其主。管仲被押回齐国。齐桓公攻打鲁国的时候，本意是要把管仲抓回来杀掉。经过功臣鲍叔牙一番苦谏，齐桓公终于接受了鲍叔牙的建议，弃一箭之私仇，任管仲为国相，并尊称其为"仲父"，从此拉开了称霸诸侯大业的帷幕。

正确地识别人才、使用人才在今天仍然有重要意义。无论是交朋友还是作为一个领导者，首先需要的都是正确地认识和评价一个人。然而，认识人的"本性"是一件非常不容易的事情。从古至今，许多人都想总结出一套对人进行鉴别的可靠方法，如东汉末年刘劭的《人物志》、清代曾国藩的《冰鉴》等，都提出了一整套系统而又复杂的鉴别方法。这些理论虽然都有一定的局限性，但大部分还是有一定道理的。

要全面地认识一个人，必须与他多接触，并从他对一些具体事情的处理上观察他的人品和能力。诸葛亮曾经根据实践经验，总结出了解一个人本性的七条办法：询问他对某件事的看法，以考察他的志向和立场；用激烈的言辞故意激怒他，以考察他的气度和应变能力；就某个计划向他征求意见，以考察他的学识；告诉他可能要发生的危险，以考察他的胆识和勇气；喝酒的时候让他喝醉，以观察他的本性修养；用利益对他进行引诱，以考察他是否清廉；把某件事情交给他去办，以考察他是否值得信任。这七种方法都很实际、很具体，也很有实用价值。当然，在今天，这些办法并不一定都适用，例如用利益去引诱人、把人灌醉等，我们都不应该使用。但从这些方法的基本思路中，我们还是能得到很多启发的。

法者，曲制、官道、主用也。

【译文】

所谓"法"，就是军队的组织编制、职责统辖、物资供应等制度。

【评解】

"凡治众如治寡，分数是也。"（《孙子·势篇》）对于管理上万人、几十万人的军队来说，健全的制度是必需的。

《尉缭子》认为，凡是军队，必须先确定编制和军纪，只有这样，士兵才不会散乱。"凡兵，制必先定，制先定则士不乱，士不乱则形乃明。金鼓所指，则百人尽斗。陷行乱阵，则千人尽斗。覆军杀将，则万人齐刃。天下莫能当其战矣。古者，士有什伍，车有偏列。鼓鸣旗麾，先登者，未尝非多力国士也；先死者，亦未尝非多力国士也。损敌一人，而损我百人，此资敌而伤甚焉，世将不能禁。征役分军而逃归，或临战自北，则逃伤甚焉，世将不能禁。杀人于百步之外者，弓矢也；杀人于五十步之内者，矛戟也。将已鼓而士卒相嚣，拗矢折矛抱戟，利后发。战有此数者，内自败也，世将不能禁。士失什伍，车失偏列，奇兵捐将而走，大众亦走，世将不能禁。"（《尉缭子·制谈》）书中列举了十二条必胜之道：连刑、地禁、全车、开塞、分限、号别、五章、全曲、金鼓、陈车、死士和力卒，认为"此十二者教成，犯令不舍"（《尉缭子·兵教下》），并通过重刑令、伍制令、分塞令、束伍令、经卒令、勒卒令、将令、踵军令、兵教（上、下）和兵令（上、下）诸篇，分别对这些具体内容进行阐述。

其他一些军事家和军事理论家也对军队制度的作用进行了强调。诸葛亮说："有制之兵，无能之将，不可以败；无制之兵，有能之将，不可以胜。"（《诸葛亮集·文集》卷二《兵要》）在他看来，军队的制度和法令建设是比将帅才能更重要的决胜因素。明代抗倭名将戚继光在一线的军事实践中，深刻体会到军队制度建设的重要，在《练兵实纪》中，他说："舍节制必不能军。节制者何？譬如竹之有节，节而制之，故竹虽虚，抽数丈之笋而直立不屈。故军士虽众，统百万之夫如一人。夫节制工夫始于什伍，以至队哨，队哨而至部曲，部曲而至营阵，营阵而至大将。一节相制一节，节节分明，毫不可干。金鼓各有所用，音不相杂；旗麾各有所用，色不相杂。人人明习，人人恪守。宁使此身可弃，此令不敢不守；此命可弃，此节不敢不重。视死为易，视令为尊。如此必收万人一心之效，必为堂堂无敌之师，百战百胜。"没有节制就不能称其为军队的观点，可谓对制度于军队重要性的恰当概括。

凡此五者，将莫不闻，知之者胜，不知者不胜。

【译文】

对于这五个方面，将领不能不知道。真正掌握的人能取得胜利，不能深刻了解的就不能取得胜利。

【评解】

做任何事情都要事先对各种情形作出恰当的分析，诸葛亮的"隆中之对"，可为这一兵法中的精髓提供一个有利的证明。

东汉末年，群雄并起，各地的割据军阀连年混战，都想扩大自己的势力范围，为日后取代汉王朝做准备。刘备素来就有大志，无奈事业一直不顺利，很久也没有建立起一支像样的武装，没有开辟一块可以立足的根据地。因此，他迫切需要寻找一批有才能的人与自己共谋发展，扭转被动不利的局面。

后来，在荆州刘表处寄居时，根据司马徽和徐庶的推荐，刘备得知诸葛亮是个了不起的人才，就带着关羽、张飞，一起到隆中去请诸葛亮出山辅佐自己。

诸葛亮并不是荆州本地人，他的老家在琅邪郡阳都（今山东临沂沂南县），少年丧父，他的叔父就带着他来到荆州投奔刘表。后来，叔父也死了，诸葛亮就在襄阳以西的隆中定居下来，一面自种自吃，一面读书。等到他二十多岁的时候，已经是学问渊博、见识丰富了。他虽然一直住在隆中的草庐里，却时刻关心着天下大事，分析各路诸侯的实力和前途，思考平定天下的方法。他常常把自己比作春秋战国时期的管仲、乐毅，希望能够遇到齐桓公、燕昭王一样的明主，成就一番大事业。但是，在没有遇到有能力和能用人的明主之前，他宁愿隐居隆中，过着恬淡的生活。

刘备第一次去拜访的时候，扑了个空，原来是诸葛亮得知刘备要来，故意避开了。于是刘备又去了第二次、第三次。诸葛亮终于被刘备的诚意所感动，等到刘备第三次来的时候，他就在自己的草庐中接待了刘备。

经过一席谈话，刘备对诸葛亮的能力和才华非常赞赏。于是，他直截了当地说明自己的来意，他说："如今汉室衰落，大权旁落在奸臣手里。我很想挽回这个局面，无奈自己能力太差，心有余而力不足，所以特意来请先生指教。"

通过观察，诸葛亮对刘备也已有所了解，因此他就推心置腹地与刘备谈起自己对天下大事的认识。他说："经过官渡一战，曹操战胜了袁绍，现在拥有百万兵力，而且他又挟天子以令诸侯，已经无人能凭武力与他争锋。孙权占据江东一带，已经历时三代了，现在已经站稳了脚跟，百姓都归附他了，再加上江东地势险要，还有一批有才能的人为他效力，这样一来，也只能和孙权联合，不能打他的主意。"

随后，诸葛亮指出，如果刘备想建立一块稳固的根据地，只有拿下荆州和益州。接着，他向刘备分析了荆州和益州的形势。他说，荆州处于南北要冲，是一个军事要地，可是刘表做事优柔寡断，这块地方迟早会落入他人之手；益州土地肥沃、物产丰富，素来就有"天府之国"的美誉，可是它现在的主人刘璋是个懦弱无能的人，又不会用人，肯定也守不住这块地方。

最后，诸葛亮说："如果将军您能占领荆、益两州，对外联合孙权，对内整顿内政，群策群力，积蓄力量，一旦有机会，就可以派人从荆州、益州两路发兵，讨伐曹操。到那时，有谁不箪食壶浆地欢迎将军您呢？如果这样，就可以成就功业，恢复汉室了。"

刘备听他分析得头头是道，非常佩服，便说："听了先生的话，真是使我茅塞顿开啊！我一定听从您的意见，现在就请您和我一起下山大展宏图吧！"

诸葛亮也没有推辞，就跟着刘备到新野去了。从此，诸葛亮辅佐刘备，一步步地实现了自己的计划，造就了三足鼎立的局面，刘备也三分天下有其一，不但不再被人追得东躲西藏，而且为进一步的发展奠定了坚实的基础。

故校之以计，而索其情，曰：主孰有道，将孰有能？天地孰得？法令孰行？兵众孰强？士卒孰练？赏罚孰明？吾以此知胜负矣。

【译文】

所以，通过各种情况的比较来推断战争的情势：哪方的君主治国有道？哪方的将领能力强？哪方占有天时和地利？哪方的法令能够贯彻执行？哪方的士兵强健？哪方的士兵训练有素？哪方的赏罚公正严明？通过以上几种形势的分析，我就能够知道谁胜谁负了。

【评解】

对于一个优秀的军事指挥员来说，战争的走势完全可以通过双方力量的对比预测出来，并可根据事前的分析判断做出合理的应对策略。西汉元帝永光二年（前42），陇西的羌人叛乱，汉元帝同大臣们商讨平叛的大计，右将军冯奉世主动请缨前去征讨。汉元帝很高兴，就问他需要多少兵力。冯奉世认真分析了羌军的情况后，对汉元帝说："需要六万人马，一个月内解决问题！"但是朝中的一些大臣认为，由于国家连年饥荒，发兵太多开支过大，国家负担起来会很吃力，用一万人去屯守就足够了。因此，汉元帝只给了冯奉世一万两千人马，让他带任立和韩昌以屯田为名，率军向陇西进发。

冯奉世到达陇西后，命令任立为右军，驻扎在白石；韩昌为前军，驻扎在临洮；自己带领中军，驻扎在首阳以西。汉军与羌人打了两仗，结果都因寡不敌众，被羌人打败。

冯奉世无奈，只好向朝廷上书，请求增派三万六千人来增援。汉元帝接到奏报后，知道羌人难对付，立即增兵六万余人，前去支援冯奉世。10月，大队人马进抵陇西。11月，汉军出击，羌军大败，溃散逃跑。

冯奉世对敌人的情况有深刻了解，他先分析了羌军的情况，估计叛军有三万人，根据作战的一般规律和汉军的情况，提出用兵六万一月之内就能平息叛乱。但由于兵力不够，他在初战受挫后，又上书请求增援，才大获全胜。如果像朝中的一些大臣一样，不了解对方的实力，仅仅根据自己当时的情况盲目预测事情发展的走向和结果，并以此制定对策，遭遇失败则是必然的。

将听吾计，用之必胜，留之；将不听吾计，用之必败，去之。计利以听，乃为之势，以佐其外。势者，因利而制权也。

【译文】

如果能够听从我的计谋，用兵作战一定能够取得胜利，那我就留下来；如果不能听从我的计谋，用兵作战一定会失败，那样我就离开。采纳了有效的计策，就会创造出一种势态，配合对外的军事行动。所谓"势"，就是根据掌握有利于自己的条件，灵活应变，抓住战争的主动权。

【评解】

孙子十分强调军事战争的"势"，并且善于造"势"，提出

"势险节短"的战术。事实证明，他的这一战术是非常有效的，现以春秋时期的几场战役说明。

"邾人城翼，还，将自离姑。公孙鉏曰：'鲁将御我。'欲自武城还，循山而南。徐鉏、丘弱、茅地曰：'道下遇雨，将不出，是不归也。'遂自离姑。武城人塞其前，断其后之木而弗殊，邾师过之，乃推而蹷之。遂取邾师，获鉏、弱、地。"（《左传·昭公二十三年》）

"冬，十二月，吴子执钟吾子。遂伐徐，防山以水之。己卯，灭徐。徐子章禹断其发，携其夫人，以逆吴子。"（《左传·昭公三十年》）

"吴阖庐选多力者五百人，利趾者三千人，以为前陈，与荆战，五战五胜，遂有郢。东征至于庳庐，西伐至于巴、蜀，北迫齐、晋，令行中国。"（《吕氏春秋·简选》）

以上三个战例，第一个发生在公元前519年，鲁国的武城人利用居高临下之势，"遂取邾师"；第二个发生在公元前512年，吴国人以水造势，一举"灭徐"；第三个发生在公元前506年，吴国人充分贯彻了"势险节短"的战术，频繁攻击，"五战五胜，遂有郢"。通过这三个战例，我们可以充分理解孙子所说的"计利以听，乃为之势，以佐其外""势者，因利而制权也"在军事斗争上的有效性了。

兵者，诡道也。故能而示之不能，用而示之不用，近而示之远，远而示之近。利而诱之，乱而取之，实而备之，强而避之，怒而挠之，卑而骄之，佚而劳之，亲而离之。攻其无备，出其不意。此兵家之胜，不可先传也。

【译文】

军事原则，就是诡诈之法。有能力开战而装出没有能力开战，要展开攻打而装作不打算攻打，打算攻打近处却装作攻打远处，打算攻打远处又装作攻打近处。敌人贪利就用利益诱惑他上当，敌方混乱就要抓住时机攻取他，敌人力量充实就要严加防备他，敌人实力强劲就要设法避开他。敌人士气旺盛，就要设法屈挠他；敌人自卑而谨慎，就要使他骄傲自大；敌人休整充分，就要使其劳累；敌人内部亲密团结，就要离间他们之间的关系。要攻打敌人没有防备的地方，在对方没有意料到的时候发动进攻。这些都是军事家取得胜利的奥秘，是不可事先泄露出去让大家都知道的。

【评解】

在这一段中，孙子提出"兵者，诡道也"的著名论断，并提出"诡道"的一些具体方法和体现。唐代李筌在为这一段作注时，引用了古代许多战例说明其中"能而示之不能，用而示之不用，近而示之远，远而示之近。利而诱之，乱而取之，实而备之，强而避之，怒而挠之，卑而骄之，佚而劳之，亲而离之"在军事斗争中的运用。

在注"能而示之不能，用而示之不用"时，李筌曰："言己实用师，外示之怯也。汉将陈豨反，连兵匈奴，高祖遗使十辈视之,皆言可击。复遗娄敬,报曰:'匈奴不可击。'上问其故。对曰:'夫两国相制,宜矜夸其长。今臣往,徒见羸老。此必能而示之不能,臣以为不可击也。'高祖怒曰:'齐虏以口舌得官,今妄沮吾众!'械娄敬于广武,以三十万众至白登,高祖为匈奴所围,七日乏食。此师外示之以怯之义也。"李筌所举的这一战例发生在公元前200年,即汉高祖七年,匈奴兵南下,围攻马邑。韩王信投降匈奴,匈奴人继续南下,围攻太原。消息传到长安,刘邦震怒,决定亲率几十余万大军北征匈奴,打算一举歼敌,消除北方的大患。到了晋阳,刘邦先后派了几批人前去侦探敌情。此时,匈奴故意把精锐士兵和肥壮的马匹都隐藏起来,只把老弱病残留在外面活动。回来的人报告,匈奴营中只有一些老弱残兵,连马都瘦得不能行动,只要果断出击,一定能大获全胜。于是刘邦一面亲率大军浩浩荡荡向北进发,一面派娄敬去侦探敌情。

当大军进至句注山时,到前方侦查的娄敬回来了。他向刘邦报告:"赶快停止进军,千万不可轻易出兵。两军对阵,从来只有夸耀自己的长处的,以实力显示自己的军威,借以震慑敌人。可是我此次前往,看到的尽是些老弱残兵,跛驼瘦马,这一定是匈奴人故意这么做的,冒顿单于肯定在暗地里埋伏着伏兵,诱我军上当,千万不要贸然进攻啊!"一向做事谨慎的刘邦这时候也犯了过于自信的毛病,他以为自己掌握的敌情是经过反复侦查得来的,不会有差错。即使其中有些出入,自己带领几十万大军,也不必有什么顾虑。因此,他不但没有听从娄敬的劝告，反而以扰乱军心的罪名令人把他押送广武。然后自己亲自率领先头部队，径自北上。刘邦赶到平城，就到城外的白登山观察情况。这时，突然四下里伏兵四起，杀声震天，匈奴兵将白登山团团围住。这时后续部队早已被刘邦甩在了身后，先头部队被匈奴四十万大军分割包围。刘邦被围在山上整整七天七夜，缺粮断水，几乎陷入绝境。无奈之下，刘邦只得依从了陈平的计策，用重金买通冒顿的阏氏（妻子）。在阏氏的劝说下，以及先前的两名汉军降将未能如期而来，冒顿疑心他们与汉军私通，于是他网开一面。在大雾的掩护下，刘邦仓皇冲出重围，逃回平城。

注"近而示之远，远而示之近"，李筌曰："令敌失备也。汉将韩信虏魏王豹，初陈舟欲渡临晋，乃潜师浮木罂，从夏阳袭安邑，而魏失备也。耿弇之征张步，亦先攻临淄，皆示远势也。"这一战例发生在公元前205年，即汉高祖二年八月，事见《史记·淮阴侯列传》。刘邦建立西汉后，魏王豹归降了汉朝，不久，他又以母亲生病为借口请求回去探望。一回到封地，魏王豹立即派兵切断了黄河西岸临晋关的交通，反叛了汉朝，而与楚国订立和约。汉高祖刘邦听到消息之后，采用先礼后兵的方法，先派遣郦食其前往游说，希望魏王豹重新归顺朝廷，但魏王豹执意不听。于是，刘邦任命韩信为左丞相，率军进击魏王豹。此时，魏王豹在蒲坂驻扎重兵，封锁临晋关，抵抗汉军的进攻。韩信针对这种情况，采用疑兵之计，将船只在河对岸摆开，假装要从临晋关渡河攻打魏军，同时让主力部队偷偷地前进，在夏阳乘坐一种名为木罂（一种木制的形似瓮罐的渡河器材）的工具渡过黄河，径直袭击魏都安邑。魏王豹没有想到韩信的军队会奇兵天降,一时乱了阵脚,惊慌失措中匆忙领兵迎战。韩信率军奋战,一举俘获魏王豹,平定了魏地。

注"利而诱之,乱而取之",李筌曰:"敌贪利,必乱也。秦王姚兴征秃发傉檀,悉驱部内牛羊,散放于野,纵秦人虏掠。秦人得利,既无行列,傉檀阴分十将,掩而击之,大败秦人,斩首七千余级。'乱而取之'之义也。"这一战例发生在公元408年,十六国中的后秦皇帝姚兴派儿子姚弼为大将,乞伏乾归为先锋,带领三万军队进攻盘踞姑臧的南凉首领秃发傉檀。姚弼到达金城的时候,部下建议乘秃发傉檀犹豫不定之机,轻骑突进,掩袭姑臧,但是未被采纳。等到后秦兵至姑臧时,秃发傉檀已完全明白姚兴的意图,做好了应战的各种准备。姚弼率领军队一到姑臧,就开始列阵讨战。秃发傉檀在战前就早已把姑臧周围三百里的平民撤退到城里,还带着数万头牛羊,粮食充足,人员齐备。等到后秦军到达城下,秃发傉檀下令把城里的牛羊全都放出去,顿时,姑臧城外漫山遍野都是乱跑的牛羊。姚弼的军队一见有这么多牛羊,阵势立刻就散乱了,士兵们都不顾一切地脱离队伍去抓牛羊当战利品。秃发傉檀趁机派军队发起攻击,后秦军大败,被杀七千多人,姚弼本人也被南凉人围困在姑臧的西苑,水源断绝,形势危急,幸亏增援的姚显及时赶到,才免遭全军覆没的厄运。

注"实而备之",李筌曰:"备敌之实。蜀将关羽,欲围魏之樊城,惧吴将吕蒙袭其后,乃多留备兵守荆州。蒙阴知其旨,遂诈之以疾，羽乃撤去备兵，遂为蒙所取，而荆州没吴。则其义也。"这一战例就是三国时期著名的东吴吕蒙白衣渡江袭取荆州，关羽走麦城被俘的故事。

注"强而避之"，李筌曰："量力也。楚子伐随，随之臣季梁曰：'楚人上左，君必左，无与王遇；且攻其右，右无良焉，必败。偏败，众乃携矣。'少师曰：'不当王，非敌也。'不从。随师败绩，随侯逸。攻强之败也。"公元前706年，楚武王率师侵伐小国随。进入随境之后，楚军把军队驻在现光山，打算先与随人谈判。楚国的大夫斗伯比对楚王说：随国前来谈判的人叫少师，这个人很狂妄自大。我们可以在他来的时候把精锐部队隐蔽起来，只留一些老弱残兵让少师看见。少师看见之后，回去必然要随侯主动攻打我们，这时我们再用精兵围歼他们就易如反掌了。楚国的另一个大夫熊率且比说："这虽然是一个好主意，但随国有季梁在，恐怕不能奏效。"楚王最后还是依从了斗伯比的计谋，随国派来的少师果然中计，他回去后极力主张随侯用兵。季梁知道其中有诈，极力劝阻随侯，但随侯没有听从他的劝告。等到两军厮杀之时，季梁通过对楚军的观察，对随侯说："楚人以左为尊，楚王一定在左军之中，左军的实力一定强大。我们人马比楚国少，不宜与他们正面硬拼，不如攻击他的右军。右军没有良将，必然能够打败他们。右翼一败，楚军的军心就会受影响。我们趁机追击，一定能够取得胜利。"这次，随侯又没有采纳季梁的计谋，结果大败。

注"怒而挠之"，李筌曰："将之多怒者，权必易乱，性不坚也。汉相陈平谋挠楚，权以太牢具进楚使，惊曰：'是亚父使邪？乃项王使邪？'此怒（而）挠之者也。"在这里，李筌对"怒而挠之"的理解不是很恰当，应为使敌人的士气屈挠之意，而非激怒敌人。

注"卑而骄之"，李筌曰："币重而言甘，其志不小。后赵石勒称臣于王浚，左右欲击之，浚曰：'石公来，欲奉我耳。敢言击者斩！'设飨礼以待之。勒乃驱牛羊数万头，声言上礼，实以填诸街巷，使浚兵不得发。乃入蓟城，擒浚于厅，斩之而并燕。卑而骄之，则其义也。"这一战例发生在西晋末年，晋的幽州都督王浚企图谋反，石勒闻讯后，打算消灭王浚。此时双方力量对比，王浚势力相对强大，石勒怕一时难以取胜，决定用计消灭他。他派门客王子春带了大量珍珠宝物，敬献给王浚，并亲自写信，向王浚表示愿意拥戴他为天子。王子春在一旁又添油加醋，王浚信以为真。正在这时，王浚有个名叫游统的部下，正伺机谋叛王浚。游统找到石勒，想依靠他一起对付王浚，石勒却杀了游统，将其首级送给王浚。这样一来，王浚对石勒更加放心了。

公元314年，幽州遭受水灾，百姓没有粮食，王浚不顾百姓死活，各种苛捐杂税有增无减，导致民变蜂起，军心浮动。石勒得知消息后，知道消灭王浚的时机已经到来，于是亲自率领部队攻打幽州。石勒的部队到了幽州城下时，王浚还以为石勒是来拥戴他称帝的，根本没有做应战的准备。在进入幽州时，石勒为了防备王浚的伏兵，预先带了数千头牛羊，城门一开，就把牛羊统统赶入城内，声称是送给王浚的礼物。这些牛羊将城内的大街小巷堵了个严严实实，军队如果再想调动，已经很困难了。石勒的军队进入幽州城之后，四处抢夺，王浚的左右请求镇压，王浚仍然抱有幻想，下令不准抵抗。直到自己被石勒将士捉住之后，后悔已经来不及了。

注"佚而劳之"，李筌曰："敌佚而我劳之者，善功也。吴伐楚，公子光问计于伍子胥。子胥曰：'可为三师以肆焉。我一师至，彼必尽众而出；彼出，我归，亟肆以疲之，多方以误之，然后三师以继之，必大克。'从之。楚于是乎始病吴矣。"这里李筌所举的，是公元前512年伍子胥向吴王阖闾提出的"三师以肆"的战略方针，即以三支部队轮番骚扰楚国。伍子胥认为，只要吴军一军出动，便可以将楚军全部引出来。一旦楚军出动，吴军便退回；等到楚军也退回时，吴军再出动。这样，楚军便会疲于奔命，锐气尽失，此时吴三军一起出击，便能一鼓作气，集中力量歼灭敌军。

注"亲而离之"，李筌曰："破其行约，间其君臣，而后攻也。昔秦伐赵，秦相应侯间于赵王曰：'我惟惧赵用括耳，廉颇易与也。'赵王然之，乃用括代颇，为秦所坑卒四十万于长平。则其义也。"李筌这里所举的，是战国末年著名的长平之战。周赧王五十三年（前262），秦军围攻韩国的上党。上党郡守冯亭就把上党郡献给赵国，想借赵国的力量抗击秦军，秦国于是调转矛头，引发了秦、赵之间的长平之战。当时赵国的名将赵奢已经去世，国相蔺相如也已经年老病重，赵国就派老将廉颇带兵抵抗秦兵。廉颇虽然年事已高，但骁勇不减当年，无奈秦兵锐不可当，所以廉颇就采取固壁不战的策略。

历时三年，秦军久攻不下，于是想出了离间赵国君臣关系的计谋。公元前260年，秦国派人到赵国的都城邯郸散布谣言，说秦国不怕廉颇，只怕名将赵奢的儿子赵括。赵王果然上当了，决定派赵括为将，替回廉颇。其实，赵括只会纸上谈兵，没有实战经验，蔺相如一听赵王要用赵括代替廉颇，大为震惊，连忙抱病赶去劝谏赵王。蔺相如说，大王您仅凭别人的传言就要派赵括为三军主帅，赵括虽然读过许多他父亲传下来的兵书，但他没有实战经验，不知战场上的调度与变通，怎么可以委以这么重要的任务呢？就连赵括的母亲也上书阻止赵王。她说，赵括小时候就开始学习兵法，谈论战场上的事情，认为天下没有比他更高明的了。即使他的父亲与他辩论，也不能难倒他，但他父亲赵奢从来没有说过赵括学得好。他说，打仗是关系着生死存亡的事情，赵括只不过眼高手低，随便说说而已。赵国如果不派赵括为将也就罢了，如果委任赵括为将，赵国一定葬送在赵括手里。所以千万不要派他为将。赵王还是不听。赵括取代廉颇之后，把原来的纪律都改了，将领也进行了更换。秦将白起听说后，设计断了赵括的粮道，并将赵军分隔为两半，前后不能照应。过了四十多天，赵军因为没有吃的，士卒军心离散。赵括不得不派精锐士兵冲出去决一死战，结果大败，赵括自己也被射死，数十万赵军投降，全部被白起活埋。从此，赵国一蹶不振。

夫未战而庙算胜者，得算多也；未战而庙算不胜者，得算少也。多算胜，少算不胜，而况于无算乎！吾以此观之，胜负见矣。

【译文】

战端未开就能预计到会取得胜利，是因为筹划周密，占据的胜利条件多；战端未开就能预计到不会胜利，是因为筹划不周密，占据的胜利条件少。筹划周密，取胜的条件充分，就能胜利；筹划不周密，取胜的条件不充分，就不能胜利，何况不做筹划，根本就没有胜利的条件呢！根据这些情况来观察，军事行动的胜败就显而易见了。

【评解】

"庙算"是《孙子》提出的重要战略思想之一，这一思想不只在军事领域使用，还可以推广到社会生活的方方面面。无论做任何事情，事先都要有精密的计划或谋划，根据分析和判断，预测可能会出现的各种结果，并采取应对措施。尤其是在竞争激烈或情况复杂的情形下，事先的分析和谋划显得更为重要，必须根据各方面的力量对此，制定适宜的措施，采取不同的方法。否则，莽撞从事，一味蛮干，肯定不会有好结果。

战国时，秦昭王派使臣王稽出使魏国，见到了当时正在魏国受迫害的范雎，经交谈王稽发现范雎是个难得的人才，决定把他带到秦国。当王稽偷偷地与范雎一同乘车到了秦国的湖关时，远远看见从西边驶来一队车马。王稽说："一定是国相穰侯到东边各县巡视来了。"

范雎说："我听说穰侯厌恶诸侯国的来客。如果他发现我，一定会羞辱和难为我，我得藏进车里去。"

一会儿，王稽的车队和穰侯的车队相遇了。一见面，穰侯先慰问了王稽一番，然后站在车旁问："关东一带发现什么情况了吗？"

王稽回答说："没有。"

穰侯又问："您这次回来，有没有带其他诸侯国的客人一起来？在我看来，带他们来一点好处也没有，只会扰乱国家而已。"

王稽说："我哪敢这样做呢？"

穰侯离去后，范雎从车中出来，说："穰侯是个聪明人，不过反应慢一些。刚才他怀疑车中有人，却没有想起来搜查，过后一定会后悔，还会派人回来寻找的，我下车先走吧。"

范雎走出去没有几里地，穰侯果然派骑兵回来搜查王稽的车子，骑兵回来报告说没查到人，这才放心离去。这样，范雎才得以和王稽一同潜到秦都咸阳，见到了秦昭王。

范雎通过过人的判断和分析能力，将穰侯的行动掌握得一清二楚，然后采取合理的应对策略，从而使自己一直处于主动地位。如果范雎不能做到防患于未然，能不能到达秦国都很难说，更不用说帮助秦王一起成就霸业了。这说明，在与别人斗智斗勇的过程中，了解对方，是必要的前提之一。

《墨　子》

兼爱上

圣人以治天下为事者也，必知乱之所自起，焉能治之；不知乱之所自起，则不能治。譬之如医之攻人之疾者然：必知疾之所自起，焉能攻之；不知疾之所自起，则弗能攻。治乱者何独不然？必知乱之所自起，焉能治之；不知乱之所自起，则弗能治。圣人以治天下为事者也，不可不察乱之所自起。

【译文】

把治理天下作为事业的圣人，必须明白知晓混乱从何处产生，这样才能使秩序恢复。如果不了解混乱从哪里产生，就不知道如何恢复秩序。这就好像医生要给病人治病，必须知道是因为什么得病，才能治疗；不知道得病的原因，就不能治疗一样。治理动乱，又何尝不是如此呢？一定要知道是从哪里开始混乱的，才能治理好；不知道是从哪里开始混乱的，就不能治理好。把治理天下作为事业的圣人，就不得不考察是从哪里开始混乱的。

当察乱何自起？起不相爱。臣子之不孝君父，所谓乱也。子自爱不爱父，故亏父而自利；弟自爱不爱兄，故亏兄而自利；臣自爱不爱君，故亏君而自利，此所谓乱也。虽父之不慈子，兄之不慈弟，君之不慈臣，此亦天下之所谓乱也。父自爱也不爱子，故亏子而自利；兄自爱也不爱弟，故亏弟而自利；君自爱也不爱臣，故亏臣而自利。是何也？皆起不相爱。

【译文】
混乱到底缘于何因呢？就起自人与人之间不相爱。臣对君不忠，子对父不孝，这就是乱。儿子爱自己而不爱父亲，因而损害父亲的利益而自己得利。弟弟爱自己而不爱兄长，因而损害兄长的利益而自己得利；臣子爱自己而不爱君主，因而损害君主的利益而自己得利。这就是所谓的乱。反之，父亲对儿子不慈爱，兄长对弟弟不慈爱，君主对臣子不慈爱，这也是所谓的乱。父亲爱自己，不爱儿子，所以损害儿子的利益而自己得利；兄长爱自己而不爱弟弟，所以损害弟弟的利益而自己得利；君主爱自己，不爱臣子，所以损害了臣子的利益而自己得利。这是什么原因呢？起因都是不相爱。

虽至天下之为盗贼者亦然：盗爱其室，不爱其异室，故窃异室以利其室。贼爱其身，不爱人，故贼人以利其身。此何也？皆起不相爱。虽至大夫之相乱家，诸侯之相攻国者亦然：大夫各爱其家，不爱异家，故乱异家以利其家。诸侯各爱其国，不爱异国，故攻异国以利其国。天下之乱物，具此而已矣。察此何自起？皆起不相爱。

【译文】

即便天下做小偷的也是这样：小偷只爱自己的家，不爱别人的家，所以偷窃别人家而自己得利。盗贼只爱自己，不爱他人，所以偷别人的东西而自己得利。为什么会这样呢？起因都是不相爱。即使是大夫之间互相侵扰其家，诸侯之间互相攻打其国也是如此：大夫各爱自己的家，不爱别人的家，所以扰乱他人的家而使自家得利；诸侯各爱自己的国家，不爱别人的国家，所以攻打别国而使自己国家得利。天下各种乱事，都是这样的。细察它们的起因，都起因于不相爱。

若使天下兼相爱，爱人若爱其身，犹有不孝者乎？视父兄与君若其身，恶施不孝？犹有不慈者乎？视弟子与臣若其身，恶施不慈？故不孝不慈亡有。犹有盗贼乎？故视人之室若其室，谁窃？视人身若其身，谁贼？故盗贼亡有。犹有大夫之相乱家，诸侯之相攻国者乎？视人家若其家，谁乱？视人国若其国，谁攻？故大夫之相乱家，诸侯之相攻国者亡有。若使天下兼相爱，国与国不相攻，家与家不相乱，盗贼无有，君臣父子皆能孝慈，若此，则天下治。

【译文】

如果使天下人都能相爱，爱他人如爱自身，还会有不孝的人吗？对待父亲、兄长和君主像对待自己一样，怎么会做出不孝的行为呢？还会有不慈爱的人吗？对待弟弟、儿子和臣子像对待自己一样，怎么会不慈爱呢？因此，不孝顺不慈爱的人就没有了。还会有盗贼吗？对待别人的家就像对待自己的家，谁还去偷东西呢？对待别人身上的东西像对待自己身上的东西一样，谁还去抢？所以偷抢的盗贼也没有了。还会有大夫之间互相侵扰别家，诸侯之间相互攻打别国吗？对待别人的家像对待自己的家一样，谁还去扰乱？把别国看作与己国一样，谁还去攻打？所以大夫相互侵乱别家，诸侯之间相互攻打别家的事就没有了。如果使天下的人都能相爱，国与国之间不相互进攻，家与家之间不相互侵扰，盗贼没有了，君主、臣子、父亲、儿子都能忠孝仁慈，这样，天下就能治理好了。

故圣人以治天下为事者，恶得不禁恶而劝爱。故天下兼相爱则治，交相恶则乱。故子墨子曰：不可以不劝爱人者，此也。

【译文】

所以把治理天下当作事业的圣人，最应该禁止人民之间相互憎恨，而劝导人民之间相爱。所以天下人相亲相爱，天下就能够治理好。要是相互憎恨，天下就会混乱。因此墨子说："不可以不劝爱别人。"就是这个道理。

【评解】

墨子，战国时期著名的思想家、军事家、教育家、社会活动家，也是先秦诸子中唯一的自然科学家，墨家学派的创始人，提出了兼爱、非攻等主张。

墨子认为，儒家推己及人的仁爱思想体系是有问题的，因为推己及人，就会先己后人，而非先人后己，就会先考虑自身利益的得失，而使别人的利益受损。因此，墨子提出"兼爱"以区别于儒家的仁爱。因为"天下兼相爱则治，交相恶则乱"。"爱人者，人必从而爱之，利人者，人必从而利之"（《墨子·兼爱中》），人人相爱相利，社会上相互残杀、争夺的现象就自然消灭，也就达到了天下太平的大治局面。

而要做到"兼爱"，就要平等地、无差别地爱一切人，就要"兴天下之利，除去天下之害，以此为事者也"（《墨子·兼爱中》）。就要"有力者疾以助人，有财者勉以分人，有道者劝以教人"（《墨子·尚贤下》）。慈善是百姓自己的事情，每个人都可以做慈善，都可以在慈善中找到自己的位置。

墨子还提出社会不稳定的原因在于："民有三患，饥者不得食，寒者不得衣，劳者不得息，三者民之巨患也。"（《墨子·非乐上》）要解决这个问题，就要在发展社会经济的同时，发展慈善事业，使"老而无妻子（指现在的妻与子）者，有所侍养以终其寿，幼弱孤童之无父母者，有所放依以长其身"（《墨子·兼爱下》）。这样才会实现社会的和谐，社会经济也才可能得到持续健康的发展。

《孟 子》

公孙丑章句上

公孙丑问曰:"夫子当路于齐,管仲、晏子之功,可复许乎?"

孟子曰:"子诚齐人也,知管仲、晏子而已矣。或问乎曾西曰:'吾子与子路孰贤?'曾西蹴然曰:'吾先子之所畏也。'曰:'然则吾子与管仲孰贤?'曾西艴然不悦,曰:'尔何曾比予于管仲?管仲得君如彼其专也,行乎国政如彼其久也,功烈如彼其卑也。尔何曾比予于是!'"

曰:"管仲,曾西之所不为也,而子为我愿之乎?"

曰:"管仲以其君霸,晏子以其君显,管仲、晏子犹不足为与?"

曰:"以齐王,由反手也。"

曰:"若是,则弟子之惑滋甚。且以文王之德,百年而后崩,犹未洽于天下;武王、周公继之,然后大行。今言王若易然,则文王不足法与？"

曰："文王何可当也？由汤至于武丁，贤圣之君六七作。天下归殷久矣，久则难变也。武丁朝诸侯有天下，犹运之掌也。纣之去武丁未久也，其故家遗俗，流风善政，犹有存者；又有微子、微仲、王子比干、箕子、胶鬲，皆贤人也，相与辅相之，故久而后失之也。尺地莫非其有也，一民莫非其臣也；然而文王犹方百里起，是以难也。齐人有言曰：'虽有智慧，不如乘势；虽有镃基，不如待时。'今时则易然也。夏后、殷、周之盛，地未有过千里者也，而齐有其地矣；鸡鸣狗吠相闻，而达乎四境，而齐有其民矣。地不改辟矣，民不改聚矣，行仁政而王，莫之能御也。且王者之不作，未有疏于此时者也；民之憔悴于虐政，未有甚于此时者也。饥者易为食，渴者易为饮。孔子曰：'德之流行，速于置邮而传命。'当今之时，万乘之国行仁政，民之悦之，犹解倒悬也。故事半古之人，功必倍之，惟此时为然。"

【译文】

公孙丑问："先生您如果在齐国掌了权，像管仲、晏子所建立的那种功业，可以再次实现吗？"

孟子说："你真是个齐国人啊，只知道管仲和晏子。有人曾经问曾西说：'您和子路相比哪个更贤明？'曾西不安地说：'子路是我的先父都敬畏的人。'那人又问：'那么您与管仲相比哪个更贤明？'曾西非常不高兴地说：'你为什么让我和管仲相比呢？管仲得到国君那样专一的支持，执掌齐国的政权是那样的长久，而他的功绩勋业又是那样的微不足道。你为什么要让我和他相比呢？'"

顿了一下，孟子又说："管仲那样的人，是曾西所不愿意做的，而你认为我就愿意吗？"

公孙丑说："管仲使他的国君称霸诸侯，晏子让他的国君名扬天下。管仲、晏子这样的人还不值得做吗？"

孟子说："凭借齐国的国力用仁德一统天下，简直就是易如反掌啊。"

公孙丑说："如果这样说，弟子我就更加不明白了。就像周文王具有那样高尚的德行，活了差不多一百岁才去世，也没有使他的仁德周遍于天下；武王和周公继承了他的事业，然后才将王道推行于天下。如果以仁德一统天下像您现在说的那样容易，文王难道就不足以效法了吗？"

孟子说："有谁能够比得上文王呢？商朝从商汤建国到武丁，贤明智慧的君主出了六七个，天下的人心已经归附商朝很久了。人心归附久了就很难再使他们改变。武丁使诸侯来朝，统治整个天下，就像在手掌中拨弄东西一样简单。商纣王统治时期离武丁还不是太久远，商朝的那些勋旧之家、纯正习俗、良好风气、德政措施，还有许多都保存着。同时，微子、微仲、王子比干、箕子、胶鬲这些大臣，都是非常贤明的人，他们共同辅佐着商纣王，所以经过了很长的时间商朝才失去天下。那时候，每一尺土地，莫不属于商纣王；每一个百姓，莫不归属商纣王。可是周文王仍然能够凭借方圆百里的土地而崛起，这已经很难做到了。齐国有句俗语：'虽然有智慧，不如趁机会；虽然有锄头，不如待农时。'今天的这种形势，推行王道已经变得很容易了。夏、商、周三代最兴盛的时期，土地也没有超过方圆千里的，而齐国已经拥有了方圆千里的土地；鸡鸣狗叫的声音在齐国境内处处都能听到，一直到边境上依然如此，齐国已经拥有了非常众多的人口。土地广到不需要再开拓，人口多到不需要再增加，凭着这样的实力推行仁政，用仁德一统天下，天下没有人能够阻挡。况且，能够以仁德一统天下的贤君不出，从来没有像现在这样隔这么长时间的；百姓因残暴的政治而困顿，也没有像现在这样严重的。腹中饥饿的人不挑剔食物，口中干渴的人不苛求饮料。孔子说：'仁德的推广流行，比通过设立驿站传递命令还要迅速。'在现在的这种局势之下，一个拥有万辆兵车的大国推行仁政，百姓对待它的高兴程度，就像从被倒挂着的困境中解救下来一样。所以所花费的力气只是古人的一半，取得的业绩却要高于古人一倍，只有现在这个时代才能达到这样的效果。"

【评解】

孟子（约前372—前289），名轲，字子舆，战国时伟大的思想家。其思想保存在《孟子》一书中。在孟子的政治思想中，社会治理模式被划分为两种：王道和霸道。他致力于推行王道，因此对霸道所谓的功绩持不屑一顾的态度，这从他对管仲的评论中可以看出。管仲是我国春秋时期著名的政治家和思想家，他辅佐齐桓公改革内政、加强外交、壮大军事实力，使齐国成为当时最强大的诸侯国,"九合诸侯,一匡天下"。对此,孔子给予了充分肯定,他说:"桓公九合诸侯,不以兵车,管仲之力也。如其仁!如其仁!""管仲相桓公,霸诸侯,一匡天下,民到于今受其赐。微管仲,吾其被发左衽矣。岂若匹夫匹妇之为谅也,自经于沟渎,而莫之知也。"(《论语·宪问第十四》)意思是说,齐桓公数次会合诸侯,并不是依靠武力,而是凭借着管仲的力量,管仲称得上是一个做到了"仁"的人。管仲辅佐齐桓公称霸诸侯,统一和匡正天下,百姓至今还从中得到好处。如果没有管仲,我们恐怕就会被夷狄占领和同化,披散着头发,向左面开着衣襟。他的品德和一般的普通百姓是不能相提并论的。我们知道,孔子一生很少轻易称赞人达到了"仁"的境界,可见他对管仲的功绩是持肯定和赞赏态度的。然而,孟子在这里却认为曾经被孔子所认同的管仲的功绩是微不足道的,孟子和孔子这种认识和评价标准的不同,冯友兰认为,从根本上说,是他们所处的时代发生了变化的缘故。"在孔丘的时代,儒家和法家的斗争是两个阶级,奴隶主阶级和地主阶级斗争的反映。在孟轲的时代,儒家和法家的斗争是地主阶级内部的两个派别,保守派和激进派的斗争的反映。"[①]孟子将法家所推行的政治主张和政治目标直斥为"霸道",认为这和"王道"是背道而驰的,所以对其采取蔑视甚至否定的态度。他认为,以管仲等法家人物所掌握的力量和所处的时代,实行远远优于"霸道"的"王道"是轻而易举的事情,而他们只是辅佐

---

① 冯友兰:《中国哲学史新编》(上),人民出版社2001年版,第359页。

自己的君主谋求眼前的利益，没有实行"王道"，这并不能称为一种明智的和值得推崇的做法。

公孙丑问曰："夫子加齐之卿相，得行道焉，虽由此霸王不异矣。如此，则动心否乎？"

孟子曰："否，我四十不动心。"

曰："若是，则夫子过孟贲远矣。"

曰："是不难。告子先我不动心。"

曰："不动心有道乎？"

曰："有。北宫黝之养勇也，不肤挠，不目逃。思以一豪挫于人，若挞之于市朝。不受于褐宽博，亦不受于万乘之君。视刺万乘之君，若刺褐夫。无严诸侯。恶声至，必反之。孟施舍之所养勇也，曰：'视不胜犹胜也。量敌而后进，虑胜而后会，是畏三军者也。舍岂能为必胜哉？能无惧而已矣。'孟施舍似曾子，北宫黝似子夏。夫二子之勇，未知其孰贤，然而孟施舍守约也。昔者曾子谓子襄曰：'子好勇乎？吾尝闻大勇于夫子矣：自反而不缩，虽褐宽博，吾不惴焉；自反而缩，虽千万人吾往矣。'孟施舍之守气，又不如曾子之守约也。"

曰："敢问夫子之不动心，与告子之不动心，可得闻与？"

"告子曰：'不得于言，勿求于心；不得于心，勿求于气。'不得于心，勿求于气，可；不得于言，勿求于心，不可。夫志，气之帅也；气，体之充也。夫志至焉，气次焉。故曰：持其志，无暴其气。"

"既曰志至焉,气次焉,又曰持其志,无暴其气者,何也?"

曰:"志壹则动气,气壹则动志也。今夫蹶者趋者,是气也,而反动其心。"

"敢问夫子恶乎长?"

曰:"我知言,我善养吾浩然之气。"

"敢问何谓浩然之气?"

曰:"难言也。其为气也,至大至刚,以直养而无害,则塞于天地之间。其为气也,配义与道;无是,馁也。是集义所生者,非义袭而取之也。行有不慊于心,则馁矣。我故曰告子未尝知义,以其外之也。必有事焉而勿正,心勿忘,勿助长也。无若宋人然。宋人有闵其苗之不长而揠之者,芒芒然归,谓其人曰:'今日病矣,予助苗长矣。'其子趋而往视之,苗则槁矣。天下之不助苗长者寡矣。以为无益而舍之者,不耘苗者也。助之长者,揠苗者也,非徒无益,而又害之。"

"何谓知言?"

曰:"诐辞知其所蔽,淫辞知其所陷,邪辞知其所离,遁辞知其所穷。生于其心,害于其政;发于其政,害于其事。圣人复起,必从吾言矣。"

"宰我、子贡善为说辞,冉牛、闵子、颜渊善言德行;孔子兼之,曰:'我于辞命,则不能也。'然则夫子既圣矣乎?"

曰:"恶!是何言也!昔者子贡问于孔子曰:'夫子圣矣乎?'孔子曰:'圣则吾不能,我学不厌而教不倦也。'子贡曰:'学不厌,智也;教不倦,仁也。仁且智,夫子既圣矣。'夫圣,孔子不居，是何言也！"

"昔者窃闻之：子夏、子游、子张皆有圣人之一体，冉牛、闵子、颜渊则具体而微，敢问所安。"

曰："姑舍是。"

曰："伯夷、伊尹何如？"

曰："不同道。非其君不事，非其民不使，治则进，乱则退，伯夷也。何事非君？何使非民？治亦进，乱亦进，伊尹也。可以仕则仕，可以止则止，可以久则久，可以速则速，孔子也。皆古圣人也，吾未能有行焉。乃所愿，则学孔子也。"

"伯夷、伊尹于孔子，若是班乎？"

曰："否，自有生民以来，未有孔子也。"

"然则有同与？"

曰："有，得百里之地而君之，皆能以朝诸侯、有天下；行一不义、杀一不辜而得天下，皆不为也。是则同。"

曰："敢问其所以异。"

曰："宰我、子贡、有若，智足以知圣人，污不至阿其所好。宰我曰：'以予观于夫子，贤于尧舜远矣。'子贡曰：'见其礼而知其政，闻其乐而知其德。由百世之后，等百世之王，莫之能违也。自生民以来，未有夫子也。'有若曰：'岂惟民哉！麒麟之于走兽，凤凰之于飞鸟，泰山之于丘垤，河海之于行潦，类也。圣人之于民，亦类也。出于其类，拔乎其萃。自生民以来，未有盛于孔子也。'"

【译文】

公孙丑问道:"老师,您如果做了齐国的卿或者相,有了实现自己政治主张的机会,即使因此而成就王霸之业,也没有什么可奇怪的。如果这样,您是不是会有所恐惧不安而动心呢?"

孟子说:"不会。我四十岁的时候就已经不再因恐惧不安而动心了。"

公孙丑说:"这样的话,老师,您要超过古代的勇士孟贲很多啊。"

孟子说:"这并不难做到。告子比我先做到了不动心。"

公孙丑问:"做到不动心有什么方法吗?"

孟子说:"有。北宫黝培养勇气的时候,肌肤被刺,毫不退缩;眼睛被戳,不眨一下。觉得有一点点输给别人,所受的侮辱就如同在大庭广众之下被人用鞭子抽打一般。既不会受辱于地位低贱者,也决不会受辱于有势力的大国之君。把刺杀大国的国君看成像刺杀一个地位卑贱的人一样。毫不畏惧各国的诸侯。受到别人粗鲁的叱骂,必然要报复回击。孟施舍培养勇气的时候,说:'要把不能战胜的敌人和可以战胜的敌人一样看待。如果先考虑敌人的情况再进攻,思量着可以取胜才交战,这样就会害怕敌方的人马。我孟施舍怎么一定能够战无不胜呢?只是因为无所畏惧罢了。'孟施舍有些像曾子,北宫黝有些像子夏。这两个人的勇气,无法判断哪个更高一筹,然而孟施舍培养勇气的方法,相比更加简单一些。想当初曾子曾经对子襄说:'你喜欢勇敢吗?我曾经从我的老师那里听过什么是大勇:自己反躬自问,如果觉得不合乎正义，即使面对着的是地位卑贱者，我也不会使他受到恐吓；自己反躬自问，如果觉得合乎正义，即使面对着千军万马，我也会勇往直前。'孟施舍那种培养勇气的方法，相比之下又不如曾子的更简约。"

公孙丑问："请问先生，您的不动心和告子的不动心，可以分别讲来听听吗？"

孟子说："告子说：'在言语上说不通，就不要再反求于心了；经过思索之后觉得不合乎道义，就不要再诉诸意气。'经过思索之后觉得不合乎道义，就不要再诉诸意气，这是对的；在言语上说不通，就不要再反求于心，就不对了。意志信念，是情感意气的统帅；情感意气，是充塞人体的力量。意志信念对于一个人来说是最重要的，情感意气相对来说较次要一点。所以说，要坚定好你的意志信念，同时也不要滥用你的情感意气。"

公孙丑问："您既说意志信念对于一个人来说是最重要的，情感意气相对较次要一点，又说要坚定好你的意志信念，同时也不要滥用你的情感意气，为什么要这样说呢？"

孟子说："意志信念如果专一，感情意气相应也会随之转移；情感意气如果专一，意志信念也会相应发生变化。比方说，一个人是跌倒还是快跑，是其情感意气的表现；反过来，这又会使他的思想不能不受影响。"

公孙丑问："请问老师您擅长什么呢？"

孟子说："我能够从别人的言语中得到正确的判断，我善于培养我的浩然之气。"

公孙丑问："请问什么是浩然之气？"

孟子说："这很难用言语来表述啊。浩然之气作为一种气，是最浩大、最刚强的，用正义去培养它，不要使它受到伤害，就会使它充塞于天地之间。浩然之气作为一种气，是与义和道相辅相成的，如果没有了义和道，就会委顿。它是道义经过不断集聚才产生的，并不是偶然遵循道义就能够取得的。只要是做了与道义相违背的事情，就会使它委顿。所以我说，告子并不知道义是怎么回事啊，因为他认为义是在人的思想信念之外的东西。义作为浩然之气的基础，要努力地培养它，但不要有具体的目的；要时时刻刻地把它记在心里，但也不要人为地助长它。不要像那个宋国人一样。宋国有一个人，担心自己田里的禾苗不再长高，就把它们都往上拔了拔，很疲倦地回家，对家里的人说：'今天累坏我了，我去帮助禾苗长高了。'他的儿子急忙跑到田里一看，禾苗都已经枯萎了。天下之人，没有做过类似拔苗助长这样事情的人是很少的。认为没有用处而放弃的，就如同不给庄稼除草的人一样；违背规律而人为助长的，就如同将禾苗拔高的人一样。这样做不但不会有什么好处，反而会伤害它。"

公孙丑问："什么是从别人的言语中得到正确的判断呢？"

孟子说："对于片面的言辞，知道其偏颇之所在；对于过分的言辞，知道其缺陷之所在；对于邪谬的言辞，知道其悖理之所在；对于隐晦的言辞，知道其理屈之所在。言辞来自人的思想，必然要在政治上产生危害；通过政治措施体现出来，必然会妨害国家的各项事业。即使再有圣人出现，也一定会赞同我这些话的。"

公孙丑问:"宰我、子贡擅长辞令论辩,冉牛、闵子、颜渊善于阐释德行;孔子是各方面的才能都兼而有之的,但他仍然说:'我对于辞令,没有这方面的才能。'像先生您这样的人,已经达到圣人的标准了吗?"

孟子说:"唉,这是什么话呢!想当初子贡问孔子:'先生您可以称得上圣人了吗?'孔子说:'圣人我无法达到,我只不过学习不知厌烦,教育人不知疲倦罢了。'子贡说:'学习不知厌烦,这是智;教育人不知疲倦,这是仁。具有了智和仁的德行,老师可以称得上圣人了。'圣人,是连孔子都不敢自居的。你这是说的什么话!"

公孙丑说:"我以前曾经听说:子夏、子游、子张都具备圣人的某一个方面,冉牛、闵子、颜渊则总体上各方面都接近圣人,却没有圣人的广博。请问老师,您属于哪一类呢?"

孟子说:"暂且不要谈这个话题了吧。"

公孙丑又问:"伯夷、伊尹这两个人怎么样?"

孟子说:"他们不是同一类人。不是理想的君主不辅佐,不是理想的百姓不驱使,天下安定就出来做官,天下混乱就退居泉林,伯夷是这种人。不论什么样的君主都辅佐,不论什么样的人民都驱使,天下安定出来做官,天下混乱也出来做官,伊尹是这种人。可以出来做官的时候就做官,应该等待的时候就等待,能够长久做就长久做,应该马上退就马上退,孔子是这种人。"伯夷、伊尹和孔子都是古代的圣人,可惜我没做到;至于我的愿望,则是学习孔子。

公孙丑问:"这样的话,伯夷、伊尹和孔子,可以相提并论吗?"

孟子说:"不能。自从人类诞生以来,从来没有像孔子那么伟大的人。"

公孙丑问:"那么他们之间有相同点吗?"

孟子说:"有。给他们方圆百里的地方让他们做国君,他们都能够使诸侯来朝拜,统一天下;做一件不符合道义的事情、杀死一个无辜之人而得到天下,他们都不会做。这就是他们的相同点。"

公孙丑问:"请问他们之间有哪些不同点呢?"

孟子说:"宰我、子贡、有若的智慧,都足以了解什么是圣人,即使他们有些瑕疵,也不至于奉承他们所亲近的人。宰我说:'以我的眼光来看我的老师,比尧、舜这些人贤明多了。'子贡说:'看到一个国家的礼仪,就能够知道这个国家的政治状况;听到一个国家的音乐,就能够知道这个国家的道德风尚。即使经过百世之后,再去评价这百世中君主,他们也不会违背孔子之道。自从人类诞生以来,从来没有像我的老师那么伟大的人。'有若说:'难道只有人类是这样吗?麒麟对于普通的走兽,凤凰对于一般的飞禽,泰山对于低矮的土堆,河海对于道旁的流水,可以说都是同类啊。圣人对于普通的百姓,也都是同类啊。卓立于他的同类之中,超然于他的同类之上。自从人类诞生以来,没有比孔子更伟大的啊。'"

【评解】

在这里，孟子提出了"养气"的思想，认为要提高自己的修养和境界，就要涵养自己的"浩然之气"。这是孟子在道德修养论上的一个重要的主张。虽然孟子认为浩然之气是难以用语言表述的，但是通过分析，我们可以看出孟子对它的理解中包含下面几层意思。

首先，从性质上说，"浩然之气"与天地浑然一体，凝结着儒家的道德观念。公孙丑问他什么是"浩然之气"的时候，他虽然回答"难言"，但还是说："其为气也，至大至刚，以直养而无害，则塞于天地之间。其为气也，配义与道；无是，馁也。是集义所生者，非义袭而取之也。"也就是说，"浩然之气"一方面"至大至刚"，可"塞于天地之间"。另一方面，也是更重要的，它与"道""义"紧密结合在一起，只有日久月深地积累"道"和"义"才能养成，而不可能投机取巧地袭取。正如清人焦循在《孟子正义》中所说："'直'即义也。缘以直养之，故为正直之气；为正直之气，故至大至刚。"清人毛奇龄在《逸讲笺》中指出："配义与道，正分疏直养。无论气配道义，道义配气，总是气之浩然者，藉道义以充塞耳。无是者，是无道义也。馁者，是气馁，道义不能馁也。"

其次，从认识前提上说，养"浩然之气"的前提是"知言"。孟子认为，有"浩然之气"就能够"不动心"，但是，"不动心"并不一定就能养成"浩然之气"，因此，他把自己的"不动心"和告子的"不动心"划清了界限。他认为告子的"不动心"就是

"不得于言，勿求于心；不得于心，勿求于气"。意思是，对外界的言辞不去理会自然就不会动心去想；不会动心去想自然就不会意气用事。孟子认为这种不求"知言"的态度是不可取的，而要培养"浩然之气"就必须"知言"。什么是"知言"呢？孟子说："诐辞知其所蔽，淫辞知其所陷，邪辞知其所离，遁辞知其所穷。生于其心，害于其政；发于其政，害与其事。圣人复起，必从吾言矣。"后人一般都以"知道"释"知言"。朱熹《四书章句集注》说："知言者，尽心知性，于凡天下之言，无不有以究极其理，而识其是非得失之所以然也。""盖惟知言，则有以明夫道义，而于天下之事无所疑。""程子曰：'心通乎道，然后能辨是非，如持权衡以较轻重，孟子所谓知言是也。'又曰：'孟子知言，正如人在堂上，方能辨堂下人曲直。若犹未免杂于堂下众人之中，则不能辨决矣。'"焦循《孟子正义》说："此四者（诐辞、淫辞、邪辞、遁辞），非通于大道，明于六经，贯乎伏羲、神农、黄帝、尧、舜、文王、周公、孔子之学，鲜克知之。孟子闻而知其趣，则好古穷经之学深矣。"可见，根据朱熹等人的理解，"知言"就表明道德修养上达到了一定的高度，作为培养"浩然之气"的前提，首先要理解道义，修养道德。

最后，关于涵养"浩然之气"的方法，孟子在这里提出了"自反而缩""集义""持志""直养而无害"等方法和途径，并且强调要"心勿忘，勿助长"。这些观点都构成了孟子修养论的重要组成部分。

孟子曰："以力假仁者霸，霸必有大国；以德行仁者王，王不待大，汤以七十里，文王以百里。以力服人者，非心服也，力不赡也；以德服人者，中心悦而诚服也，如七十子之服孔子也。《诗》云：'自西自东，自南自北，无思不服。'此之谓也。"

【译文】

孟子说："依仗武力再假借仁义之名者，能够称霸诸侯。称霸诸侯一定要有强大的国力为后盾；依靠道德来推行仁政，能够一统天下，一统天下不需要依仗强大的实力，商汤凭借着七十里的土地统一了天下，周文王凭借着百里的土地统一了天下。用武力压服别人的，别人并不是从内心顺服，而是武力不足的缘故；凭道德使人归服的，别人才真心诚意地服从和佩服，就像七十二位贤人信服孔子一样。《诗经》里说：'自西自东、自南自北，无不敬服。'说的就是这个意思。"

【评解】

孟子提倡"王道"，反对"霸道"，认为二者最主要的不同之一，就是"以德服人"还是"以力服人"。"以力假仁者"即"霸道"，"以德行仁者"即"王道"。"霸道"其实就是法家所推行的壮大实力、武力攻伐的主张；而"王道"就是儒家所一贯主张的加强教化，推行德政。孟子认为，只有王道才是符合社会发展需要和人民需要的政治措施和模式。

孟子曰："仁则荣，不仁则辱。今恶辱而居不仁，是犹恶湿而居下也。如恶之，莫如贵德而尊士。贤者在位，能者在职；国家闲暇，及是时明其政刑，虽大国，必畏之矣。《诗》云：'迨天之未阴雨，彻彼桑土，绸缪牖户。今此下民，或敢侮予？'孔子曰：'为此诗者，其知道乎！能治其国家，谁敢侮之？'今国家闲暇，及是时般乐怠敖，是自求祸也。祸福无不自己求之者。《诗》云：'永言配命，自求多福。'《太甲》曰：'天作孽，犹可违；自作孽，不可活。'此之谓也。"

【译文】

孟子说："实行仁政，就能得到荣耀；不实行仁政，就会招致羞辱。如今有些人厌恶羞辱却又甘居于不仁之地，就如同厌恶潮湿却又甘居于低洼之地一样。如果厌恶羞辱，什么办法都不如推崇道德、尊重士人。让贤明的人居于与其德行相应的地位，有能力的人担当与其能力相应的职责；国家内外安定的时候，要乘机修明政令和刑法，这样的话，就是实力强大的国家，也会对其产生畏惧。《诗经》说：'趁着天还没下雨，赶紧剥些桑根皮，绑紧我的门和窗。现在下面这些人，谁还敢来欺负我？'孔子说：'作这首诗的人，真是洞察事理啊！能够把自己国家治理得内外承平，谁还敢来欺负你呢？'现在国家正好内外安定，如果乘着这个时候纵情享乐，这就等于自求灾祸啊。世间的灾祸和幸福，无不是自己招来的。《诗经》说：'永远配合天命，自己寻求多福。'《尚书·太甲》说：'上天降下灾祸，还有可能逃脱；自己造下罪孽，肯定不能活命。'说的就是这个意思。"

【评解】

孟子提出，推行仁政，就要做到未雨绸缪，在国家安定时要抓紧时间修明政教。其实，不只在国家的政治生活中，做任何事情都要尽量做到未雨绸缪，防患于未然。做事应该未雨绸缪，居安思危，这样在危险突然降临时，才不至于手忙脚乱；机遇突然垂青时，才不至于手足无措。平常如果不加强积累，临时抱佛脚是来不及的。有人抱怨没有机遇的垂青，然而当机会来临时，却嗟叹自己平时没有积蓄足够的学识与能力，以致不能胜任。如果让机会白白地溜走，再后悔也来不及了。

孟子曰："尊贤使能，俊杰在位，则天下之士皆悦而愿立于其朝矣。市，廛而不征，法而不廛，则天下之商皆悦而愿藏于其市矣。关，讥而不征，则天下之旅皆悦而愿出于其路矣。耕者，助而不税，则天下之农皆悦而愿耕于其野矣。廛，无夫里之布，则天下之民皆悦而愿为之氓矣。信能行此五者，则邻国之民仰之若父母矣。率其子弟攻其父母，自有生民以来未有能济者也。如此，则无敌于天下。无敌于天下者，天吏也。然而不王者，未之有也。"

【译文】

孟子说："尊重有贤德的人，任用有才能的人，让杰出的人治理国家，那么天下的士人都愿意到这样的朝上来做官。在集市上储藏货物的地方不征税，依法征购滞销的货物，不使其积压，那么天下的商人都会高兴地将其货物存放到这样的集市上来。在关卡处只检查不收税，那么天下的旅客都会很高兴，希望走在这个国家的路上。对耕田人实行井田制，只助种耕田，不再收税，那么天下的农民都会很高兴，希望在这样的国家种地。在人民居住的地方没有各种役税和地税，那么天下的百姓都会很高兴，希望成为这个国家的百姓。如果真能做到这五个方面，那么邻国的百姓就会像仰视父母一样仰视他。率领子女攻打自己的父母，这种事情从有人类以来还没有成功过，如果这样，就能无敌于天下。无敌于天下的人，叫作天吏。这样的人没有称王天下的，还从来没有过。"

【评解】

孟子基于王道政治的需要，提出五条具体的爱民、惠民举措，其实也是当时一些思想家和政治家的共识，《管子》中就有过类似"关讥而不征"的主张。孟子一再强调爱民、惠民是推行王道政治的基础。作为一个国君，要想实现宏图大业，必须有长远的战略考虑，一定要千方百计确保百姓的切身利益。

孟子曰："人皆有不忍人之心。先王有不忍人之心，斯有不忍人之政矣。以不忍人之心，行不忍人之政，治天下可运之掌上。所以谓'人皆有不忍人之心'者，今人乍见孺子将入于井，皆有怵惕恻隐之心，非所以内交于孺子之父母也，非所以要誉于乡党朋友也，非恶其声而然也。由是观之，无恻隐之心，非人也；无羞恶之心，非人也；无辞让之心，非人也；无是非之心，非人也。恻隐之心，仁之端也；羞恶之心，义之端也；辞让之心，礼之端也；是非之心，智之端也。人之有是四端也，犹其有四体也。有是四端而自谓不能者，自贼者也。谓其君不能者，贼其君者也。凡有四端于我者，知皆扩而充之矣，若火之始然，泉之始达。苟能充之，足以保四海；苟不充之，不足以事父母。"

【译文】

孟子说："人人都有怜悯别人的同情心。前代的圣王有怜悯人的同情心，于是就有了同情人的政治措施。凭着怜悯人的同情心，推行同情人的政治，使天下得到安定就如同在手掌上拨弄东西一样简单。之所以说人人都有怜悯别人的同情心，是因为如果现在有人突然看到一个幼小的孩子马上要掉到井里面去了，就会产生一种惊惶怜悯的心情。这并不是因为他想结交这个孩子的父母，不是因为他想以此在乡亲朋友面前获取赞誉，也不是因为厌恶听到孩子惊恐的声音才会那样。由此看来，没有恻隐同情之心，不算是人；没有羞耻厌恶之心，不算是人；没有谦虚逊让之心，不算是人；没有是非善恶之心，不算是人。恻隐同情之心，是仁的发端；羞耻厌恶之心，是义的发端；谦虚逊让之心，是礼的发端；是非善恶之心，是智的发端。人有这四种发端，就像具有了四肢一样。有了这四种发端还说自己做不到（仁义礼智），这是自己在坑害自己；说自己的君主做不到，这是在坑害他的君主。凡是具备了这四种发端的人，如果知道把它们都扩充起来，就会像火刚刚烧起来，泉刚刚流出来一样。如果能够使它充盈，就足以使天下安定；如果不能够使它充盈，就连父母都赡养不了。"

【评解】

孟子认为，"不忍人之心"是推行仁政的基础，正是有这种建立在人类相互同情基础上的"不忍人之心"，才使仁政的推行既有了可能性，又有了可行性。因为统治者具有是心，所以使仁政有了实行的可能；因为人人具有是心，故对人民施行教化，推行仁政是可行的。不仅在政治生活中如此，其实一个人在社会中生存，这种同情和仁爱之心也是必需的，否则寸步难行。一个人要想成就一番事业，不仅要有过人的胆识，宽广仁慈的胸怀也是不可少的；一个没有同情和仁爱之心的人，注定只能成为一个"孤家寡人"，根本不可能做成什么大事。

孟子还阐发了他著名的"四端"说，这是孟子道德教化和修养思想的前提，在孟子的思想体系中占有重要的地位。

孟子曰："矢人岂不仁于函人哉？矢人惟恐不伤人，函人惟恐伤人。巫匠亦然。故术不可不慎也。孔子曰：'里仁为美。择不处仁，焉得智？'夫仁，天之尊爵也，人之安宅也。莫之御而不仁，是不智也。不仁不智，无礼无义，人役也。人役而耻为役，由弓人而耻为弓，矢人而耻为矢也。如耻之，莫如为仁。仁者如射：射者正己而后发；发而不中，不怨胜己者，反求诸己而已矣。"

【译文】

孟子说:"制造弓箭的工匠与制造铠甲的工匠比起来难道更没有仁爱之心吗?制造弓箭的工匠唯恐自己造的东西伤不了人,制造铠甲的工匠唯恐自己造的东西使人受伤。巫医和木匠也是同样的道理。所以一个人选择技艺的时候不可以不谨慎啊。孔子说:'与仁者为邻是件美事。不选择与仁者共处,怎么能称得上是有智慧呢?'仁,是天之最尊贵的爵位,人之最安定的居所。没有人阻挡却不行仁道,是不聪明的表现。不仁、不智,无礼、无义,这种人只配做别人的奴仆。做别人的奴仆而耻于被别人驱使,就像造弓的工匠耻于造弓,造箭的人耻于造箭一样。如果真的感到耻辱,就不如去实行仁道。实行仁道的人就像射箭一样:射箭的人先要使自己的身体端正然后才把箭射出去,如果没有射中,也不会埋怨胜过自己的人,而是回过头来寻找自己还有哪些做得不好的地方。"

【评解】

在孟子的伦理思想中,仁义居于核心的地位。这是他对孔子的以"仁"为核心,同时强调"义"的伦理思想的发挥。孔子说:"仁者爱人。"他认为,"仁"是人们道德修养的最高境界。同时,"君子义以为质","义"也是一个道德高尚之人的必备品质。在儒家思想中,行仁义之道,通常是不包含明确的、直接的功利性目的的,仅仅是出于对同类的同情、恻隐等内在感情。不论在什么情况下,行仁义都并非意味着一味地退让和姑息纵容。

正如孔子所说"君子义以为质",义是行为高尚、德行完美的君子之本质规定。所谓"义",就是做适宜的事情,并不是没有是非原则,更不是教人做一个只会说好话的老好人。

孟子曰:"子路,人告之以有过则喜。禹闻善言则拜。大舜有大焉,善与人同,舍己从人,乐取于人以为善。自耕、稼、陶、渔,以至为帝,无非取于人者。取诸人以为善,是与人为善者也。故君子莫大乎与人为善。"

【译文】

孟子说:"子路听到别人指出他的过错,就会非常高兴。大禹听到对他有帮助的话,就会拜谢。大舜就更加了不起了,在行善这样的事情上觉得自己和别人没有分别,能够舍弃自己的不善之处学习别人的长处,乐于吸取别人的优点发展自己的善行。从种庄稼、做陶器、当渔夫,直至后来成为帝王,所有的长处无不是从别人那里学习来的。吸取别人的优点来行善,就是同别人一起做好事。所以君子最重要的就是同别人一起做好事。"

【评解】

一个人的知识增长和素质提高,离不开不断地向别人学习。我国著名的教育家和思想家孔子年轻的时候就以好学著称。孔子学无常师,谁有知识,谁有他所不知道的东西,他就拜谁为师,对于各种知识都表现出浓厚的兴趣。正如他的学生子贡所言:孔子无处不求学,所以不必需要一定的老师来专门教他。因此,他多才多艺、知识渊博、品德高尚，被后人当成无所不知、完美无瑕的圣人。对此，孔子自己却非常谦虚，他在《论语·述而第七》中说："若圣与仁，则吾岂敢？抑为之不厌，诲人不倦，则可谓云尔已矣。"（我怎么能达到圣人的水平呢？我只是学而不厌、教而不倦罢了）他又说："三人行，必有我师焉。择其善者而从之，其不善者而改之。"（《论语·述而第七》）明确主张向不同的人学习。

唐代著名的学者韩愈作《师说》一文，认为学者一定要有老师，作为人师，并不在于他地位的尊卑和年龄的长幼，而在于他能起到为人师表的作用。人是社会的产物，从人成长的一般规律来看，师友的指导和帮助是成才发展重要的条件。有了老师的教诲可以使人正视自己的缺点而趋向完美，有了朋友的点拨则能够使人少走许多弯路。学习别人，不一定事事要学，而是要学别人的长处。所以，《荀子·修身》说："故非我而当者，吾师也；是我而当者，吾友也；谄谀我者，吾贼也。故君子隆师而亲友，以致恶其贼。好善无厌，受谏而能诫，虽欲无进，得乎哉！"（对我进行批评的人，如果他批评得正确，就是我的老师；对我进行肯定的人，如果他肯定得恰当，就是我的朋友；那些一味谄媚讨好我的，是我的敌人。所以，君子应当尊敬老师，亲近朋友，还要厌恶那些阿谀奉承之徒。追求好的品德而永不厌倦，接受别人的劝谏并能够引以为戒，这样的人就是不想进步，也是不可能的）

孟子曰："伯夷，非其君不事，非其友不友。不立于恶人之朝，不与恶人言；立于恶人之朝，与恶人言，如以朝衣朝冠坐于涂炭。推恶恶之心，思与乡人立，其冠不正，望望然去之，若将浼焉。是故诸侯虽有善其辞命而至者，不受也。不受也者，是亦不屑就已。柳下惠，不羞污君，不卑小官。进不隐贤，必以其道。遗佚而不怨，厄穷而不悯。故曰：'尔为尔，我为我；虽袒裼①裸裎②于我侧，尔焉能浼我哉！'故由由然与之偕而不自失焉，援而止之而止。援而止之而止者，是亦不屑去已。"

孟子曰："伯夷隘，柳下惠不恭。隘与不恭，君子不由也。"

【译文】

孟子说："伯夷这个人，不是他理想中的君主，他就不去辅佐；不是他理想中的朋友，他就不去结交。不会在坏人的朝堂上做官，不会与品质不好的人说话。在坏人的朝堂上做官，与品质不好的人说话，在他看来就像穿着整齐的衣服、戴着帽子坐在污泥灰尘中一般。他把这种厌恶坏人的情绪，推广到与同乡中人的交往之中，看到别人帽子戴得不正，就会非常失望地离开，好像对方会玷污自己一样。所以诸侯中即使有好言想请他做官的，他也不会接受他们的邀请。之所以不接受，是因为他自己不屑于和这些诸侯接触。柳下惠这个人，即使辅佐名声很坏的国君，他也不以为羞耻；即使做非常低微的官职，他也不以为卑微。得到任用的时候毫不保留自己的才能，始终会按照自己的原则行事。被

---

① 裼：xī。
② 裎：chéng。

遗弃不用的时候不会心怀不满，处境艰难时也不会忧愁。因此他有这样的话：'你是你，我是我。即使你在我身边赤身裸体，你又怎么能够玷污我呢！'所以他会非常愉快地与别人相处而不会自己主动离开，（即使想要离开的时候）别人拉着他劝阻一下，他也会再留下来。拉着他劝阻一下就留下来，也是因为他不屑于离开。"

因此孟子总结说："伯夷器量褊狭，柳下惠没有原则。器量褊狭和没有原则，都是君子不能采取的处事态度。"

【评解】

儒家强调中庸之道，主张做事应当无过无不及，认为过与不及都不是至善的特征。在人的思维方式中，不论做什么，都要掌握一个度，既不能过火，也不能不及，过火和不及在人们看来都是不恰当的，这就是"过犹不及"的道理。也就是说，做任何事情，都有一个适度的问题，虽然有时候这个度把握起来并不容易，但正因其难把握，才能从分寸上区分出不同人处理问题、控制局面能力的差异。

滕文公章句下

陈代曰："不见诸侯，宜若小然。今一见之，大则以王，小则以霸。且《志》曰：'枉尺而直寻。'宜若可为也。"

孟子曰："昔齐景公田，招虞人以旌，不至，将杀之。志士不忘在沟壑，勇士不忘丧其元。孔子奚取焉？取非其招不往也。如不待其招而往，何哉？且夫枉尺而直寻者，以利言也。如以利，则枉寻直尺而利，亦可为与？昔者赵简子使王良与嬖奚乘，终日而不获一禽。嬖奚反命曰：'天下之贱工也。'或以告王良，良曰：'请复之。'强而后可，一朝而获十禽。嬖奚反命曰：'天下之良工也。'简子曰：'我使掌与女乘。'谓王良。良不可，曰：'吾为之范我驰驱，终日不获一；为之诡遇，一朝而获十。《诗》云："不失其驰，舍矢如破。"我不贯与小人乘，请辞。'御者且羞与射者比；比而得禽兽，虽若丘陵，弗为也。如枉道而从彼，何也？且子过矣，枉己者，未有能直人者也。"

【译文】

陈代说："不去与各国诸侯见面，似乎有些器量太小了吧。如今一旦与诸侯见面，大则可以帮他们用仁德一统天下，小则可以帮他们称霸诸侯。况且《志》也说过：'弯曲时长一尺，拉直了就可长一寻。'似乎可以去做啊！"

孟子说："从前齐景公有一次出去打猎，用旌旗召唤管理山泽的虞人，虞人没有应召而来，齐景公便要处死他。孔子知道此事之后称赞虞人说：'有志气的人不怕弃尸于沟谷，有勇气的人不怕丢掉脑袋。'孔子看重的是他哪一点呢？看重的就是不按照礼制召唤他就不听从。如果不等到召唤就主动前往，那又算怎么回事呢？况且'弯曲时长一尺，拉直了就可长一寻'这句话，是从求利的角度来说的。如果从求利的角度说，即使弯曲时一寻拉直了一尺，如果能够得利，难道也可以这样做吗？当初赵简子派王良给他的宠臣奚驾车，一整天的时间也没有打到一只猎物。奚返回后向赵简子报告说：'王良真是天下最拙劣的驾车人。'有人把这件事告诉了王良，王良说：'让我再驾一次吧。'费了好大力气奚才同意，结果一早上的时间就打了十只飞禽。奚回来之后向赵简子报告说：'王良真是天下最优秀的驾车人。'赵简子说：'我让他专门给你驾车吧。'就把这个打算告诉王良，王良不同意，说：'我替他按照规矩驾车行进，一天也没有打着一个猎物；我不按礼法替他驾车，结果一早上打了十只。《诗经》说："驾车飞驰按礼法，射出利箭中目标。"我不习惯给小人驾车，这事我不干。'一个驾车的尚且羞于与卑劣的射手为伍；即使二人为伍猎获的禽兽堆积得像丘陵一样，我也不去做。假如我们歪曲了自己的观念而去屈从他人，这又是为什么呢？况且你错了，让自己扭曲的人，从来没有能够使他人正直的。"

【评解】

对于真正的"士"来说，节操和气节比生命还重要，这一直是中国传统知识分子的一个优良传统。孟子这里提出的不可"枉尺而直寻"的观点，就是对做人的原则和气节的强调。一个人如果丧失了做人的气节和原则，即使能够侥幸获得名和利，在孟子看来，也是不值得羡慕的。孟子的这种思想，是对孔子"正人先正己""不义而富且贵，于我如浮云"等思想的继承，也对后世的学者产生了深远的影响。

景春曰："公孙衍、张仪岂不诚大丈夫哉？一怒而诸侯惧，安居而天下熄。"

孟子曰："是焉得为大丈夫乎？子未学礼乎？丈夫之冠也，父命之；女子之嫁也，母命之，往送之门，戒之曰：'往之女家，必敬必戒，无违夫子。'以顺为正者，妾妇之道也。居天下之广居，立天下之正位，行天下之大道；得志与民由之，不得志独行其道；富贵不能淫，贫贱不能移，威武不能屈，此之谓大丈夫。"

【译文】

景春说："公孙衍、张仪这样的人，难道不是真正的大丈夫吗？一旦发怒，就会使诸侯恐惧，安静下来，天下就太平无事。"

孟子说："这样的人哪能称得上是大丈夫呢？你没有学习过礼吗？男子举行冠礼时，父亲要有所教导；女子出嫁之时，母亲要进行教导。母亲把她送出家门，教导她说：'到你丈夫家里，一定要恭敬谨慎，不要违背你丈夫的意志。'把顺从作为立身的基本规范，这是妇女的为人之道。置身于天下最宽广的住所，立足于天下最正确的位置，行走于天下最开阔的大道；得志的时候和天下的民众一起实现自己的主张，不得志的时候一个人坚持自己的信念；富贵不能够迷惑其心智，贫贱不能够动摇其追求，威武不能够压服其信念——这样的人才可以称为大丈夫。"

【评解】

孟子在这一章中所提出的"居天下之广居，立天下之正位，行天下之大道；得志与民由之，不得志独行其道；富贵不能淫，贫贱不能移，威武不能屈，此之谓大丈夫"，两千多年来在中国可谓家喻户晓。"大丈夫"是孟子提出的理想人格，是对孔子的"君子"人格的发展。孟子认为，一个人如果要成为"大丈夫"，不但要有经纬天地的才能，更要有优良的品德、高尚的节操、独立的人格和清醒的头脑。孟子提出的"大丈夫"的人格理想，不仅是他高尚人格的写照，而且也感召了一代代的仁人志士，成为中华民族精神的一个重要组成部分。

周霄问曰："古之君子仕乎？"

孟子曰："仕。《传》曰：'孔子三月无君，则皇皇如也。出疆必载质。'公明仪曰：'古之人三月无君则吊。'"

"三月无君则吊，不以急乎？"

曰："士之失位也，犹诸侯之失国家也。《礼》曰：'诸侯耕助，以供粢盛。夫人蚕缫，以为衣服。牺牲不成，粢盛不洁，衣服不备，不敢以祭。惟士无田，则亦不祭。'牲杀、器皿、衣服不备，不敢以祭，则不敢以宴，亦不足吊乎？"

"出疆必载质，何也？"

曰："士之仕也，犹农夫之耕也。农夫岂为出疆舍其耒耜哉？"

曰："晋国亦仕国也，未尝闻仕如此其急。仕如此其急也，君子之难仕，何也？"

曰："丈夫生而愿为之有室，女子生而愿为之有家。父母之心，人皆有之。不待父母之命、媒妁之言，钻穴隙相窥，逾墙相从，则父母、国人皆贱之。古之人未尝不欲仕也，又恶不由其道。不由其道而往者，与钻穴隙之类也。"

【译文】

周霄问孟子："古代的君子也做官吗？"

孟子说："做。《传》中记载：'孔子三个月没有君主起用他，就一副彷徨不安的样子。离开一个国家的时候，一定带着拜见国君的礼品。'公明仪说：'古代的人，如果三个月没有君主任用，就要去安慰他。'"

周霄说："三个月没被君主任用就要安慰，这不是显得太急切了吗？"

孟子说："士失掉了官位，就像诸侯失去国家一样。《礼》说：'诸侯亲自耕种，为了提供祭祀用的谷物。国君的夫人亲自养蚕缫丝，为了准备祭祀用的服装。作为祭品的牲畜不肥美，用于祭祀的谷物不洁净，祭祀穿的服装没有准备齐备，不敢用以进行祭祀。士没有作为祭田的土地，也不能进行祭祀。'牺畜、祭具、祭服不齐备，不敢用来进行祭祀，那么也就不敢集会宴饮，难道还不应该安慰吗？"

周霄问："离开一个国家一定要带着礼品，为什么呢？"

孟子说："士人做官，就像农夫种地一样。农夫难道有为了离开国家而丢弃他的农具的吗？"

周霄说："晋国也是一个可以做官的国家，我没有听说过为了做官而显得如此急切的。做官的愿望如此迫切，而君子又不轻易真正做官，这是为什么呢？"

孟子说："男子一出生，亲人就期望他能找到妻子；女子一出生，亲人就期望她能找到丈夫。父母的这种心情，是每个人都有的。然而，如果等不到父母的安排，不经过媒人的介绍，就私自钻墙洞扒门缝相互偷看，爬过墙去彼此约会，那么，父母和百姓都会认为这种行为下贱。古代的人没有不愿意做官的，又都讨厌做官不通过正当的途径。不经过正当的途径而去做官，这和钻墙洞扒门缝是一样的。"

【评解】

儒家是主张积极"入世"的，从孔子"惶惶如丧家之犬"般奔波于诸侯国之间可以证明这一点，孟子"后车数十乘，从者数百人，以传食于诸侯"也可以证明这一点。而在孔子和孟子等儒家思想家眼里，虽然出仕但以使自己的抱负和主张实现作为人生追求，如果不是靠道义去做官，做了官之后不能实现自己的"道"，单纯为做官而做官，甚至为名利而做官，都是不可取的。

这就是孔子所说的，"道不行"，宁愿"乘桴浮于海"。

彭更问曰："后车数十乘，从者数百人，以传食于诸侯，不以泰乎？"

孟子曰："非其道，则一箪食不可受于人。如其道，则舜受尧之天下，不以为泰。子以为泰乎？"

曰："否。士无事而食，不可也。"

曰："子不通功易事，以羡补不足，则农有余粟，女有余布。子如通之，则梓匠轮舆皆得食于子。于此有人焉，入则孝，出则悌，守先王之道，以待后之学者，而不得食于子。子何尊梓匠轮舆而轻为仁义者哉？"

曰："梓匠轮舆，其志将以求食也。君子之为道也，其志亦将以求食与？"

曰："子何以其志为哉？其有功于子，可食而食之矣。且子食志乎？食功乎？"

曰："食志。"

曰："有人于此，毁瓦画墁，其志将以求食也，则子食之乎？"

曰："否。"

曰："然则子非食志也，食功也。"

【译文】

彭更问："后面跟随着几十辆车子，跟从的人员达数百人，就这样在各诸侯国之间接受各国国君的食物供应，这不是有些太过分了吗？"

孟子说："不是通过正当的途径，那么一篮子饭也不能接受别人的；如果通过正当的途径，那么像舜从尧那里接受天下这样的馈赠，也不以为过分。你认为这样做过分吗？"

彭更说："我不这样认为。一个士人不做任何事情，只是吃别人的东西，我认为是不可以的。"

孟子说："如果你不与各行各业的人交换产品，用有余弥补不足，那么农民手里会有剩余的粮食，妇女手中会有剩余的布匹。你如果能与别人交换，那么各种行业的工匠都能从你这里得到吃的。假设这里有一个人，回家的时候孝敬父母，在外的时候尊重长者，遵循先代圣王的礼义规范，用来培养扶持后辈的年轻学者，而不能从你那里得到吃的东西。你为什么尊重从事手工业的各种工匠而轻视践行仁义的人呢？"

彭更说："从事各种手工业的工匠，他们的动机就是打算以他们的工作获取食物。有德行的君子践行仁义之道，动机也是打算以此获取食物吗？"

孟子说："你为什么要提到他们的动机呢？是因为他们的工作对你来说达到了某种效果，可以给他们吃的，你才给他们吃的。况且你是根据动机给他们吃的呢，还是根据效果给他们吃的呢？"

彭更说："根据动机给他们吃的。"

孟子说："如果这里有一个人，毁坏了你的房瓦，涂脏了你新刷的墙壁，他的动机是打算要以此从你那里得到吃的，你会给他吃的吗？"

彭更说："不会。"

孟子说："既然这样，你给他们吃的根据不是动机，而是效果。"

【评解】

孟子这里所说，涉及了伦理学中一个非常重要的问题，即对行为进行善恶评判时以动机为标准，还是以效果为标准的问题。一般来说，坚持道义论的思想家都主张善恶评价时应根据行为者的动机，孟子在这里就是持这种观点；而对于功利论者来说，应该根据行为的效果来进行善恶评判。这两种观点都太不全面，在进行道德评价时，正确的态度应当是把动机和效果结合起来进行考察，也就是墨子所说的要"合其志功而观"。

万章问曰："宋，小国也，今将行王政，齐楚恶而伐之，则如之何？"

孟子曰："汤居亳，与葛为邻。葛伯放而不祀，汤使人问之曰：'何为不祀？'曰：'无以供牺牲也。'汤使遗之牛羊。葛伯食之，又不以祀。汤又使人问之曰：'何为不祀？'曰：'无以供粢盛也。'汤使亳众往为之耕，老弱馈食。葛伯率其民，要其有酒食黍稻者夺之，不授者杀之。有童子以黍肉饷，杀而夺之。《书》曰'葛伯仇饷'，此之谓也。为其杀是童子而征之，四海之内皆曰：'非富天下也，为匹夫匹妇复雠也。'汤始征，自葛载。十一征而无敌于天下。东面而征，西夷怨；南面而征，北狄怨，曰：'奚为后我？'民之望之，若大旱之望雨也。归市者弗止，芸者不变，诛其君，吊其民，如时雨降，民大悦。《书》曰：'徯我后，后来其无罚。''有攸不惟臣，东征，绥厥士女，篚厥玄黄，绍我周王见休，惟臣附于大邑周。'其君子实玄黄于篚以迎其君子，其小人箪食壶浆以迎其小人。救民于水火之中，取其残而已矣。《太誓》曰：'我武惟扬，侵于之疆。则取于残，杀伐用张，于汤有光。'不行王政云尔；苟行王政，四海之内皆举首而望之，欲以为君。齐楚虽大，何畏焉？"

【译文】

万章问："宋国是一个小国，如今想实行王政，可是齐国和楚国两个大国却讨厌它这样做而要讨伐它，应该怎么办呢？"

孟子说："商汤居住在亳时，与葛国为邻。葛国的国君非常放肆，不祭祀上天和鬼神，商汤派人问他：'你为什么不举行祭祀？'葛国的国君说：'我没有用作祭品的牛羊。'商汤派人给他送去牛羊，葛国的国君吃掉了它们，而不是用它们祭祀。商汤又派人问他：'你为什么不举行祭祀？'葛国的国君说：'我没有用作祭品的五谷。'商汤派亳的百姓去替他耕种，年老体弱的人为耕种的人送饭。葛国的国君率领着他的百姓，在半路上拦截，抢夺他们所带的酒食饭菜，谁不给他就杀掉。有一个孩子带着蒸熟的饭和肉去给耕种的人送，葛国的国君在半路上把他杀死并夺走了他的饭和肉。《尚书》说'葛国的国君仇恨送饭人',说的就是这件事。商汤因为他杀死了这个孩子也去讨伐他,天下的人都说:'商汤不是为了具有天下的财富,是为了给平民百姓报仇啊。'商汤开始征伐,就是从葛国开始的。商汤经过十一次征伐战争,天下再无他的对手。如果他到东边的国家去征讨,西边的国家就感到不平;如果他到南边的国家去征讨,北边的国家就感到不平。他们说:'为什么把我们放在后面呢?'百姓盼望他,就像久旱之时盼望下雨一样。到市场上做生意的人依然不断,到田地里干农活的人也照常下地。杀掉无道的国君,抚慰受难的人民,就好像上天降下及时雨一样,百姓都感到非常高兴。《尚书》说:'等待着我的君主来啊,君主来了我们就有救了。''有个攸国不归服周,周王到东方去征伐它,以安抚它的百姓。他们用竹筐盛着黑色和黄色的丝织品,期望能够把自己引荐给周王,能够使他高兴,期待能够归附于周这个大邦。'攸国的官吏用竹筐装满黑色和黄色的丝织品迎接周的官吏,攸国的百姓用篮装着食物、用壶盛着美酒迎接周的百姓。从水深火热中把百姓解救出来,只是除掉那些残害人民的君主。《泰誓》说:'我们的武王威武奋扬,率领大军开进邘国。除掉那些残暴的害民贼,把该杀的人都杀光,创立的功业比商汤还辉煌。'(宋国面临这种情况)没有真正实行王政罢了。如果实行王政,天下的人民就会抬着头企盼着他,想让他做自己的国君。齐国和楚国虽然强大,但又有什么可怕的呢?"

【评解】

"仁政"是孟子最根本的政治主张，而孟子之所以主张"仁政"，与他看到了民心相悖的重要性有着直接的关系。也就是说，孟子的"仁政"思想是和他的"民本"思想一脉相承的。

先秦时期"民本"和"仁政"思想的出现和蓬勃发展并不是偶然的，它有着深厚的现实基础，是社会历史发展的必然反映。商朝的末代君主因为荒淫无道、残害人民而自取灭亡之后，周朝的统治者从商亡的教训中，逐渐意识到人的因素在国家稳定和发展中的重要意义。尤其是进入春秋战国之后，在各诸侯国各展所长的实力较量中，人的能动力量日益凸显。许多开明的思想家和政治家意识到，如果仅仅像以前一样再把被统治者作为"会说话的工具"，而不能充分认识到他们的巨大力量，即使借助鬼神的庇护，也难逃在诸侯国之间激烈的竞争中被灭亡和吞并的危险。无论是对于主张"王道"的思想家还是主张"霸道"的思想家和政治家来说，要社会安定和称霸诸侯，人民的力量都是不容忽视的。人民是战争胜利和王霸天下的根本，这成了开明政治家和思想家的普遍共识。

孟子谓戴不胜曰："子欲子之王之善与？我明告子：有楚大夫于此，欲其子之齐语也，则使齐人傅诸？使楚人傅诸？"

曰："使齐人傅之。"

曰："一齐人傅之，众楚人咻之，虽日挞而求其齐也，不可得矣；引而置之庄岳之间数年，虽日挞而求其楚，亦不可得矣。

子谓薛居州，善士也，使之居于王所。在于王所者，长幼卑尊皆薛居州也，王谁与为不善？在王所者，长幼卑尊皆非薛居州也，王谁与为善？一薛居州，独如宋王何？"

【译文】

孟子对戴不胜说："你打算让你的国君学会为善吗？我明白地告诉你：假设这里有位楚国的大夫，想要他的儿子学习齐国话，那么他是应该让齐国人教他呢，还是应该让楚国人教他呢？"

戴不胜说："该让齐国人教他呢。"

孟子说："一个齐国人教他，所有的楚国人都扰乱他，即使每天通过鞭打的办法严格要求他说齐国话，也是做不到的；如果把他领到齐国，放到都城繁华的街道上，几年之后，即使每天通过鞭打的方法要求他说楚国话，也是做不到的。你说薛居州是一个不错的贤士，让他住在宋王的王宫里。居住在王宫里的人，老老少少、上上下下都是薛居州这样的人，宋王还能和谁去干坏事呢？居住在王宫里的人，老老少少、上上下下都不是薛居州这样的人，宋王能够和谁一起做好事呢？单凭一个薛居州，能把宋王怎么样呢？"

【评解】

"近朱者赤，近墨者黑"，周围的环境和人际关系对于一个人的素质养成来说具有非常重要的作用。

孔子说："里仁为美。择不处仁，焉得知？"孟子小时候相传曾经数次搬家，原因就是孟母想给他找个成长的良好环境。可见，我国自古就重视环境对教育和学习的影响作用。

这条规律也曾经被一些政治家运用到国家治理中，春秋时期齐国政治家管仲提出的"四民分业"政策就是一例。《管子》记载：有一次，齐桓公问管仲，划定人民的居住区域，安排人民的职业，应该采取什么办法好呢？管子提出了"四民分业"的主张。他说：士、农、工、商四种不同的职业，不要让他们杂居，杂居使大家说的话和做的事都不一样，不利于掌握自己所需要的技能。因此，必须划定区域让他们分别居住，安排士住在清静的地方，安排农夫住在靠近田野的地方，安置工匠住在靠近官府的地方，安置商人住在靠近市场的地方。使士人们居处相聚而集中，闲时父与父言义，子与子言孝，事君者言敬，长者言爱，幼者言悌。每天都从事和谈论这些事情，这样教育子弟，使他们从小就习惯一切，思想安定，不会见异思迁。因此，父兄的教导，不言而能成；子弟的学问，不劳苦也能会。农、工、商聚居的道理也是一样的。单从技艺和观念的养成上说，管仲的这一主张是有道理的。

公孙丑问曰："不见诸侯，何义？"

孟子曰："古者不为臣不见。段干木逾垣而辟之，泄柳闭门而不纳。是皆已甚；迫，斯可以见矣。阳货欲见孔子，而恶无礼。大夫有赐于士，不得受于其家，则往拜其门。阳货瞰孔子之亡也，而馈孔子蒸豚，孔子亦瞰其亡也，而往拜之。当是时，阳货先，岂得不见？曾子曰：'胁肩谄笑，病于夏畦。'子路曰：

'未同而言，观其色，赧赧然，非由之所知也。'由是观之，则君子之所养，可知已矣。"

【译文】

公孙丑问："不与诸侯相见，是什么道理呢？"

孟子说："在古代，一个人不是作为君主的臣属，就不见他们。段干木越墙而走以躲避魏文侯，泄柳闭门不见鲁穆公。这些做得就都有些过分了。如果势不得已，则也是可以相见的。阳货想要与孔子相见，可是又不想不遵守礼制。根据那时候的礼制，大夫对士有所赏赐，如果士没有在家亲自接受，就要到大夫家里去拜谢。阳货探听到孔子外出的时候，给孔子送去一只蒸熟的小猪，孔子于是也探听到阳货外出的时候，到他家里去拜谢。这个时候，如果阳货先去拜访孔子，孔子哪能不见他呢？曾子说：'耸起肩膀，装出笑脸，比炎炎夏日里在田地里劳动还难受。'子路说：'不是自己的同道，却要勉强交谈，看他的脸色，惭愧脸红的样子，我实在搞不懂为什么要这样做啊。'由此可见，君子对自己道德品质的培养，就可以知道了。"

【评解】

维护好一个社会的良好秩序，必须有一套明确的行为标准，在中国封建社会中，这套行为标准就是"礼"。在儒家思想中，礼制是规范人们行为的基本准则，也是做人的根本原则的外在反映，任何人在任何事情上都要遵守。在遵守礼制上，既不要随随便便，又不要过于迂执，而是要把握好分寸。在孟子看来，按照礼制行事，也是一个人气节和品格的反映。一个人固然不可太孤傲，但是相比之下，没有原则、只会察言观色的"胁肩谄笑"之徒更让人鄙视。

戴盈之曰："什一，去关市之征，今兹未能。请轻之，以待来年，然后已，何如？"

孟子曰："今有人日攘其邻之鸡者，或告之曰：'是非君子之道。'曰：'请损之，月攘一鸡，以待来年，然后已。'如知其非义，斯速已矣，何待来年？"

【译文】

戴盈之说："收取十分之一的赋税，取消关卡的征税功能，今年还无法做到。我们希望能够减轻一些，等到明年的时候，再彻底执行，您认为怎么样呢？"

孟子说："假设这里有一个人每天偷邻居家一只鸡，有人告诉他说：'这不是正派的君子做的事情。'他说：'那就让我先少偷一些，每月偷一只，等到明年的时候，就彻底不偷了。'如果知道了这种事情不合乎正道，就应该马上停止，为什么要等到明年呢？"

【评解】

戴盈之明知宋国的赋税政策有问题，还不能够马上纠正，打算慢慢地改。孟子便用偷鸡贼的比喻，告诉他有错必改的道理。人的认识能力和判断能力毕竟有限，因此，人没有一生都不犯错误的。犯了错误并不可怕，关键是知错之后应该努力改正。而经常的情况是，我们自己犯了错误自己却觉察不出，这就需要别人指出来，我们要虚心接受别人的批评。如果觉得批评有道理，而后就应该改正错误；别人的意见或建议只要对学习、工作有好处，就应该照着去做，而不是再为自己寻找继续错误的理由。

公都子曰："外人皆称夫子好辩，敢问何也？"

孟子曰："予岂好辩哉？予不得已也。天下之生久矣，一治一乱。当尧之时，水逆行，泛滥于中国。蛇龙居之，民无所定。下者为巢，上者为营窟。《书》曰：'洚水警余。'洚水者，洪水也。使禹治之。禹掘地而注之海，驱蛇龙而放之菹，水由地中行，江、淮、河、汉是也。险阻既远，鸟兽之害人者消，然后人得平土而居之。

"尧、舜既没，圣人之道衰。暴君代作，坏宫室以为洿池，民无所安息；弃田以为园囿，使民不得衣食。邪说暴行又作。园囿、洿池、沛泽多，而禽兽至。及纣之身，天下又大乱。周公相武王，诛纣、伐奄，三年讨其君；驱飞廉于海隅而戮之；灭国者五十；驱虎、豹、犀、象而远之，天下大悦。《书》曰：'丕显哉，文王谟！丕承哉，武王烈！佑启我后人，咸以正无缺。'

"世衰道微，邪说暴行有作。臣弑其君者有之，子弑其父者有之。孔子惧，作《春秋》。《春秋》，天子之事也。是故孔子曰：'知我者，其惟《春秋》乎！罪我者，其惟《春秋》乎！'

"圣王不作，诸侯放恣，处士横议。杨朱、墨翟之言盈天下。

天下之言，不归杨则归墨。杨氏为我，是无君也；墨氏兼爱，是无父也。无父无君，是禽兽也。公明仪曰：'庖有肥肉，厩有肥马，民有饥色，野有饿莩，此率兽而食人也。'杨墨之道不息，孔子之道不著，是邪说诬民，充塞仁义也。仁义充塞，则率兽食人，人将相食。吾为此惧，闲先圣之道，距杨墨，放淫辞，邪说者不得作。作于其心，害于其事；作于其事，害于其政。圣人复起，不易吾言矣。

"昔者禹抑洪水而天下平，周公兼夷狄、驱猛兽而百姓宁，孔子成《春秋》而乱臣贼子惧。《诗》云：'戎狄是膺，荆舒是惩；则莫我敢承。'无父无君，是周公所膺也。我亦欲正人心、息邪说、距诐行、放淫辞，以承三圣者。岂好辩哉？予不得已也。能言距杨墨者，圣人之徒也。"

【译文】

公都子问："别人都说先生您喜欢辩论，冒昧地问一下，这是为什么呢？"

孟子说："我哪里是喜欢辩论呢？我是没有办法啊。人类出现在这个世界上已经很长时间了，总是安定一段时间，接着混乱一段时间。在尧治理天下的时候，大水横流，淹没了整个中国。蛇龙等危害人类的动物在大地上居处，人类没有安定的居所。居住在地势低处的人只得在树上筑巢，居住在地势高处的人则开挖相互连在一起的洞穴以为居室。《尚书》说：'洚水警告我们。'所谓的'洚水'，就是泛滥的洪水。尧派禹去治理洪水。禹把地挖开,把洪水引到海里去,把蛇龙等动物驱赶到沼泽里。这样,大水在挖开的土地之中流过,这就是长江、淮河、黄河和汉江。艰难困苦远离了人们,害人的鸟兽也从人们聚居的地方消失了,然后人们才可以在平地上安居下来。

"尧、舜去世之后,他们所推行的圣人之道也就随之衰落了。残暴的国君一个接着一个出现,他们毁坏了人们的住房挖成水池,人们失去了安居休养的地方;破坏了人们的耕地作为园林,让他们失去了衣食的来源。荒诞的学说、残暴的行为又随之猖獗。由于园林、水池、沼泽太多,引来了各种禽兽。到了商纣王的时候,天下已经到了非常混乱的地步。周公辅佐武王,诛杀了商纣王,又讨伐奄国,经过了三年的时间消灭了奄国的国君;他把飞廉驱赶到海滨处,在那里杀死了他;灭掉五十个国家,把老虎、豹子、犀牛、大象等伤害人的动物都赶跑了。天下的百姓都非常高兴。《尚书》说:'文王的谋略,是多么光明啊!武王的功业,是多么伟大啊!帮助、启发我们的后代,使大家都正确而不犯错误。'

"随着太平之世的衰落和正确的治国之道的消亡,荒诞的学说、残暴的行为又随之猖獗起来。出现了杀掉自己国君的大臣,也出现了杀死自己父亲的儿子。孔子对这种现象非常担心,编著了《春秋》这部史籍。编著《春秋》这样的史籍,本来是天子做的事情。所以孔子说:'理解我的,是因为《春秋》这部著作吧!谴责我的,也是因为《春秋》这部著作吧!'

"圣明的君主没有出现,诸侯肆无忌惮,民间的士人也肆意议论。杨朱和墨翟的思想充满天下。天下人的言论，不是属于杨朱一派，就是属于墨翟一派。杨朱宣扬'为我'思想，这是心目中没有国君的表现；墨翟宣扬'兼爱'思想，这是心目中没有父母的表现。心目中没有父母和国君，简直就是禽兽。公明仪说：'厨房中有肥美的肉，栏厩中有肥硕的马，而百姓却面带饥色，田野中有倒毙的饿莩，这无异于驱赶野兽吃人啊！'杨朱、墨翟的学说不消除，孔子的学说就无法发扬，这是用荒诞的学说欺骗人们，阻塞人们实行仁义的道路啊。实行仁义的道路被堵塞，就会发生驱赶野兽吃人这样的事情，人与人之间也会互相争夺、残杀。我深为此感到担忧，便出来捍卫先代圣贤的学说，对抗杨朱、墨翟的言论，驳斥荒诞不经的言辞，使荒诞的学说不能够泛滥。荒诞的学说从人们的心中兴起，便会危害他们从事的工作；在人们从事的工作中泛滥，就会危害一个国家的政治。就算圣人重新出现，也不会反对我这番话的。

"当初禹抑止了洪水而使天下得到安定，周公兼并夷狄、赶走猛兽让人们得以安宁，孔子著成《春秋》而使乱臣贼子有所畏惧。《诗经》说：'打击戎狄，惩罚荆舒；将无人敢来欺凌我。'心目中没有父母和国君的行为，是周公所要打击的。我也想端正人们的思想、止息荒诞的学说、抵制偏邪的行为、排斥错误的言辞，以继承这三位圣人的事业。我哪里是喜欢辩论呢？我是没有办法啊。能够以言语抵制杨朱、墨翟的学说，就是圣人的弟子啊。"

【评解】

春秋战国时期是我国由奴隶社会向封建社会过渡的时期，社会的大变革引起了思想的空前繁荣。儒、墨、道、法等不同流派的思想家，各自从不同的立场和角度出发，分别表达了自己的思想观点，形成了"百家争鸣"的局面。在"百家争鸣"中，每个学派都认为自己的学说才是医治社会痼疾的良药，从而极力否定和批驳其他学派的观点。孟子将墨子、杨朱的学说比喻为邪说，正是这个原因。同时，在这一章中，孟子还提出了"天下之生久矣，一治一乱"的观点，认为人类历史总是在曲折中发展的。

匡章曰："陈仲子岂不诚廉士哉？居于陵，三日不食，耳无闻，目无见也。井上有李，螬食实者过半矣，匍匐往将食之，三咽，然后耳有闻、目有见。"

孟子曰："于齐国之士，吾必以仲子为巨擘焉。虽然，仲子恶能廉？充仲子之操，则蚓而后可者也。夫蚓，上食槁壤，下饮黄泉。仲子所居之室，伯夷之所筑与？抑亦盗跖之所筑与？所食之粟，伯夷之所树与？抑亦盗跖之所树与？是未可知也。"

曰："是何伤哉？彼身织屦、妻辟纑，以易之也。"

曰："仲子，齐之世家也。兄戴，盖禄万钟。以兄之禄为不义之禄而不食也，以兄之室为不义之室而不居也，辟兄、离母，处于于陵。他日归，则有馈其兄生鹅者，己频顣曰：'恶用是鶂鶂者为哉？'他日，其母杀是鹅也，与之食之。其兄自外至，曰：'是鶂鶂之肉也。'出而哇之。以母则不食，以妻则食之；以兄之室则弗居，以于陵则居之。是尚为能充其类也乎？若仲子者，蚓而后充其操者也。"

【译文】

匡章说："陈仲子难道不是一个真正的廉洁之士吗？他住在于陵这个地方，曾经三天没有东西吃，以致饿得耳朵听不见声音，眼睛看不见东西。井边上落着一颗李子，已经被蛴螬吃掉了大半。陈仲子艰难地爬到井边，取来就吃。咽了三口之后，听觉和视觉才恢复。"

孟子说："在齐国的士人之中，我的确认为陈仲子是一个佼佼者。即使这样，他怎么能称得上廉洁呢？陈仲子的操守，人只有变成蚯蚓之后才能办到。蚯蚓到地面吃些干土，到地下喝些泉水。（可算得上是真正的无求于他人的廉洁了）陈仲子所居住的房屋，是伯夷那样的贤士建造的呢，还是像盗跖那样的坏人建造的呢？他所吃的粮食，是伯夷那样的贤士种植的呢，还是盗跖那样的坏人所种植的呢？这些都还不清楚啊。"

匡章说："这有什么妨碍呢？他亲自编织鞋子，他妻子纺麻织麻，他们是用自己的劳动交换房子和粮食。"

孟子说："陈仲子出自齐国的世禄之家。他的哥哥陈戴，在盖邑的俸禄收入就有万钟之多。他认为他哥哥的俸禄不是正道而来的收入，所以就不吃；他认为他哥哥的房屋不是正道而来的居室，所以就不住。避开哥哥，远离母亲，到于陵去居住。有一天，陈仲子回家，遇上一个人来给他哥哥送活鹅，他皱着眉头说：'这种嘎嘎叫的东西能干什么用呢？'一段时间之后，他的母亲杀了这只鹅，送了些肉给他吃。他的哥哥从外面回来，说：'这就是那只嘎嘎叫的东西的肉。'陈仲子便跑出去把吃的肉又都吐了。他母亲给的饭他不吃，他妻子给的才吃；他哥哥的房屋他不住，于陵的房屋就居住。这样的行为，难道能够说是努力将廉洁之类的操守做到极致吗？像陈仲子这样的做法，只有变成蚯蚓之后，才可以使其操守达到极致。"

【评解】

对于一个高尚的人来说，保持节操和廉洁是必须的，但是任何事情都不能做极端的偏狭理解，否则就是钻牛角尖，从而带来危害。孟子这里所说又一次阐明了儒家的中庸之道。做任何事情都有个度，做任何事情都要把握好这个度，而不能走极端。否则，即使貌似高尚，实际上也是不可取的。

《庄　子》

至德之世[*]

故至德之世，其行填填，其视颠颠。当是时也，山无蹊隧，泽无舟梁；万物群生，连属其乡；禽兽成群，草木遂长。是故禽兽可系羁而游，鸟鹊之巢可攀援而窥。夫至德之世，同于禽兽居，族与万物齐，恶乎知君子小人哉！

【译文】

在道德最昌明的时代，人们的行为自然，人们的目光又是那么专一无邪。就在那个时代，大山里没有路，也没有地道，水面上没有船只，也没有桥梁；世间万物杂居在一起，人们的居所相连相通而没有什么乡、县的分属；鸟类野兽成群结队，花草树木自然生长。因此可以用绳子牵引着鸟兽游玩，鸟鹊的巢窠可以攀登上去探望。在那道德最昌明的时代，人们与禽兽

---

[*] 本篇节选自《庄子·马蹄》，标题为作者所加。

同住在一起，与其他各种生物一样，怎么还会考虑什么君子、小人之分呢！

【评解】

庄子（约前369—前286），名周，战国时代宋国蒙（有说蒙在今河南商丘东北，也有说在今天安徽蒙城）人，终身不仕，深研学问，"其学无所不窥，然其要本归于老子之言。其著书十余万言"（《史记·老庄申韩列传》）。庄子是先秦诸子百家中的重要代表，也是道家思想的集大成者。在中国传统伦理思想中，道家学派的生态伦理思想十分丰富。

在庄子看来，"至德之世"不仅是一幅历史意义上的社会蓝图，而且是一种生态意义上的道德理想。那么，庄子所描述的"至德之世"又是一个什么样的"世外桃源"呢？对此，我们不妨从《庄子》中摘引几段寓言式的文字略加说明。

"至德之世，不尚贤，不使能；上如标枝，民如野鹿，端正而不知以为义，相爱而不知以为仁，实而不知以为忠，当而不知以为信；蠢动而相使，而不知以为赐。是故行而无迹，事而无传。"（《庄子·天地》）

"子独不知至德之世乎？昔者容成氏、大庭氏、伯皇氏、中央氏、栗陆氏、骊畜氏、轩辕氏、赫胥氏、尊卢氏、祝融氏、伏牺氏、神农氏，当是时也，民结绳而用之，甘其食，美其服，乐其俗，安其居，邻国相望，鸡狗之音相闻，民至老死而不相往来。若此之时，则至治已。"（《庄子·胠箧》）

庄子认为，"建德之国"、"神农之世"和"赫胥氏之时"都是"至德之世"。他说，"南越有邑焉，名为建德之国。其民愚而朴，少私而寡欲；知作而不知藏，与而不求其报；不知义之所适，不知礼之所将。猖狂妄行，乃蹈乎大方。"(《庄子·山木》)"神农之世，卧则居居，起则于于；民知其母，不知其父，与麋鹿共处；耕而食，织而衣，无有相害之心，此至德之隆也。"(《庄子·盗跖》)"夫赫胥氏之时，民居不知所为，行不知所之；含哺而熙，鼓腹而游。"(《庄子·马蹄》)

从庄子的描述中，我们不难发现，"至德之世"具有以下五个特征。第一，"至德之世"处于远古时代的原始社会，那时文明社会尚未形成，人类处于自然状态。第二，"至德之世"尚未形成仁、义、礼、智等道德观念。当时的人们，"不知义之所适，不知礼之所将"；"端正而不知以为义，相爱而不知以为仁，实而不知以为忠，当而不知以为信"。第三，"至德之世"的人们过着无拘无束的生活，"其行填填，其视颠颠"；"卧则居居，起则于于"；"上如标枝，民如野鹿"；"含哺而熙，鼓腹而游"。第四，"至德之世"的社会道德处于无比纯真的状态，人们"无知无欲"；"其民愚而朴，少私而寡欲；知作而不知藏，与而不求其报"；"同乎无知，其德不离；同乎无欲，是谓素朴，素朴而民性得矣"(《庄子·马蹄》)。第五，"至德之世"中人与自然的关系是"物我同一"、天人和谐。在庄子心目中，天、地、人和物是相互依存、彼此和谐的，"天地与我并生，而万物与我为一"(《庄子·齐物论》)；庄子把人与自然的和谐称为"天乐"，认为

"与天和者，谓之天乐"（《庄子·天道》）。由此可见，"至德之世"的道德理想充满了生态伦理智慧。

庄子为什么主张建立自诩至善、至美、至纯、至真的"至德之世"呢？他认为，在自然状态下，人类社会刚刚诞生，人们无知无欲而怡然自得，后来随着社会的发展和时代的前进，远古时代淳厚素朴的"民性"遭到了破坏，阶级矛盾日益尖锐，社会道德每况愈下。在庄子看来，政治变革和道德教化都不是改良社会的途径，唯一的出路乃是重新返回远古时代的"至德之世"。由此可见，"至德之世"就是返璞归真，回归自然。

诚然，庄子心目中的"至德之世"是永远无法实现的，因为人类社会的发展是不可逆转的历史潮流，主张人类由文明社会退回原始状态的想法是虚幻的、反历史的。不过，从生态伦理的角度来看，"至德之世"的理想饱含着合理的内核，闪烁着智慧的火花。第一，"至德之世"力主回归自然，而回归自然是人的一种深层心理需要。人是自然的产物，人在自然的母体中孕育生长，自然在人的记忆中刻下了无法抹去的痕迹。亲近自然是人的一种生命的本能和内心的呼唤。第二，"至德之世"强调遵循自然规律，顺应自然。人与自然的关系，总的来说，包括两个方面：一方面人要改造自然，使之适于自己的生存和发展；另一方面人要始终受着自然环境的影响和制约。因此，人类在利用自然改造自然，充分发挥主观能动性的同时，必须遵循自然规律，按自然本性办事。第三，"至德之世"认为"天与人不相胜"，也就是说，人与自然不是互相对立的，而是和谐统一的。只有天人和谐，才能实现"天乐"；只有实现自然与人文的和解，自然与人类才能保持可持续发展。天人和谐思想是正确处理人与自然关系的基本原则。

万物不伤*

古之人，在混茫之中，与一世而得淡漠焉。当是时也，阴阳和静，鬼神不扰，四时得节，万物不伤，群生不夭，人虽有知，无所用之，此之谓至一。当是时也，莫之为而常自然。

【译文】

上古时代的人，生活在混沌的世界，一辈子生活在一起都恬淡无为、互不交往。在那个时代，阴阳和谐而又安静，鬼神也不会来侵扰，四季的变化遵照时节，万物都不会受到伤害，各种有生命的东西都能存在久长，人们虽然有智慧，也没有地方可用，这就叫作最为圆满的浑一状态。在那个时代，人们什么都不做而保持着天然。

【评解】

为什么庄子主张"万物不伤"呢？

首先，人和万物的本原都是道，所以人应该珍爱万物。庄子认为宇宙的本原是道，由道而生气，由气而生天地万物。"杂乎芒芴之间，变而有气，气变而有形，形变而有生。"（《庄子·至乐》）人和万物有共同的来源，"爱人利物之谓仁"（《庄子·天地》）。

其次，"万物不伤"有助于实现"物物而不物于物"（《庄

---

* 本篇节选自《庄子·缮性》，标题为作者所加。

子·山木》），最终达至"天乐"境界。庄子认为人生活在天地间应当逍遥自由而不被物累，做到"物物而不物于物"。那么人又怎样才能"物物"呢？在庄子看来，"物物"必须知足，因此他反对人贪得无厌地追求身外之物。除此之外，"物物"还必须"泛爱万物"（《庄子·天下》），"常宽容于物"（《庄子·天下》）。"万物不伤"是"物物"的有效途径，而"天乐"是"物物"的必然结果。

最后，万物的生命是最可宝贵的，生命的价值是无可估量的。"能尊生者，虽贵富，不以养伤身；虽贫贱，不以利累形。""夫生者，岂特随侯珠之重哉？""重生，则利轻。"（《庄子·让王》）庄子认为，生命既然由自然所赋予，就应该按照自然的规律存活下去，而不要因其有用而随意摧残、扼杀。生命的要义在于自身的价值，生命的价值在于"无用之用"。"桂可食，故伐之；漆可用，故割之。人皆知有用之用，而莫知无用之用也。"（《庄子·人间世》）"无用之用"就是"顺物自然"，能够维护生命的价值。"今子有大树，患其无用，何不树之于无何有之乡，广莫之野，彷徨乎无为其侧，逍遥乎寝卧其下，不夭斤斧，物无害者。无所可用，安所困苦哉！"（《庄子·逍遥游》）庄子尊重生命价值，提倡"万物不伤"的思想蕴含着深刻的生态伦理智慧，表达了人们古往今来的某种真诚愿望。正如罗素所指出的，"如果人类生活要想不变得无聊和索然无趣的话，重要的就是认识到存在着各种其价值完全不依赖于效用的东西"[①]。

---

① ［英］勃兰特·罗素：《权威与个人》，肖巍译，中国社会科学出版社1990年版，第97页。

那么，怎样才能做到"万物不伤"呢？庄子认为，要实现"万物不伤"，就必须节制人类自身的欲望，以"无为"思想为指导，以"物我同一"为目标，和天地自然一样，做到"生之畜之，生而不有，为而不恃，长而不宰"（《道德经·第十章》）；这就是说，让万物生长繁殖，养育了万物却不据为己有，为万物尽力而不自恃有功，导引万物而不主宰万物。"万物不伤"还必须坚持"天之道，利而不害；人之道，为而不争"（《道德经·第八十一章》）。意即自然的规律是施利于万物而从不损害它们，人间的法则是帮助别人而不与人争执。

庄子从"万物不伤"的生态爱护观念出发，坚决反对人类过分向自然索取，并把人类在自然面前的贪婪归结为"智巧"的罪过，他一针见血地指出，"夫弓弩、毕弋、机变之知多，则鸟乱于上矣；钩饵、罔罟、罾笱之知多，则鱼乱于水矣；削格、罗落、罝罘之知多，则兽乱于泽矣"（《庄子·胠箧》）。

随着科学技术的发展，人类打着"战胜自然，征服自然"的旗帜，疯狂掠夺自然资源，恣意破坏生物物种，乱砍滥伐，肆意捕猎，在向大自然任意索取的同时，人类也受到大自然的疯狂报复，为自身的可持续发展掘下了一个可怕的陷阱。面对日益严重的生态危机，我们有必要仔细领会庄子的生态伦理思想，有选择、有批判地继承其"万物不伤"的生态伦理精神，实践其"至德之世"的生态道德理想，把我们的地球建成一个山清水秀、鸟语花香的"美丽新世界"。

《韩非子》

五　蠹（节选）

　　上古之世，人民少而禽兽众，人民不胜禽兽虫蛇。有圣人作，构木为巢以避群害，而民悦之，使王天下，号曰有巢氏。民食果蓏①蚌蛤，腥臊恶臭而伤害腹胃，民多疾病。有圣人作，钻燧取火以化腥臊，而民说之，使王天下，号之曰燧人氏。中古之世，天下大水，而鲧、禹决渎。近古之世，桀、纣暴乱，而汤、武征伐。今有构木、钻燧于夏后氏之世者，必为鲧、禹笑矣；有决渎于殷、周之世者，必为汤、武笑矣。然则今有美尧、舜、汤、武、禹之道于当今之世者，必为新圣笑矣。是以圣人不期修古，不法常可，论世之事，因为之备。宋人有耕田者，田中有株，兔走，触株折颈而死，因释其耒而守株，冀复得兔。兔不可复得，而身为宋国笑。今欲以先王之政，治当世之民，皆守株

---

① 蓏：luǒ。

之类也。

古者丈夫不耕，草木之实足食也；妇人不织，禽兽之皮足衣也。不事力而养足，人民少而财有余，故民不争。是以厚赏不行，重罚不用而民自治。今人有五子不为多，子又有五子，大父未死而有二十五孙，是以人民众而货财寡，事力劳而供养薄，故民争，虽倍赏累罚而不免于乱。

【译文】

在上古社会，人烟稀少、鸟兽众多，人们经常受到鸟兽虫蛇的侵害而不堪其苦。这时，有位圣人出现了，他发明了在树上搭窝棚居住的办法，用来避免受到各种伤害，人们因此很喜欢他，使他成为天下的君主，人们称他为有巢氏。那时的人们以野生的瓜果、河蚌、蛤蜊等为食，腥臊腐臭，对肠胃伤害很大，出现了很多疾病。这时又有位圣人，用钻木取火的方法把食物烤熟，去掉了腥臊臭味，因此人们很喜欢他，使他成为天下的君主，称他为燧人氏。到了中古社会，天下洪水泛滥，鲧和他的儿子禹先后负责治理洪水。近古时代，夏桀和殷纣残暴昏庸，于是被商汤和周武王讨伐。如果夏朝的时候，还有人在树上搭窝棚居住或者用钻木取火的办法生活，那一定会受到鲧和禹的讥笑；如果到了殷周社会，还有人把治理洪水作为最重要的事情，定会受到商汤、武王的讥笑。那么在今天，如果还有推崇尧、舜、大禹、商汤、武王的政治并加以实行的人，定会受到当代圣人的讥笑。所以说，圣人绝不会希望回到古代，不会按照陈规旧俗办事，而是依据现在社会的现实，进而制定相应的制度政策。据说，有个宋国人在农田里干活时，因为看到一只兔子在奔跑的过程中被田中的树桩撞断脖子死了，就再也不拿起农具干活了，而是天天等在树桩旁边，希望再捡到撞上来的死兔子。结果，他不仅没有捡到兔子，反而成了宋国的一个笑柄。如果现在还有人用古代君王的制度措施来治理现代百姓，就跟守株待兔的这个人是一类人了。

在古代，男子无须耕种，仅树上的野果就够吃了；女子无须织布，仅禽兽的皮毛就够穿了。人们不用劳动就有饭吃、有衣穿，人少财物充足，所以，人们不需要争夺。因而不需厚赏重罚的措施，人们就会生活安定。现在人们生五个儿子都不算多，每个儿子各自再生五个儿子，祖父还没有死就已经有二十五个孙子了。因此，人口多了而财物少了，努力干活，还是不够吃、不够用。所以人们就会互相争夺，即使加重奖赏、加大惩罚，结果也仍然无法避免发生混乱。

【评解】

从进化的历史观出发，认为"上古竞于道德，中世逐于智谋，当今争于气力"，因而反复申述"事因于世，而备适于事"。鉴于此"急世"，提出"仁之不可以为治"，而要以农战为立国之本，凡无助于农战者，如学者（儒家）、言谈者（纵横家）、带剑者（游侠）、患御者（逃避兵役的人）、商工之民（商人和手工业者）皆为国家的"蛀虫"，韩非合称为"五蠹"。韩非认为要使国家富强，君权巩固，必须"除此五蠹之民"，"养耿介之士"。并具体到"明主之国，无书简之文，以法为教；无先王之语，以吏为师；无私剑之捍，以斩首为勇"，成为秦朝统治天下的重要理论依据。本文也是韩非的代表作之一。

韩非（约前280—前233），后人尊称"韩非子"，是战国时期韩国人，著名思想家，法家思想集大成者，《韩非子》一书是在韩非逝世后，后人辑集而成的。《五蠹》是其中的重要篇目。该文介绍了上古社会、中古社会的圣王都是因为与时俱进、不断创新，改善了人们的生产生活境况，而取得政权合法性。从三皇五帝到部落联盟的首领都是具有强烈创新意识和丰富创新思想的杰出代表。《韩非子·五蠹》记载，我国社会从原始社会到文明社会的历史进程，就是一部不断创新的过程。中国社会发展的每一步都是与创新密切相关的。社会的创新有着开物成务、以利天下等经世致用的源泉与动力，这在"尚象制器"中有明显的体现。"圣人观象以制器，包牺、神农、尧、舜等往圣先贤，他们充分开发物用，并使民众熟知物用之理，推而广之，成就了非凡的伟业。这种开物成务，以为天下利的精神，成为促进古代文明史发展的重要因素之一，成为而后中国人重视文明创造的思想源泉。中国古代的四大发明，在整个世界古代文明史上具有不可抹杀的地位，应该说与此有着深刻的渊源关系。"[1]

---

① 罗炽、萧汉明：《易学与人文》，中国书店2004年版，第224—225页。

《楚　辞》

橘　颂

后皇嘉树，橘徕服兮。受命不迁，生南国兮。深固难徙，更壹志兮。绿叶素荣，纷其可喜兮。曾枝剡棘，圆果抟兮。青黄杂糅，文章烂兮。精色内白，类可任兮。纷缊宜修，姱而不丑兮。嗟尔幼志，有以异兮。独立不迁，岂不可喜兮？深固难徙，廓其无求兮。苏世独立，横而不流兮。闭心自慎，不终失过兮。秉德无私，参天地兮。愿岁并谢，与长友兮。淑离不淫，梗其有理兮。年岁虽少，可师长兮。行比伯夷，置以为像兮。

【译文】

橘树是得天独厚的好树啊，来到南方它习惯了当地的水土。天性不能移栽到北方啊，只能生长在江南的土地。它安土重迁很难移植，这是一心一意的缘故。绿叶白花，长得那么喜人啊。枝条茂盛小刺锋利，果实圆润饱满啊。青黄错杂分布，色泽光鲜艳丽。外皮晶莹果瓤洁白，就像可担重任的人一样。香气浓郁修剪得当，姿态姣好出类拔萃。赞叹你幼年的志向，就与众不同啊。禀性独立不随意改变，难道不令人倍感欣喜？根深固土难以移植，心胸开阔别无所求啊。超越俗世特立独行啊，让人怎能不敬重？品格坚定无欲无求啊，敢于坚持真理不随波逐流啊。节欲谦虚，自始至终不犯错啊。具有刚正无私的品德，可与天地相合啊。愿和你一起度过悠悠岁月，愿我们的友谊地久天长啊。你容貌美丽行为端庄，性格耿直坚持真理。年岁不大，却堪为人师。品行高洁堪比伯夷，种植你啊可以作为人们学习的榜样。

【评解】

屈原（约前340—约前278），名平，字原，战国时楚国人，我国伟大的爱国诗人、思想家。标题《橘颂》反映了作者对橘树的赞美和歌颂。从《橘颂》的"嗟尔幼志""年岁虽少"等言语，可以看出橘颂的写作年代应为屈原年少时。这首诗通过咏物和抒情的紧密结合，表现了作者早期对纯真美好品德的追求。

《林庚楚辞研究两种》中曾这样评价《橘颂》：它所写的是一种清醒的性格，这正是屈原的性格。战国时期正处在统一的国家观念将趋于成熟而还未成熟的演进过程中，它一方面在逐步接近形成；另一方面在不断打破局限，这时的人们可以有国家观念，也可以没有。当时的才智之士往往漫游于列国之间，以取得霸王之道的发展。屈原的爱国主义精神因此也往往只是具体的体现在对乡土的热爱上。他又说，屈原的爱国主义精神，更具体的还是集中在要求"美政",反抗权贵的政治斗争的内容上。当时权贵之间的"虚伪""贪婪"就成了屈原的反面镜子。屈原此后作品中的斗争矛头始终就是针对着当时楚国宫廷中腐朽的贵族势力的。屈原把这种"不迁"的精神推而广之,成为他坚定不屈的人格,成为他人生的中流砥柱。《橘颂》所体现的屈原的"醒觉"精神、"不迁"精神(不迁于志、不流于俗、不离于国)、"独立"精神对于中国人精神、知识分子良心的形成影响深远。

离　骚

　　帝高阳之苗裔兮，朕皇考曰伯庸。摄提贞于孟陬兮，惟庚寅吾以降。皇览揆余初度兮，肇锡余以嘉名：名余曰正则兮，字余曰灵均。纷吾既有此内美兮，又重之以修能。扈江离与辟芷兮，纫秋兰以为佩。汩①余若将不及兮，恐年岁之不吾与。朝搴②阰③之木兰兮，夕揽洲之宿莽。日月忽其不淹兮，春与秋其代序。惟草木之零落兮，恐美人之迟暮。不抚壮而弃秽兮，何不改此度？乘骐骥以驰骋兮，来吾道夫先路！

【译文】

　　我是远古帝王高阳氏的子孙啊，我的先父伯庸业绩辉煌。寅年、寅月、寅日，这个难得的日子，我来到了人间。伟大的父亲看到我出生时的模样，赐给我美好的名字：本名取为正则，表字取为灵均。我既有内在的美德啊，也有外表的漂亮的脸庞。肩披着清香的江离和白芷，把秋兰编织成佩带。岁月如梭，我只害怕错过了飞逝的时光，时间如流水，我心中充满了担忧。早晨去山岭拔取木兰啊，傍晚在水边我采摘宿莽。日月更替，匆匆忙忙，春秋变换，运行有常。看到草木的零落啊，担心美人也会变。怎

---

① 汩：yù。
② 搴：qiān。
③ 阰：pí。

么不趁年轻力壮抛弃恶政？怎么不去变革原来的法度？驾着千里马，四处纵横驰骋，来吧！让我在前面纵马执缰。

昔三后之纯粹兮，固众芳之所在。杂申椒与菌桂兮，岂维纫夫蕙茝！彼尧、舜之耿介兮，既遵道而得路。何桀纣之昌披兮，夫唯捷径以窘步。惟夫党人之偷乐兮，路幽昧以险隘。岂余身之惮殃兮，恐皇舆之败绩！忽奔走以先后兮，及前王之踵武。荃不察余之中情兮，反信谗而齌怒。余固知謇謇之为患兮，忍而不能舍也。指九天以为正兮，夫唯灵修之故也。曰黄昏以为期兮，羌中道而改路！初既与余成言兮，后悔遁而有他。余既不难夫离别兮，伤灵修之数化。

【译文】

忆往昔，三代圣王德治美名扬，群贤聚集在他们身旁。申椒、菌桂那样芳香清廉的人才都能参政，怎会是仅仅联络最优秀的个别蕙、芷之才呢？那时的尧舜是多么的正大光明啊，他们既谨遵正道，所以国家兴旺。为什么桀纣恣意妄为啊？只因为违背了正道，才落得走投无路的下场。那些结党营私的人苟且安乐啊，使国家在黑暗危险处彷徨。难道我会害怕个人遭灾祸吗？我只是担心国家的危亡。匆匆忙忙，在君王的前后奔走啊，想要追赶前代的贤明君王。君王不能体察我的一片忠心啊，听信谗言，却反而迁怒于我。我本就清楚忠言逆耳会招致灾祸，但我不愿放弃，宁愿强忍祸殃！我敢指苍天为证啊，这些都是为了您啊——

神圣的君王！想当初，我们相约一起治理国家啊，可是到后来，你却反悔走到了另一条路上。我不是与你难分别，只是为神圣的君王屡屡改变而悲伤。

余既滋兰之九畹兮，又树蕙之百亩。畦留夷与揭车兮，杂杜衡与芳芷。冀枝叶之峻茂兮，愿俟时乎吾将刈。虽萎绝其亦何伤兮，哀众芳之芜秽。众皆竞进以贪婪兮，凭不厌乎求索。羌内恕己以量人兮，各兴心而嫉妒。忽驰骛以追逐兮，非余心之所急。老冉冉其将至兮，恐修名之不立。朝饮木兰之坠露兮，夕餐秋菊之落英。苟余情其信姱以练要兮，长顑颔亦何伤。揽木根以结茝兮，贯薜荔之落蕊。矫菌桂以纫蕙兮，索胡绳之纚纚。謇吾法夫前修兮，非世俗之所服。虽不周于今之人兮，愿依彭咸之遗则。

【译文】

我已经栽培了很多亩兰草啊，又种了百来亩蕙草。我分块种了芍药和揭车草啊，还套种了芳芷和马蹄香。多么希望它们枝繁叶茂、花红叶绿，等到了时候，我就可以收割一场。虽然花谢叶黄令人很是悲伤，但最难过的还是这众多的芳草都变质失去芳香。小人争相钻营，贪得无厌，还在孜孜以求！他们对己宽恕，对人严苛，还嫉妒别人，心怀坏心肠！为追逐权势富贵而奔波，这并不是我心里的愿望。我已经慢慢衰老了，我只是担心美名不能天下扬。早晨，我喝着木兰花的甘露啊；傍晚，我以山菊花瓣作为饭菜来品尝。只要我内心是真正的美好而清纯，饥饿憔悴又有什么值得恐惧心慌?! 我采木兰的根须拴上白芷，再串上薛荔带着露滴的花朵。我用菌桂的嫩枝把蕙草连接在一起，用胡绳搓成一根根绳索又好又长。我的穿戴是虔诚地效法古代的圣贤啊，不是一般世俗之人所能穿戴。尽管不合于当今的时宜，但我是心甘情愿效仿彭咸的风尚!

长太息以掩涕兮，哀民生之多艰。余虽好修姱以鞿羁兮，謇朝谇而夕替。既替余以蕙纕兮，又申之以揽茝。亦余心之所善兮，虽九死其犹未悔。怨灵修之浩荡兮，终不察夫民心。众女嫉余之蛾眉兮，谣诼谓余以善淫。固时俗之工巧兮，偭规矩而改错。背绳墨以追曲兮，竞周容以为度。忳郁邑余侘傺兮，吾独穷困乎此时也。宁溘死以流亡兮，余不忍为此态也。鸷鸟之不群兮，自前世而固然。何方圜之能周兮，夫孰异道而相安？屈心而抑志兮，忍尤而攘诟。伏清白以死直兮，固前圣之所厚。

【译文】

我声声长叹啊，擦干了心酸的泪，可怜的人民，生活多灾多难！我只是洁身自好就受累遭殃，早上被斥责，晚上被罢官在庙堂。他们攻击我像蕙草一样芳香高洁啊，又指责我像白芷一般洁身自好。这些都是我内心的钟爱啊，即使要我死九次也改变不了我的志向！只怨神圣的君王太荒唐啊，终不能体察别人的心情。你周围的女流之辈嫉妒我容颜漂亮，造谣诽谤说我好淫！世俗之人本来就工于心计、投机取巧，违反了规矩而随意改变政纲。背弃了法则啊,随意歪曲,自以为是正道而竟相苟合取悦君王!我苦闷忧伤,无边惆怅啊,在这样的时代一个人穷困彷徨!我宁愿快死而随水流逝,也再不愿看到他们的丑态!雄鹰不会与燕雀为伍啊,这是千古不变的自然法章。哪有圆孔能与方榫相合?哪有异路人能一起行走在路上?我强忍着委屈啊,忍受罪过,承担羞辱。保持清白,为正义而死,心中想着莫不以此为重的古代圣王!

悔相道之不察兮,延伫乎吾将反。回朕车以复路兮,及行迷之未远。步余马于兰皋兮,驰椒丘且焉止息。进不入以离尤兮,退将复修吾初服。制芰荷以为衣兮,集芙蓉以为裳。不吾知其亦已兮,苟余情其信芳。高余冠之岌岌兮,长余佩之陆离。芳与泽其杂糅兮,唯昭质其犹未亏。忽反顾以游目兮,将往观乎四荒。佩缤纷其繁饰兮,芳菲菲其弥章。民生各有所乐兮,余独好修以为常。虽体解吾犹未变兮,岂余心之可惩。

【译文】

我懊悔选择道路时不曾细察,踌躇不前啊,打算掉头往回走。调转车头,依旧踏上原路,趁着走得还不是太远,还未远离正确方向!放我的马,在水边的芳草地,把它赶到长满椒树的山丘,暂时休息。我绝不想再跻身朝廷,免得遭人非议。退居在田园,我打算穿起我当年的衣裳。缝制翠绿的荷叶做上衣啊,将洁白的莲花缀成下裳。没有人理解我,这算不得什么,只要我内心真正的纯洁芳香！把我的帽子高高戴起啊，我系起的玉佩带很长很长！芳藕虽然和淤泥杂糅在一起，但美好的本质并未损伤！蓦然回首啊，放眼眺望，我要到遥远的地方四处观光。穿戴起缤纷的盛装啊，芳香阵阵，沁人心房！人生各有自己的爱好啊，我独爱美洁习惯与别人不一样。纵使粉身碎骨也不改初衷，我的心又岂会因为受惩罚而改变芳香！

女媭之婵媛兮，申申其詈予，曰：鲧婞直以亡身兮，终然殀乎羽之野。汝何博謇而好修兮，纷独有此姱节？薋菉葹以盈室兮，判独离而不服。众不可户说兮，孰云察余之中情？世并举而好朋兮，夫何茕独而不予听？依前圣以节中兮，喟凭心而历兹。济沅、湘以南征兮，就重华而陈词：启《九辩》与《九歌》兮，夏康娱以自纵。不顾难以图后兮，五子用失乎家巷。羿淫游以佚畋兮，又好射夫封狐。固乱流其鲜终兮，浞又贪夫厥家。浇身被服强圉兮，纵欲而不忍。日康娱而自忘兮，厥首用夫颠陨。夏桀之常违兮，乃遂焉而逢殃。后辛之菹醢兮，殷宗用而不长。汤、禹俨而祗敬兮，周论道而莫差。举贤而授能兮，循绳墨而不颇。皇天无私阿兮，览民德焉错辅。夫维圣哲以茂行兮，苟得用此下土。瞻前而顾后兮，相观民之计极。夫孰非义而可用兮？孰非善而可服？阽余身而危死兮，览余初其犹未悔。不量凿而正枘兮，固前修以菹醢。曾歔欷余郁邑兮，哀朕时之不当。揽茹蕙以掩涕兮，霑余襟之浪浪。

一 离骚 一

【译文】

　　我的姐姐女嬃为我着急忧虑啊，她反反复复地责备并告诫我！她说："鲧过于刚直而不顾性命啊，到头来还不是被杀害在羽山的荒野？你为什么这样忠言直谏又洁身自好啊，让自己拥有这么多美好的节操？那屋子里堆满了野花和杂草，却只有你不愿意佩戴。不能去挨家挨户解释原委啊，又有谁能明白我们的本心？世人都喜欢相互吹捧、结党营私，你为何对我的话总是不听？"我是遵循先圣的教诲而节制心中的情感啊，可叹内心愤懑又遭此不幸。渡过沅水、湘水，我继续往南走啊，我要向虞舜重华把道理讲清：夏帝启从天上取得《九辩》和《九歌》啊，每日纵情歌舞享乐无度。不居安思危而预防后患啊，以致他的五个儿子发生内讧而失去故都！后羿沉溺于游乐与打猎啊，又爱好射杀一些大狐狸之类的野兽。本来淫乱之辈就没有好结果啊，他的国相寒浞将他杀害，还霸占了他的老婆。寒浞的儿子寒浇自恃力大无比啊，放纵情欲而不肯节制。整日寻欢作乐得意忘形啊，他的脑袋因此而被人砍掉！夏桀荒淫经常违背正道啊，终于遭到了国破家亡的下场。殷纣王把忠良剁成肉酱啊，商朝的统治也因此不能久长！成汤和夏禹严明而谨慎啊，周文王和周武王都讲究治国之道而没有差错。他们都选举贤良任用能者啊，就好像工匠遵守绳墨而没有偏颇。老天爷对谁都公正无私啊，见有德的人就给予抚持。只有那德行高尚的圣王啊，才能让他享有天下的疆土。我历览古今成败的教训啊，我观察着人生发展的究竟。哪有不义之人会被信用啊，哪有不善之事会被称赞？虽然我面临着死亡的危险啊,我也丝毫不后悔当初的志向。不度量好凿眼就来塞榫头啊,前辈的圣贤因此而被剁成肉酱。我泣声不止啊烦恼忧伤,感叹自己生不逢时。拿柔软的蕙草擦干眼泪啊,滚滚的热泪沾湿了我的衣裳。

跪敷衽以陈辞兮,耿吾既得此中正。驷玉虬以乘鹥兮,溘埃风余上征。朝发轫于苍梧兮,夕余至乎县圃。欲少留此灵琐兮,日忽忽其将暮。吾令羲和弭节兮,望崦嵫而勿迫。路曼曼其修远兮,吾将上下而求索。饮余马于咸池兮,总余辔乎扶桑。折若木以拂日兮,聊逍遥以相羊。前望舒使先驱兮,后飞廉使奔属。鸾皇为余先戒兮,雷师告余以未具。吾令凤鸟飞腾兮,继之以日夜。飘风屯其相离兮,帅云霓而来御。纷总总其离合兮,斑陆离其上下。吾令帝阍开关兮,倚阊阖而望予。时暧暧其将罢兮,结幽兰而延伫。世溷浊而不分兮,好蔽美而嫉妒。

【译文】

我向先祖跪诉我的衷肠啊,我得到了真理心里明亮。驾着白龙马和凤车啊,我乘着长风飞到茫茫九天之上。早晨我从九嶷山下出发,傍晚我就到达了昆仑山上。本想在山上稍作停留啊,怎奈夕阳西下暮色茫茫。我命令给太阳驾车的羲和停鞭慢行啊,别让太阳太快地到达崦嵫山那日落的地方。前方的路途遥远又漫长啊,我要上天入地追求理想。我让白龙马在咸池边畅饮琼浆啊,把马的辔头拴在了扶桑树上。折下若木来挡住阳光啊,我姑且逍遥地闲逛。前有月神做向导啊，后有风神紧紧跟上。鸾鸟凤凰在前边为我警戒开路啊，雷神却还说没有准备好。我命令凤鸟振翅高飞啊，要夜以继日不停飞翔。那旋风聚合依附于车旁啊，率领着彩虹前来恭迎。彩虹在风中变化多端啊，云霞闪闪发出五彩光芒。我叫守门神打开天门啊，他却斜倚着天门与我呆呆地相望。天色昏暗下来，夜幕将要降临啊，我手拿着幽兰做的佩带久久不忍离开。世道是这样混乱，是非不分啊，总喜欢遮蔽别人的美好而嫉妒相害。

朝吾将济于白水兮，登阆风而绁马。忽反顾以流涕兮，哀高丘之无女。溘吾游此春宫兮，折琼枝以继佩。及荣华之未落兮，相下女之可诒。吾令丰隆乘云兮，求宓妃之所在。解佩纕以结言兮，吾令蹇修以为理。纷总总其离合兮，忽纬繣其难迁。夕归次于穷石兮，朝濯发乎洧盘。保厥美以骄傲兮，日康娱以淫游。虽信美而无礼兮，来违弃而改求。览相观于四极兮，周流乎天余乃下。望瑶台之偃蹇兮，见有娀之佚女。吾令鸩为媒兮，鸩告余以不好。雄鸠之鸣逝兮，余犹恶其佻巧。心犹豫而狐疑兮，欲自适而不可。凤皇既受诒兮，恐高辛之先我。欲远集而无所止兮，聊浮游以逍遥。及少康之未家兮，留有虞之二姚。理弱而媒拙兮，恐导言之不固。世溷浊而嫉贤兮，好蔽美而称恶。闺中既以邃远兮，哲王又不寤。怀朕情而不发兮，余焉能忍与此终古？

【译文】

清晨我将渡过昆仑山下的白水啊，在昆仑山上的阆风岭拴马停留。忽然回头举目四望我泪水滚滚流下，可叹楚国的高丘竟没有美女。忽然我游逛到春神的宫苑里啊，折下琼树枝插在幽兰做的佩带上。趁着这琼枝上的瑶花还未凋谢啊，我要去下界送给心爱的姑娘。我命令雷神丰隆驾起彩云啊，去寻找宓妃的住处。我解下佩带绑好求婚的书信啊，我请蹇修去给我做信差。宓妃情绪不定、若即若离啊，我就知道事情难成。晚上她回到穷石与后羿过夜啊，清晨她在洧盘河边洗头。宓妃仗着貌美而高傲无比啊，终日在外游荡贪图欢娱。虽貌美而不守礼节啊，我要放弃她到别处寻求。我仔细向四面八方眺望啊，周游了天宇我又从天而降。我看到那瑶台平地高耸啊，看到有娀氏的美女。我请鸩鸟去给我做媒啊，鸩鸟却说那个美女不好。那雄鸩能说会道又善于飞翔啊，我想托它又觉得它过于轻佻。我心中犹豫不定啊，想亲自出面又觉得不好。凤凰已经带着帝喾的聘礼走了，我又想高辛帝喾的聘礼恐怕已经比我先到。想要到远处又不知该去何处定居啊，只好暂且四处游荡逍遥。趁着夏少康还未成家啊，赶快留下这有虞国的两个美女吧。媒人软弱而又笨嘴拙舌，能说成的希望也十分渺茫。世上浑浊而又嫉妒贤良啊，总喜欢掩盖别人的美德而宣传别人的缺点。香闺中的美女既然难以接近啊，圣哲的君王又不肯清醒觉悟。满腔的忠贞之情无处倾诉啊，我怎能忍耐到永久。

索藑茅以筳篿兮，命灵氛为余占之。曰："两美其必合兮，孰信修而慕之？思九州之博大兮，岂惟是其有女？"曰："勉远逝而无狐疑兮，孰求美而释女？何所独无芳草兮，尔何怀乎故宇？世幽昧以眩曜兮，孰云察余之善恶？民好恶其不同兮，惟此党人其独异！户服艾以盈要兮，谓幽兰其不可佩。览察草木其犹未得兮，岂珵美之能当？苏粪壤以充帏兮，谓申椒其不芳。

【译文】

我找来灵草和细竹啊，请求灵氛为我把卦来卜。灵氛说："只要双方真正美好必能结合啊，看谁真正美好必然爱慕。想想天下有九州之大啊，怎会只有这里才有美女？"还说："劝你远走不要迟疑啊，怎会有追求美好的人把你放弃。天涯何处无芳草啊，你又何必苦守在故地？世道黑暗使人是非不分啊，又有谁能明白我的情感？人们的好恶本来就各不相同啊，只是这帮小人更加怪异。他们各个都把臭艾挂在腰间，却反过来说幽兰不可佩戴。对草木的好坏都分辨不清啊，又怎能评价美玉？用粪土填满囊袋啊，反而怪申椒没有香气。"

欲从灵氛之吉占兮，心犹豫而狐疑。巫咸将夕降兮，怀椒糈而要之。百神翳其备降兮，九疑缤其并迎。皇剡剡其扬灵兮，告余以吉故。曰："勉升降以上下兮，求榘矱之所同。汤禹严而求合兮，挚咎繇而能调。苟中情其好修兮，又何必用夫行媒？说操筑于傅岩兮，武丁用而不疑。吕望之鼓刀兮，遭周文而得举。宁咸之讴歌兮，齐桓闻以该辅。及年岁之未晏兮，时亦犹其未央。恐鹈鴂之先鸣兮，使夫百草为之不芳。"何琼佩之偃蹇兮，众薆然而蔽之。惟此党人之不谅兮，恐嫉妒而折之。时缤纷其变易兮，又何可以淹留？兰芷变而不芳兮，荃蕙化而为茅。何昔日之芳草兮，今直为此萧艾也？岂其有他故兮，莫好修之害也！余以兰为可恃兮，羌无实而容长。委厥美以从俗兮，苟得列乎众芳。椒专佞以慢慆兮，榝又欲充夫佩帏。既干进而务入兮，又何芳之能祗？固时俗之流从兮，又孰能无变化？览椒兰其若兹兮，又况揭车与江离？惟兹佩之可贵兮，委厥美而历兹。芳菲菲而难亏兮，芬至今犹未沫。和调度以自娱兮，聊浮游而求女。及余饰之方壮兮，周流观乎上下。

【译文】

本想听从灵氛的吉卦啊，我却还是犹豫不决、心事重重。听说巫咸将在今晚请神啊，我带上香椒和精米去迎接他。诸神遮天蔽日般悠然齐降啊，九嶷山上的众神纷纷相迎。他们灵光闪闪显扬着灵气，巫咸告诉了我一些好的古训。他说："应该努力上下求索啊，才能找到情投意合的人。成汤大禹诚心诚意地去找贤良啊，得到伊尹、皋陶与他们一起治国。只要内心真正美好善良，又何必用媒人介绍？傅说拿着木杵在傅岩垒墙，殷王武丁毫不迟疑地用他做宰相。姜太公吕望原是操刀杀牛的，他遇到周文王而被奉为军师。宁戚唱着歌喂牛啊，齐桓公闻歌动情起用他做大臣。趁着现在美好年华还在啊，施展才华的好时光还未终结。

只怕杜鹃叫得太早啊，令众草因此不再芳香。"为什么这么美好的琼佩，世俗之人要掩盖它的光芒？一想到这帮小人的不讲信义啊，我担心他们因嫉妒而把它毁坏。世事纷乱而变化无常啊，我又怎能在此地久留？春兰和白芷一旦失去芬芳啊，香荃和秋蕙也变成了丝茅。为什么昔日的这些芳草香花啊，如今却变成了荒蒿臭艾？难道还有其他的缘故啊，不喜爱美好的德操必然造成祸害。我以为兰花是最可靠的啊，谁知它华而不实徒有外表。兰花抛弃美好本质去随波逐流啊，它侥幸名列群芳却辱没了香花美草。花椒专横傲慢无礼啊，臭楸也妄想混进香草袋。既然这么热心钻营不择手段，又有谁能意志坚定保守节操？本来随波逐流是世态时俗，又有谁能够意志坚定不改变节操？看花椒和兰花都变成这样啊，那揭车和江离就更不必提了。只有我这琼佩还最为可贵啊，保持高洁却遭到如此不幸。芳香飘逸而难以消散啊，至今仍散发出芳馨。我心平气和自我宽慰啊，姑且漂游四方寻找我心中的淑女。趁着我的佩饰还很盛美啊，我要上天下地四处寻访。

灵氛既告余以吉占兮，历吉日乎吾将行。折琼枝以为羞兮，精琼爢以为粻。为余驾飞龙兮，杂瑶象以为车。何离心之可同兮？吾将远逝以自疏。邅吾道夫昆仑兮，路修远以周流。扬云霓之晻蔼兮，鸣玉鸾之啾啾。朝发轫于天津兮，夕余至乎西极。凤皇翼其承旂兮，高翱翔之翼翼。忽吾行此流沙兮，遵赤水而容与。麾蛟龙使梁津兮，诏西皇使涉予。路修远以多艰兮，腾众车使径待。路不周以左转兮，指西海以为期。屯余车其千乘兮，齐玉轪而并驰。驾八龙之婉婉兮，载云旗之委蛇。抑志而弭节兮，神高驰之邈邈。奏《九歌》而舞《韶》兮，聊假日以媮乐。陟升皇之赫戏兮，忽临睨夫旧乡。仆夫悲余马怀兮，蜷局顾而不行。

【译文】

灵氛既然已经告诉了我占得吉卦，我选个好日子准备出发。折下玉树枝叶做成珍肴啊，我舂好了玉屑作为干粮。用飞龙为我驾车啊，车上的装饰有美玉和象牙。离心离德的人怎么能合作啊，我要远离他们保持自我的高洁。把我的路线改向昆仑山方向啊，路途遥远我要四处看看。那飞扬的云彩遮住了阳光啊，那车上的铃铛还响个不停。清晨我从天河的渡口启程啊，傍晚我来到了西方的极地。凤凰展翅托着旌旗舞动啊，在高空有节奏地上下翱翔。忽然我又来到了流沙之地啊，沿着赤水逍遥彷徨。我指挥着蛟龙在河上架起桥梁啊，又命令西方之神将我渡到河的对岸。路途遥远而又多艰难啊，我传令众车在路旁等待。路过不周山就向左转啊，我要去那西海之地。我集合了成千辆车啊，排齐那镶玉的车轴并驾而行。驾车的八条龙曲身前行啊，车上的旌旗随风舒卷。我控制自己的情绪放慢速度，精神却仍在高昂地自由驰骋。奏着《九歌》，跳起《九韶》舞啊，我权且借这美好的时光自娱自乐。日出东方之上照得一片明亮啊，忽然我瞧见了故乡。车夫为我悲伤，马也留恋不行啊，我转身回顾难以再往前走。

乱曰：已矣哉！国无人莫我知兮，又何怀乎故都！既莫足与为美政兮，吾将从彭咸之所居！

【译文】

尾声：罢了吧！罢了吧！国人无人理解我啊，又何必苦苦地留恋故都？既然无人能够与我推行美政啊，我打算返回彭咸的居所。

【评解】

《离骚》是诗人屈原（约前342—约前278）的代表作，是我国古典文学中最长的抒情诗。大约作于楚怀王二十五年（前304年，此年，屈原被迫离开郢都宫廷去汉水宣城、襄樊一带）至顷襄王元年（前299年，此年，屈原被逼迁居南楚）这五年之中。

"离骚"二字有多重含义，据说有60多种。主要有以下三种含义：一作遭忧，遭遇忧患。班固《汉书·离骚赞序》曰："离，犹遭也；骚，忧也。明己遭忧作辞也。"二曰离忧、离愁，离别的忧愁。司马迁《史记·屈原贾生列传》引淮南王刘安《离骚传》曰："'离骚'者，犹'离忧'也。"王逸《楚辞章句》曰："离，别也；骚，愁也。"三为牢骚，发泄不平之意。游国恩《离骚纂义》认为《楚辞·大招》篇中的劳商为离骚的转音，一事而异名，是楚地古曲名；同时离骚还有牢骚不平的意思。

《离骚》全诗由两部分组成：第一部分，作者反复倾诉对楚国命运的关心，表达了他要求革新政治、与腐朽势力作斗争的强烈意志。第二部分，通过神游太空，表现了作者对理想的执着追求和理想破灭后的极端困惑。作者运用浪漫主义的写作手法，以美女香草的比喻，大量的神话传说和丰富的想象，使作品呈现出绚烂的文采和宏伟的结构，表达了屈原崇高的爱国主义思想感情，在我国文学史上产生了深远的影响。王逸《楚辞章句》曰："《离骚经》者，屈原之所作也。屈原与楚同姓，仕于怀王，为三闾大夫。三闾之职，掌王族三姓，曰昭、屈、景。屈原序其谱属，率其贤良，以厉国士。入则与王图议政事，决定嫌疑；出则监察群下，应对诸侯，谋行职修。王甚珍之。同列大夫上官、靳尚妒害其能，共谮毁之。王乃疏屈原。屈原执履忠贞，而被谗邪，忧心烦乱，不知所诉，乃作《离骚经》。离，别也；骚，愁也；经，径也。言己放逐离别，中心愁思，犹依道径，以风谏君也。故上述唐、虞、三后之制，下序桀、纣、羿、浇之败。冀君觉悟，反于正道而还己也。是时，秦昭王使张仪谲诈怀王，令绝齐交。又使诱楚，请与俱会武关。遂胁与俱归，拘留不遣。卒客死于秦。其子襄王复用谗言，迁屈原于江南，屈原放在草野，复作《九章》。援天引圣，以自证明。终不见省，不忍以清白久居浊世，遂赴汨渊，自沉而死。《离骚》之文，依《诗》取兴，引类譬谕。故善鸟香草以配忠贞；恶禽臭物以比谗佞；灵修美人以媲于君；宓妃佚女以譬贤臣；虬龙鸾凤以托君子；飘风云霓以为小人。其词温而雅，其义皎而朗。凡百君子，莫不慕其清高，嘉其文采，哀其不遇，而愍其志焉。"

《荀 子》

天 论（节选）

天行有常，不为尧存，不为桀亡。应之以治则吉，应之以乱则凶。强本而节用，则天不能贫；养备而动时，则天不能病；循道而不贰，则天不能祸。故水旱不能使之饥，寒暑不能使之疾，妖怪未至而凶。

受时与治世同，而殃祸与治世异，不可以怨天，其道然也。故明于天人之分，则可谓至人矣。

【译文】

自然界的运行变化是有固定规律的，它不是因为有尧这种好的帝王就存在，也不是因为有桀这种暴君就消亡。用正确的治理措施适应大自然的规律，办事就吉利；用错误的治理措施对待大自然的规律，办事则不利。加强农业生产并且节约开支，那么天不会使人贫穷；生活资料充足而又能适应天时变化进行生产活动，那么天也不会使人生病；遵循规律而又不出差错，那么天也不会使人遭到祸害。所以水旱灾害不使人受饥饿，寒暑变化不使人生病，自然界反常的现象不使人办事不力。农业生产荒废而又开支浪费，那么天就不会使人富裕；生活资料不足而又不勤于生产活动，那么天就不可能使人健康；违背事物规律而胡乱行动，那么天就不可能使人得到好结果。所以水旱灾害没有到来就发生饥荒，严寒酷暑没有迫近就发生疫病，自然界反常现象没出现就发生祸害。

遇到的天时和好的时代相同，可是遭到的灾祸却与好的时代大不相同，这不能埋怨天，事物的规律就是这样。所以说，只有明白自然界与人类各自有自己的职分，才可以称得上是一个高明人。

【评解】

荀卿，生卒年不详，是战国末期杰出的思想家，大约生活在齐宣王末期（前301）至秦始皇统一六国前后（前221）。司马迁《史记·孟轲荀卿列传》有其生平事迹简介。他的思想资料主要保存在《荀子》（又称《孙卿新书》）一书中。

荀子在《荀子·天论》中基于自然界（天）与人类是有本质区别的考虑，提出"天行有常"的生态伦理观，认为自然界的运行变化是有固定规律的，它不是因为有尧这种好的帝王就存在，也不是因为有桀这种暴君就消亡。只有明白自然界与人类各自有自己的职分，才可以称得上是一个高明的人。值得注意的是，这里荀子提出人类社会出现的饥荒、疾病、殃祸"不可以怨天"，是由于"应之以乱"，没有处理好人与自然的关系造成的。无疑，这里谈的天人关系明显包含人与自然之间的伦理关系，即生态伦理问题。荀子在这里用自己的生态伦理思想正确地解释了人类社会为什么出现饥荒等诸多问题，这是难能可贵的。

为什么说"天行有常"呢？荀子在《荀子·不苟》中作出了解释："天不言而人推高焉，地不言而人推厚焉，四时不言而百姓期焉。夫此有常，以至其诚者也。"原来"天行有常"是通过这些事情显示出来的：上天不说话，人们却认为它处于最高；大地不说话，人们却认为它宽广无边；春夏秋冬四时不说话，人们却都能感知节气的变化。这些"不言"的事里包含有它们自身的规律，即"有常"。荀子不仅指明"天行有常"的事实，而且认为天行之所以"有常"，在于"以至其诚者也"，即大自然之所以运行有规律就因为它达到了真诚。真诚不仅能使天地化生万物，还能使圣人教化万民。他说："天地为大矣，不诚则不能化万物，圣人为知矣，不诚则不能化万民。"（《荀子·不苟》）这样，通过诚把"天地"和"圣人"即天人合一关系凸显出来了。"诚"即真诚无妄，是一种道德规范。天地有诚，意即天地亦有伦理道德行为（当然，这种伦理道德行为是而且仅仅是通过天人关系展现出来的，它本身"不言"，只是人的评价而已），这样，实际上已涉及对天地万物（自然界）讲生态伦理的问题了。可惜荀子没有进一步展开明确提出天地伦理观，过了近半个世纪，西汉大儒董仲舒才正式提出"行有伦理副天地"的天地伦理观，这反映了儒家生态伦理思想的发展过程。

荀子认为，既然是由于天地达到了真诚无妄，才体现出"天行有常"，因而圣人、君子就应当从"天行有常"这种真诚无妄的行为中体会"天德"，去修心养性，提高道德水准，用"诚心行义"，把握好自然规律，为民造福。他说："君子养心莫善于诚，致诚则无它事矣。唯仁之为守，唯义之为行。诚心守仁则形，形则神，神则能化矣；诚心行义则理，理则明，明则能变矣。变化代兴，谓之天德……君子至德，嘿然而喻，未施而亲，不怒而威。夫此顺命，以慎其独者也。"(《荀子·不苟》)

荀子将"天行有常"中体现出来的"天德"——"诚"，看作君子养心行义、圣人化民治国的根本。他说："夫诚者，君子之所守也，而政事之本也。"(《荀子·不苟》)由此可见，原来荀子提出"天行有常"，是为把"诚"这一"天德"提供给君子修养身心，以便当作安邦治国的"政事之本"用的。而要体会出"天行有常"的"天德"，就必须首先明确天地存在着和人类一样的伦理行为，这正是荀子生态伦理意识的集中体现。

《礼　记》

大　学

　　大学之道，在明明德，在亲民，在止于至善。知止而后有定，定而后能静，静而后能安，安而后能虑，虑而后能得。物有本末，事有终始，知所先后，则近道矣。古之欲明明德于天下者，先治其国；欲治其国者，先齐其家；欲齐其家者，先修其身；欲修其身者，先正其心；欲正其心者，先诚其意；欲诚其意者，先致其知，致知在格物。物格而后知至，知至而后意诚，意诚而后心正，心正而后身修，身修而后家齐，家齐而后国治，国治而后天下平。自天子以至于庶人，壹是皆以修身为本。其本乱而末治者否矣，其所厚者薄，而其所薄者厚，未之有也！

【译文】

　　大学的根本原则，在于彰明人的美德，在于使人革旧布新，在于追求完美境界。知道追求的境界然后才能有志向，有了志向然后才能不浮躁，不浮躁然后才能心安定，心安定然后才能思虑周详，思虑周详然后才能有所领悟。事物都有根本和末节，事情都有开始和终结，知道轻重缓急，就离领悟到大学的上述根本原则很接近了。古代那些想要使美德彰明于天下的人，首先要治理好自己的国家；想要治理好自己国家的人，首先要整顿好自己家族；想要整顿好自己家族的人，首先要修养好自己的品德；想要修养好自己品德的人，首先要端正自己的内心；想要端正自己内心的人，首先要使自己的意念真实；想要使自己意念真实的人，首先要使自己的认识明确，使自己的认识明确的方法就是穷究事物中所包含的道理。事物的道理推究明白了，然后认识才能明确；认识明确了，然后意念才能真实；意念真实了，然后内心才能端正；内心端正了，然后品德才能提高；品德提高了，然后家族才能和谐；家族和谐了，然后国家才能稳定；国家稳定了，然后天下才能太平。上至天子下到普通百姓，一律都以修养品德作为根本。作为根本的东西如果被破坏了，而细枝末节的东西却还很有条理，这样的事情是从来没有过的，就如同被重视的东西却薄弱起来，被忽视的东西却充实起来一样，这种事情是从来都没有的！

【评解】

朱熹认为，这一章是《大学》的经文，"盖孔子之言，而曾子述之"。后面的十章为传文，"则曾子之意而门人记之也"。本章主要阐述了"大学之道"的主要内容，即"三纲领"和"八条目"。所谓的"三纲领",即"明明德""亲民""止于至善"。大学教育的这三条基本纲领,体现了儒家"德治""仁政"的政治路线和道德教育、道德修养的直接要求。所谓"八条目",即格物、致知、诚意、正心、修身、齐家、治国、平天下,它体现了儒家道德修养和道德实践的顺序。"八条目"中,"修身"处于中心地位,反映了儒家对个人修养的重视。

《康诰》曰:"克明德。"《大甲》曰:"顾諟①天之明命。"《帝典》曰:"克明峻德。"皆自明也。

【译文】

《康诰》说:"要能够彰明美德。"《太甲》说:"要经常念及上天赋予你的这些可以成为你的美德的东西。"《尧典》说:"要能够彰明你的高尚品德。"这些都是告诫人们要自觉地彰明美德。

【评解】

此章释"明明德"。此章以下三章(至"止于止善"),《礼记》原文在"没世不忘"之下,朱熹根据文意进行了调整。从本章的内容可以看出,《大学》与《孟子》一样,所持的也是性善论的人性论和天赋论的道德起源论,认为伦理道德都是天所赋予的,并且根植于人的内心之中,每个人都要自觉地使这种善良的道德本性得到发扬,从而使自己的行动符合现实生活中的道德规范。

---

① 諟:shì。

汤之《盘铭》曰："苟日新，日日新，又日新。"《康诰》曰："作新民。"《诗》曰："周虽旧邦，其命惟新。"是故君子无所不用其极。

【译文】

商汤刻在盥洗盘上用于自警的铭文说："如果能够使自己有一天更新，那就要做到每天都有更新，坚持不断地这样天天更新。"《康诰》说："振作那些百姓的精神，使他们革旧布新。"《诗经》说："岐周虽然是旧国，天命才换新气象。"所以说，君子无论做什么事情，都要使之达到最完善的境地。

【评解】

本章释"亲（新）民"。所谓"新民"，其实就是不断对百姓进行道德教化，使他们在社会伦理道德规范的浸染下不断革旧布新，以使每个人都能融入社会秩序之中，从而保持整个社会的和谐稳定。

《诗》云："邦畿千里，惟民所止。"《诗》云："缗蛮① 黄鸟，止于丘隅。"子曰："于止，知其所止，可以人而不如鸟乎？"《诗》云："穆穆文王，於② 缉熙敬止！"为人君，止于仁；为人臣，止于敬；为人子，止于孝；为人父，止于慈；与国人交，止于信。《诗》云："瞻彼淇澳，菉竹猗猗。有斐君子，如切如磋，如琢如磨。瑟兮僩兮，赫兮喧兮。有斐君子，终不可喧

---

① 缗蛮：mín mán。
② 於：wū。

兮！""如切如磋"者，道学也；"如琢如磨"者，自修也；"瑟兮僴兮"者，恂栗也；"赫兮喧兮"者，威仪也；"有斐君子，终不可喧兮"者，道盛德至善，民之不能忘也。《诗》云："於戏！前王不忘。"君子贤其贤而亲其亲，小人乐其乐而利其利，此以没世不忘也。

【译文】

《诗经·商颂·玄鸟》说："京城方圆千里，是为百姓安居地。"《诗经·小雅·绵蛮》又说："缗蛮啼叫小黄雀，栖于山丘偏僻处。"孔子说："停止的地方很重要啊！黄雀尚且知道该停止在什么地方，作为人难道还不如鸟吗？"《诗经·大雅·文王》说："言行庄重周文王，风采光明人敬仰。"作为君主，要以仁作为自己的目标；作为臣属，要以敬作为自己的目标；作为儿女，要以孝作为自己的目标；作为父母亲，要以慈作为自己的目标；与人交往，要以信作为自己的目标。《诗经·卫风·淇奥》说："看那淇水弯曲处，青青菉竹茂且美。文雅君子好品质，切磋琢磨成盛德。外表庄严又威武，气度磊落又大方。如此文雅真君子，让人永远不能忘。""切磋"，说的是学习讨论；"琢磨"，指的是自我修养；"庄严又威武"，指严肃谨慎的态度；"磊落又大方"，指让人敬仰的气度；"如此文雅真君子，让人永远不能忘"，说的是具有了高尚的品德，达到了至善的境界，让人民印象深刻，无法忘怀。《诗经·周颂·烈文》说："啊！前代圣王人们始终不忘。"后世的高贵君子推崇前代圣王的德行，亲近前代圣王认为可亲的人；平民百姓安享前代圣王创造的安乐，享受前代圣王留下的利益，所以虽然前代圣王去世了，人民永远不会忘记他。

【评解】

此章释"止于至善"。此章内自引《诗经·卫风·淇奥》诗以下，《礼记》原本在"诚意"章之后，朱熹根据文意调整到此处。本章要求人们要不断进行修养，以逐渐接近至善的道德境界。所谓"至善"，如果加以具体化，其实就是现实中处理各种人际关系的道德规范和道德准则，如仁、敬、孝、慈、信等。它要求人们各守本分，认真履行自己的职责，只有这样，才能维持社会秩序的和谐与稳定。

子曰："听讼，吾犹人也，必也使无讼乎！"无情者不得尽其辞，大畏民志，此谓知本。

【译文】

孔子说："处理纠纷，我和其他人没有不同，我努力做到的是使纠纷不发生。"要使那些编造事实的人无法把他们的虚假言辞说出来，要使自己的德行让百姓从心里敬畏，这就叫作掌握了根本。

【评解】

此章释"本末"，《礼记》原文在"止于止善"之后。本章通过孔子的论述，阐明了儒家"德治"的原则，就是要使百姓自觉遵守社会道德规范，维护社会秩序，尽量避免对百姓动用刑罚。这样做无论是对国家来说，还是对广大百姓来说，都是有利的。

此谓知本，此谓知之至也。

【译文】

这就叫作掌握了根本，这就叫作认识到达极致。

【评解】

此章《礼记》原文通下章，在第一章经文之后。朱熹认为："此句之上别有阙文，此特其结语耳"，本章"盖释格物、致知之义，而今亡矣"，并"窃取程子之意以补之"，曰："所谓致知在格物者，言欲致吾之知，在即物而穷其理也。盖人心之灵莫不有知，而天下之物莫不有理，惟于理有未穷，故其知有不尽也。是以大学始教，必使学者即凡天下之物，莫不因其已知之理而益穷之，以求至乎其极。至于用力之久，而一旦豁然贯通焉，则众物之表里精粗无不到，而吾心之全体大用无不明矣。此谓物格，此谓知之至也。"意思是说，之所以说获得明确的认识在于推究外在的事物，是因为想要使自己获得正确的认识，就要接近事物，通过观察思考其中所包含的理。人心是灵巧的，都具有认识事物的能力，而天下所有的事物都包含着理，只是由于我们对于理还没有完全探求清楚，认识才有不完全之处。所以开始大学教育的时候，一定要使学习的人接触世界上的各种事物，凭借自己已有的认识进一步穷究事物中的理，以求获得最完整的认识。这样进行长久的努力，终有一天会豁然贯通，到那个时候，一切事物的内容和形式、完美和粗鄙，就没有什么体察不到的，而事物的总体和运用，在我们心里全都会洞察清楚。这就是所谓的推究外在的事物，这就是所谓的认识达到了顶点。

所谓诚其意者，毋自欺也，如恶恶①臭，如好好色，此之谓自谦，故君子必慎其独也！小人闲居为不善，无所不至，见君子而后厌然，掩其不善，而著其善。人之视己，如见其肺肝然，则何益矣！此谓诚于中，形于外，故君子必慎其独也。曾子曰："十目所视，十手所指，其严乎！"富润屋，德润身，心广体胖②，故君子必诚其意。

【译文】

所谓使意念真实，就是不要自我欺骗，就像讨厌难闻的气味，喜欢美好的容颜一样，这就是所谓的使自我满足，所以君子一定要在独处时谨慎不苟！小人在独处的时候就会做违背道德的事情，什么事都做得出来，他们见到了有道德的君子之后，就会躲躲藏藏，把违反道德的行为隐藏起来，故意显示出自己有道德。人们看到他们，就像看透了他们的五脏六腑一样，这种做法又有什么用处呢？也就是说，内心中有真实的想法，就会在外表中显露出来，所以君子一定要在独处时谨慎不苟。曾子说："许

---

① 恶恶：第一个"恶"，wù，指厌恶。第二个"恶"，è，指恶劣的。
② 胖：pán。

多双眼睛看着你，许多只手指着你，这是多么严肃的事啊！"财富能够充实房屋，品德能够充实身心，心中坦然，身体舒泰，所以君子一定要使自己的意念真实。

【评解】

此章释"诚意"。朱熹说："经曰：'欲诚其意，先致其知。'又曰：'知至而后意诚。'盖心体之明有所未尽，则其所发必有不能实用其力，而苟焉以自欺者。然或已明而不谨乎此，则其所明又非己有，而无以为进德之基。故此章之指，必承上章而通考之，然后有以见其用力之始终，其序不可乱而功不可阙如此云。"本章主要阐述了"诚意"，并提出了"慎独"的方法，强调在个人独处的时候不要自欺，要如同在大庭广众之下一样，谨慎自己的言语和行为。

所谓修身在正其心者，身有所忿懥①，则不得其正；有所恐惧，则不得其正；有所好乐，则不得其正；有所忧患，则不得其正。心不在焉，视而不见，听而不闻，食而不知其味。此谓修身在正其心。

【译文】

之所以说修养品德在于端正内心，是因为内心中有愤怒，就不能使其端正；内心中有恐惧，就不能使其端正；内心中有喜好，就不能使其端正，内心中有忧患，就不能使其端正。如果心

---

① 懥：zhì。

思不能处于端正的位置，那么，目光所及的东西却看不见，进入耳中的声音却听不到，吃进嘴里的东西却不知道它的味道。这就是为什么说修养品德在于端正身心。

【评解】

此章释"正心修身"。朱熹说："此亦承上章以起下章。盖意诚则真无恶而实有善矣，所以能存是心以检其身。然或但知诚意，而不能密察此心之存否，则又无以直内而修身也。"如果要修养好道德，就不要为外物所束缚，抛开个人的得失，这样的话，就不会有好乐、忧患、愤怒、恐惧等情感滞留在心中，从而使内心端正。只有排除各种杂念，内心端正，用心专一，才能使自身的道德修养达到良好的效果。

所谓齐其家在修其身者，人之其所亲爱而辟焉，之其所贱恶而辟焉，之其所畏敬而辟焉，之其所哀矜而辟焉，之其所敖惰而辟焉。故好而知其恶，恶而知其美者，天下鲜矣！故谚有之曰："人莫知其子之恶，莫知其苗之硕。"此谓身不修不可以齐其家。

【译文】

之所以说整顿家族在于修养品德，是因为一般人对于自己所亲近、爱戴的人会有所偏，对于自己所鄙视、厌恶的人会有所偏，对于自己所畏惧、尊敬的人会有所偏，对于自己所同情、怜悯的人会有所偏，对于自己所傲慢、怠惰的人会有所偏。所以喜欢某个对象却知道其缺点，厌恶某个对象却知道其优点的人，天下少有啊！所以俗语说："没有人知道自己的孩子不会，没有人知道自己的庄稼壮硕。"这就是为什么说品德不提高就不能治理好家族。

【评解】

此章释"修身齐家"。儒家一向强调道德修养，强调自身端正然后才能使别人的行为端正。本章认为，由于存在着不同的感情，人们在对待不同的对象时难免产生偏见，"爱之欲其生，恶之欲其死"。既然有偏见的存在，就不会公正、仁爱地对待每个人，必然会影响到家庭的稳定和团结。因此，这就要求人们必须通过加强孝悌等德行的修养，克服情感中的偏见，以实现家庭的和谐。

所谓治国必先齐其家者，其家不可教而能教人者，无之。故君子不出家而成教于国：孝者，所以事君也；弟者，所以事长也；慈者，所以使众也。《康诰》曰："如保赤子"，心诚求之，虽不中不远矣。未有学养子而后嫁者也！一家仁，一国兴仁；一家让，一国兴让；一人贪戾，一国作乱。其机如此。此谓一言偾[①]事，一人定国。尧、舜率天下以仁，而民从之；桀、纣率天下以暴，而民从之。其所令反其所好，而民不从。是故君子有诸己而后求诸人，无诸己而后非诸人。所藏乎身不恕，而能喻诸人者，未之有也。故治国在齐其家。《诗》云："桃之夭夭，其叶蓁蓁；之子

---

① 偾：fèn。

于归，宜其家人。"宜其家人，而后可以教国人。《诗》云："宜兄宜弟。"宜兄宜弟，而后可以教国人。《诗》云："其仪不忒，正是四国。"其为父子兄弟足法，而后民法之也。此谓治国在齐其家。

【译文】

之所以说治理国家一定要先整顿好家族，是因为自己的家人都不能教育好而教育好他人，根本没有这样的事情。所以君子不用走出家门，就能够成功地显现出治理好一个国家的成效：孝，是用来事奉君主的原则；悌，是用来事奉上级的原则；慈，是用来驱使百姓的原则。《康诰》说："对待百姓要像保护婴儿一样。"如果真心实意地这样去做，即使不能完全达到这样的标准，差距也不会很大。从来没有过先学会养育孩子然后才出嫁的！君主一家重视仁爱，全国都会追求仁爱；一家重视礼让，全国都会追求礼让；一人贪图货财，全国都会犯上作乱。国家的治乱关键就在这里。这就是所谓的一句话可以败坏大事，一个人可以安定国家。尧、舜用仁义的原则引导天下人民，百姓就随着他们追求仁义；桀、纣用暴虐的原则引导天下人民，百姓就随着他们追求暴虐。如果自己的命令与自己的喜好正好相反，百姓就不会听从他的命令。所以君子首先修养好自己的道德，然后才能要求别人也这样做；首先去除自己的恶习，然后才能去指责别人。如果自己心里都不是合乎恕道的思想，却让别人明白正道，这样的事情就从来没有过。所以说治理国家在于整顿家族。《诗经·周南·桃夭》中说："艳丽桃花满树，青青桃叶繁盛；姑娘今日出嫁，全家和睦友善。"全家和睦友善，然后才能教育全国的百姓。《诗经·小雅·蓼萧》中说："兄弟和睦相处。"兄弟和睦相处，然后才能教育全国的百姓。《诗经·曹风·鸤鸠》中说："自己仪节无差错，才可以此正四方。"自己作为父亲、儿女、兄长、弟弟足以让他人效法，然后百姓才能效法他。这就是为什么说治理国家在于整顿家族。

【评解】

此章释"齐家治国"。中国古代是家国一体的社会结构，表现在伦理道德上，就是将协调家庭关系的孝悌、仁慈等观念同样推广到君臣、上下等政治关系的处理之中。正如《孝经》所说："夫孝，德之本也，教之所由生也。""夫孝，始于事亲，中于事君，终于立身。"本章旨在阐明道理，国家中的道德规范与家族中的是一致的，根据推己及人、能近取譬的原则，如果想治理好国家，就必须从努力使家族和家庭和谐开始。

所谓平天下在治其国者，上老老而民兴孝，上长长而民兴弟，上恤孤而民不倍，是以君子有絜①矩之道也。所恶于上，毋以使下；所恶于下，毋以事上；所恶于前，毋以先后；所恶于后，毋以从前；所恶于右，毋以交于左；所恶于左，毋以交于右。此之谓絜矩之道。《诗》云："乐只君子，民之父母。"民之所好好之，民之所恶恶之，此之谓民之父母。《诗》云："节彼南山，

---

① 絜：xié。

维石岩岩。赫赫师尹,民具尔瞻。"有国者不可以不慎,辟则为天下僇矣。《诗》云:"殷之未丧师,克配上帝。仪监于殷,峻命不易。"道得众则得国,失众则失国。是故君子先慎乎德。有德此有人,有人此有土,有土此有财,有财此有用。德者本也,财者末也。外本内末,争民施夺。是故财聚则民散,财散则民聚。是故言悖而出者,亦悖而入;货悖而入者,亦悖而出。《康诰》曰:"惟命不于常!"道善则得之,不善则失之矣。《楚书》曰:"楚国无以为宝,惟善以为宝。"舅犯曰:"亡人无以为宝,仁亲以为宝。"《秦誓》曰:"若有一介臣,断断兮无他技,其心休休焉,其如有容焉。人之有技,若己有之;人之彦圣,其心好之,不啻若自其口出。寔能容之,以能保我子孙黎民,尚亦有利哉!人之有技,媢嫉以恶之;人之彦圣,而违之俾不通。寔不能容,以不能保我子孙黎民,亦曰殆哉!"唯仁人放流之,迸诸四夷,不与同中国。此谓唯仁人为能爱人,能恶人。见贤而不能举,举而不能先,命也;见不善而不能退,退而不能远,过也。好人之所恶,恶人之所好,是谓拂人之性,灾必逮夫身。是故君子有大道,必忠信以得之,骄泰以失之。生财有大道。生之者众,食之者寡,为之者疾,用之者舒,则财恒足矣。仁者以财发身,不仁者以身发财。未有上好仁而下不好义者也,未有好义其事不终者也,未有府库财非其财者也。孟献子曰:"畜马乘,不察于鸡豚;伐冰之家,不畜牛羊;百乘之家,不畜聚敛之臣。与其有聚敛之臣,宁有盗臣。"此谓国不以利为利,以义为利也。长国家而务财用者,必自小人矣。彼为善之,小人之使为国家,灾害并至。

虽有善者，亦无如之何矣！此谓国不以利为利，以义为利也。

【译文】

之所以说安定天下在于治理国家，是因为君主能够尊重老人，百姓中就会兴起孝道；君主能够敬重长者，百姓中就会兴起悌道；君主能够救济孤弱，百姓也会照着去做，所以君子的一言一行都要在道德上具有示范作用。觉得上级的行为令人厌恶，就不要将这种行为施于下级；感觉下级的行为令人厌恶，就不要把这种行为施于上级；感觉前人的行为令人厌恶，就不要把这种行为施于后人；感觉后来的人的行为令人厌恶，就不要将这种行为施于前面的人；感觉右面的人的行为令人厌恶，就不要将这种行为施于左边的人；感觉左边的人的行为令人厌恶，就不要将这种行为施于右边的人。这就叫作君子的一言一行都具有道德上的示范作用。《诗经·小雅·南山有台》说："快乐的君子，民众之父母。"百姓所喜欢的事物他也喜欢，百姓所厌恶的事物他也厌恶，这就叫作民众之父母。《诗经·小雅·节南山》说："雄伟高峻终南山，岩石层层多巍峨；威仪显赫尹太师，民众全都注视您。"掌握国家政权的人不能不谨慎，如果偏离了正道，就会被天下人所不容。《诗经·大雅·文王》说："殷商未失民心时，能与上帝心相通。应以殷商为镜鉴，永守天命不容易。"这就是说，得到了民众的认同，就能够得到国家；失去了民众的认同，就会失去国家。所以君子一定要首先谨慎地保守德行。有了美德才能拥有民众，拥有了民众才能拥有土地，拥有了土地才能拥有财富，拥有了财富才能满足日常的使用。道德是根本，财富是末节，如果本末倒置，疏远根本亲近末节，就会与民争利，掠夺百姓。所以，财富集中了，百姓也就离散了；财富分散了，百姓也就聚集起来了。所以，国家政权的掌握者违背正道发号施令，百姓就不会用正道对待他；违背正道搜刮来的财富，也不会通过正道支出去。《康诰》说："天命是不会永恒不变的！"这就是说，如果品质善就能够得到天命所授予的土地和人民，而一旦不善就会失去。楚国的史书说："楚国没有什么可以称为宝物的东西，只有善可以作为宝物。"舅犯说："流亡的人没有什么可以作为珍宝，只有把仁爱亲人作为珍宝。"《尚书·秦誓》说："如果有一个臣子，只有真诚正直而没有其他技能，他的心胸开阔，能够容纳他人。别人如果有长处，就像自己有长处一样；别人如果有美德，他会从心里喜欢，不仅仅是嘴上说喜欢。这种人确实值得加以任用，因为这个人一定能够保护我的子孙和百姓，而且还一定会带来好处！别人如果有长处，他就因嫉妒而厌恶；别人如果有美德，他就会压制打击，不让其他人知道。这种人千万不能任用，因为他不能保护我的子孙和百姓，也可以说因为他会带来危险。"只有有仁德的人能够把这种人流放、驱逐，让他永远待在边远的地方，不让他与仁德的人一起居住在文明的中原地区。这就是说，只有有仁德的人既能够亲爱好人，又能够厌恶坏人。见到了贤能的人而不能够任用，任用了而不能够亲近，这就是怠慢贤人；见到了不好的人而不能够清退，清退了而不能够疏远，这就是错误的做法。喜欢别人所厌恶的事物，讨厌别人所喜欢的事物，这就叫作违逆人的本性，一定会有灾难降临到他头上。所以君子有大原则，一定要靠忠信才能得到天下，骄横傲慢就会失去天下。创造财富也有大原则。创造的人多，消费的人少，生产的人积极，使用的人缓慢，那么财富就会永远充足。仁德的人消耗财富以充实自身，不仁的人消耗自身以扩充财富。从来没有君主喜欢仁德而臣民不喜欢道义的道理，从来没有喜欢道义而他的事业没有好结果的道理，也从来没有国家的仓库中堆满了财物而这些财物不属于国君的道理。孟献子说："一旦成为大夫，就不应再去留意养鸡、喂猪之类的事情；卿大夫以上的人家，就不应再畜养牛羊等牲畜；拥有百辆兵车的大臣之家，就不应该再收留那些专门聚敛财富的家臣。与其收留聚敛财富的家臣，还不如收留盗窃府库的家臣。"这就是说，国家不应该把物质利益当作有益的东西，而是把道义作为有益的东西。掌握国家政权而一心用在增加财富上的君主，一定是听从了小人的建议。他以为这样做是好事，但如果任用小人治理国家，灾难和损失就会一起到来。即使还有善人辅助，也没有什么好办法挽救了！这就是为什么说国家不把物质利益当作有益的东西，而是把道义作为有用的东西。

【评解】

此章释"治国平天下"。朱熹说："此章之义，务在与民同好恶而不专其利，皆推广絜矩之意也。能如是，则亲贤乐利各得其所，而天下平矣。"本章着重阐释了治国平天下的基本方法，具体内容主要包括以下三个方面：一是絜矩之道。这是儒家德治思想的重要内容,要求统治者以身作则,身先示范,努力加强自身的道德修养,以带动整个社会道德水平的提高,最终达到稳定统治秩序的目的。二是德本财末。这是儒家重义轻利原则在政治生活中的具体体现,告诫统治者不要本末倒置,否则难免产生与民争利、掠夺人民等现象,最终导致人心离散,国家衰败。三是任用贤人。要求统治者要以忠实、宽厚等作为选拔和任用人才的标准,尽量避免嫉贤妒能、心胸狭窄、唯利是图的小人占据重要的位置,以防他们过分追逐利益、压制打击贤才,从而导致国家动乱。

中　庸

天命之谓性，率性之谓道，修道之谓教。道也者，不可须臾离也，可离非道也。是故君子戒慎乎其所不睹，恐惧乎其所不闻。莫见乎隐，莫显乎微。故君子慎其独也。喜怒哀乐之未发，谓之中；发而皆中节，谓之和；中也者，天下之大本也；和也者，天下之达道也。致中和，天地位焉，万物育焉。

【译文】

上天所给予人的禀赋叫作"性"，遵循各自的天性叫作"道"，对出于天性的道加以修明推广叫作"教"。"道"是不能够片刻离开的，可以离开就不是"道"了。所以君子在别人看不到的时候也非常警惕谨慎，在别人听不到的时候也非常畏惧警醒。没有什么比隐秘的东西更容易显现出来，没有什么比细微的东西更容易凸显出来。所以君子一定要在独处时谨慎不苟。喜、怒、哀、乐等感情还没有表露出来的时候，称为"中"；表露出来能够合乎法度，称为"和"；"中"是天下万物的基础；"和"是天下公认的准则。达到最完善的中和境界，天地就会处于正位，万物就会生生不息。

【评解】

朱熹曰："子思述所传之意以立言：首明道之本原出于天而不可易，其实体备于己而不可离，次言存养省察之要，终言圣神功化之极。盖欲学者于此反求诸身而自得之，以去夫外诱之私，而充其本然之善。"本章是《中庸》的首章和总纲，提出了中和、慎独等观念，并对儒家的天命论、人性论、道德教化、道德修养、君子人格等思想都有所涉及。

仲尼曰："君子中庸，小人反中庸。君子之中庸也，君子而时中；小人之中庸也，小人而无忌惮也。"

【译文】

孔子说："君子做事符合中庸之道，小人做事违背中庸之道。君子之所以符合中庸之道，是因为君子行事合乎时宜，无过无不及；小人之所以违背中庸之道，是因为小人做事无所顾忌，肆意妄行。"

【评解】

本章通过引述孔子的论述，说明中庸之道是区分君子和小人的重要标准，并提出中庸的根本原则，即"时中"。

子曰："中庸其至矣乎！民鲜能久矣！"

【译文】

孔子说："中庸大概是最高的准则了吧！人们已经很少能做得到了！"

【评解】

中庸是道德修养的一种极高的境界，没有正确的方法和艰苦的努力，是不可能达到的。

子曰:"道之不行也,我知之矣:知者过之,愚者不及也。道之不明也,我知之矣:贤者过之,不肖者不及也。人莫不饮食也,鲜能知味也。"

【译文】

孔子说:"中庸之道无法得到推行,我知道原因了:聪明的人做的超过了它,愚笨的人做不到它。中庸之道得不到彰明,我知道原因了:贤能的人做的超过了它,不贤能的人做不到它。人没有不吃不喝的,但很少有人能够辨别出滋味。"

【评解】

中庸的标准就是"无过无不及",而人们在现实生活中,却很难把握住度,经常会走向极端。无论走向哪个极端,都是对中庸之道的背离。

子曰:"道其不行矣夫。"

【译文】

孔子说:"中庸之道大概是无法推行了吧。"

【评解】

孔子生活的时代,天下混乱,各诸侯国都在进行着相互争夺,儒家之道很难得到推行。《论语》也记载有孔子"道不行,乘桴浮于海"的感慨,可见他对当时社会风气的失望之情。

子曰："舜其大知也与！舜好问而好察迩言，隐恶而扬善，执其两端，用其中于民，其斯以为舜乎！"

【译文】

孔子说："舜大概可以算得上非常有智慧的人了吧！舜喜欢向人请教并且喜欢体察比较浅近的言论，对于恶言恶行就隐藏起来，对于善言善行则加以宣扬，他把握住事物的两个极端，用中庸之道同人们交往，这就是舜为舜的原因吧！"

【评解】

舜被儒家视为道德高尚的圣人，本章认为，舜之所以具有大德行和大智慧，正是在于他能够恪守中庸之道，从而说明了中庸对于人的德行和素质的重要性。

子曰："人皆曰予知，驱而纳诸罟擭陷阱之中，而莫之知辟也。人皆曰予知，择乎中庸，而不能期月守也。"

【译文】

孔子说："人们都说自己很聪明，但是当把他们驱赶进罗网和圈套中去的时候，他们都不知道如何去躲避。人们都说自己很聪明，但是当他们选择了中庸之道之后，却不能坚持哪怕只有一个月的时间。"

【评解】

孔子批评了不能坚持中庸之道的人，认为这是不明智的表现，同时也说明了中庸之道的难能可贵。

子曰:"回之为人也,择乎中庸,得一善,则拳拳服膺而弗失之矣。"

【译文】

孔子说:"颜回的做人方式是,他能够选择中庸之道,一旦领悟了一种善行,就牢牢地铭记心中,衷心信服而不会遗忘。"

【评解】

在孔子的弟子中,颜回以德行著称,孔子曾经多次对其进行称赞。本章中,孔子通过对颜回坚守中庸之道的赞美,希望人们都恪守这一准则。

子曰:"天下国家可均也,爵禄可辞也,白刃可蹈也,中庸不可能也。"

【译文】

孔子说:"可以把天下和国家治理得井井有条,可以放弃丰厚的爵位和俸禄,可以踏上锋利的刀尖,而中庸之道不一定做得到。"

【评解】

《中庸》数次强调践行中庸之道的困难,目的就是要人们充分重视,努力提高这方面的修养。

子路问强。子曰："南方之强与？北方之强与？抑而强与？宽柔以教，不报无道，南方之强也，君子居之。衽金革，死而不厌，北方之强也，而强者居之。故君子和而不流，强哉矫！中立而不倚，强哉矫！国有道，不变塞焉，强哉矫！国无道，至死不变，强哉矫！"

【译文】

子路请教什么是"强"。孔子说："你问的是南方人的强呢？北方人的强呢？还是你自己的强呢？用宽厚柔顺来教育人，对那些粗暴无礼的人也不会加以报复，这是南方人的强，君子应当具有这种强。把刀剑甲胄作为卧席，即使战死也不后悔，这是北方人的强，强悍的人具有这种强。所以君子平易谦和却从不迁就别人，真强啊！能够坚守中道而不偏不倚，真强啊！国家政治清明的时候，不改变自己没有显达时的操守，真强啊！国家政治昏暗的时候，至死也不改变自己的气节和志向，真强啊！"

【评解】

孔子通过对"强"的分析，认为只有和中庸之道结合起来，这样的"强"才是更值得提倡和推崇的。

子曰："素隐行怪，后世有述焉，吾弗为之矣。君子遵道而行，半途而废，吾弗能已矣。君子依乎中庸，遁世不见知而不悔，唯圣者能之。"

【译文】

孔子说:"探求隐僻的道理,好做怪诞的行为,这样做即使能够获得后代人的称述,我也不会去做。君子依据正道行事,如果让我半途而废,我是无法停下来的。君子如果遵守中庸之道,即使隐居避世不为别人所知,也绝对不会后悔,只有聪明睿智、德行高尚的圣人才能够这样做。"

【评解】

君子以探求和遵守中庸之道为最高的追求,本章通过孔子的论述,激励人们潜心恪守中庸之道,不要半途而废。

君子之道费而隐,夫妇之愚可以与知焉,及其至也,虽圣人亦有所不知焉;夫妇之不肖,可以能行焉,及其至也,虽圣人亦有所不能焉。天地之大也,人犹有所憾,故君子语大,天下莫能载焉;语小,天下莫能破焉。《诗》云:"鸢飞戾天,鱼跃于渊。"言其上下察也。君子之道,造端乎夫妇,及其至也,察乎天地。

【译文】

君子所持守的道在作用上广泛又显著,而在内容上具体又精微。普通百姓虽然愚笨,也可以了解其中的一些道理,可是当它达到最高的境界时,即使是圣人也会有不明白的地方;普通百姓虽然不贤明,也可以做到其中的一些要求,可是当它达到最高的境界时,即使是圣人也会有做不到的地方。像天地如此广大,人们尚且有不满意之处,所以君子说到道的大处,天下都没有地方承载得了它；说到它的小处，天下没有人能够解析得了它。《诗经·大雅·旱麓》说："苍鹰翱翔天空，鱼儿跃入深潭。"说的就是君子所持守的道能够洞察上上下下的一切事物。君子所持守的道，从普通百姓可以理解、可以做到的地方开始，直到它达到最高的境界时，就可以洞察天地了。

【评解】

朱熹曰：本章为"子思之言，盖以申明首章道不可离之意也。其下八章，杂引孔子之言以明之"。这一章说明了道对于人们日常生活的重要意义，道虽然崇高，但是并不神秘，只要努力探求和修养，每个人都会有所收获。

子曰："道不远人。人之为道而远人，不可以为道。《诗》云：'伐柯伐柯，其则不远。'执柯以伐柯，睨而视之，犹以为远。故君子以人治人，改而止。忠恕违道不远，施诸己而不愿，亦勿施于人。君子之道四，丘未能一焉：所求乎子以事父，未能也；所求乎臣以事君，未能也；所求乎弟以事兄，未能也；所求乎朋友先施之，未能也。庸德之行，庸言之谨，有所不足，不敢不勉，有余不敢尽；言顾行，行顾言，君子胡不慥慥尔！"

【译文】

孔子说："道并不是远离人的。人们追求道的时候却远离了人自身，这样就不能够追求到道了。《诗经·豳风·伐柯》说：'砍斧柄啊砍斧柄，样式不必远处求。'手中握着斧柄砍木头做斧柄，斜着眼睛草草地看一眼，还觉得两者差别很大。所以君子按照做人的道理来治理人，只要使他们改正错误走上正道就可以了。忠诚、宽恕离君子所执守的道不远，凡是不愿意被加于自己身上的事情，也不要加于别人身上。君子之道有四个方面，我一条都没能做到：用对儿子的要求来事奉父亲，我没能做到；用对臣子的要求事奉君主，我没能做到；用对弟弟的要求事奉兄长，我没能做到；对朋友的要求自己先达到，我没能做到。一般的道德规范要踏实奉行，平常的言语要谨慎对待，如果有做得不够的地方，不敢不努力做到，如果已经做得从容有余，也不敢不继续努力；言语要顾及行动，行动也要考虑到言语，君子怎么能够不忠厚诚实、言行一致呢？"

【评解】

朱熹曰："道不远人者，夫妇所能，丘未能一者，圣人所不能，皆费也。而其所以然者，则至隐存焉。"本章旨在告诉人们，践行道对于每个人来说都是可能的，但也不是轻易就做得到的，需要人们不懈地追求和努力。

君子素其位而行，不愿乎其外。素富贵，行乎富贵；素贫贱，行乎贫贱；素夷狄，行乎夷狄；素患难，行乎患难。君子无入而不自得焉。在上位不陵下，在下位不援上，正己而不求于人，则无怨。上不怨天，下不尤人。故君子居易以俟命，小人行险以徼幸。子曰："射有似乎君子，失诸正鹄，反求诸其身。"

【译文】

君子安于当前的地位做出合适的行动，不羡慕自身以外的事情。当前处于富贵的地位，就按照身处富贵时的要求行动；当前处于贫贱的地位，就按照身处贫贱时的要求行动；当前处于夷狄之中，就按照身处夷狄的要求行动；当前处于患难之中，就按照身处患难的要求行动。作为君子，没有一种境地可以使他不能够安然自得。身处尊贵的地位时不会欺压下面的人，身处卑贱的地位时不会巴结上面的人，只求端正自身，不去企求他人，这样就不会招来怨恨。上不埋怨天，下不怪罪人。所以君子居于平易之地，以等待天命的降临；小人行于危险之途，以企求意外的收获。孔子说："射箭有些类似于君子做事，如果没有正中目标，就回过头来检查一下有什么自身的原因。"

【评解】

本章阐述了"君子时中"的道理，要求人们必须安于本分，根据自己的地位决定行动的原则。这是中国古代宗法等级制度在儒家伦理思想中的典型体现。

君子之道，辟如行远必自迩，辟如登高必自卑。《诗》曰："妻子好合，如鼓瑟琴；兄弟既翕，和乐且湛。宜尔室家，乐尔妻帑。"子曰："父母其顺矣乎！"

【译文】

君子之道，就像走远路一样，一定要从近处开始；又像登高山一样，一定要从低处开始。《诗经·小雅·常棣》说："妻子儿女感情好，如同琴瑟声和谐；兄弟之间心意合，相处融洽又愉悦。全家上下好和睦，妻子儿女快乐。"孔子说："这样父母大概可以顺心如意了吧。"

【评解】

本章反映了儒家道德修养中"能近取譬"的原则，人们在道德修养中最根本的途径就是设身处地，推己及人。

子曰："鬼神之为德，其盛矣乎！视之而弗见，听之而弗闻，体物而不可遗。使天下之人齐①明盛服，以承祭祀，洋洋乎如在其上，如在其左右。《诗》曰：'神之格思，不可度思！矧②可射③思！'夫微之显，诚之不可掩如此夫。"

【译文】

孔子说："鬼神所显现出的德行，是多么充盈盛大啊！看却看不见，听却听不到，它内在万事万物之中，是无所不在的。它使天下的人静心洁身、严肃端庄，对它进行祭祀，它充盈盛大的样子，好像在上面，又好像在左右。《诗经·大雅·抑》说：'神灵到来啊，无法揣测啊！哪可厌怠啊！'这就是隐微中的明显，真实无妄无法被遮掩，也像这个样子。"

---

① 齐：zhāi。
② 矧：shěn。
③ 射：yì。

【评解】

本章通过对鬼神之德的赞美，论述了"道"的充盈广大。同时，本章还提到了"诚"这一儒家思想中的重要范畴。关于这一范畴，下文进行了较为深入和完整的阐述。

子曰："舜其大孝也与！德为圣人，尊为天子，富有四海之内。宗庙飨之，子孙保之。故大德必得其位，必得其禄，必得其名，必得其寿。故天之生物，必因其材而笃焉。故栽者培之，倾者覆之。《诗》曰：'嘉乐君子，宪宪令德！宜民宜人，受禄于天。保佑命之，自天申之！'故大德者必受命。"

【译文】

孔子说："舜应该称得上大孝了吧！从道德上说，他是圣人；从地位上说，贵为天子；从财富上说，富有天下。在宗庙祭祀着他，子孙们保守着他的基业。所以具有高尚道德的人一定能够得到他应得的地位，一定能够得到他应得的俸禄，一定能够得到他应得的名誉，一定能够得到他应得的寿命。所以上天化生万物，一定会根据其本有的材质而加倍对待。因此，有成才可能的，上天就加意栽培；有倾倒趋势的，上天就使其倾覆。《诗经·大雅·假乐》说：'嘉美热爱周成王，光明盛大好品德！他与臣民多和睦，上天赐予他福禄。上天下令保佑他，世世代代国运旺！'所以拥有高尚品德的人一定能够得到天命的眷顾。"

【评解】

孔子基于天命论的思想，告诫人们要努力修养自己的德行。

子曰："无忧者其惟文王乎！以王季为父，以武王为子，父作之，子述之。武王缵大王、王季、文王之绪，壹戎衣而有天下，身不失天下之显名，尊为天子，富有四海之内。宗庙飨之，子孙保之。武王末受命，周公成文武之德，追王大王、王季，上祀先公以天子之礼。斯礼也，达乎诸侯、大夫及士、庶人。父为大夫，子为士，葬以大夫，祭以士。父为士，子为大夫，葬以士，祭以大夫。期之丧，达乎大夫；三年之丧，达乎天子；父母之丧，无贵贱，一也。"

【译文】

孔子说："以前的历代帝王中，大概只有周文王没有忧虑了吧！王季是他的父亲，武王是他的儿子，父亲开创了基业，儿子继承了遗志。武王继承了太王、王季、文王的事业，一次争战就夺取了天下，并且自己也没有在天下人中失去好名声，在地位上贵为天子，在财富上富有天下。在宗庙祭祀着他，子孙们保守着他的基业。武王到晚年才受天命成为天子，周公完成了文王和武王的德业，追加了太王和王季的王号，并用天子的礼节祭祀以前的历代祖先。这个礼节，可以通行于诸侯、大夫，以及士庶人。如果父亲生前是大夫，儿子是士，父亲去世之后，就用大夫之礼埋葬，用士之礼祭祀。如果父亲生前是士，儿子是大夫，父亲去世之后，就用士之礼埋葬，用大夫之礼祭祀。服丧一年的礼制，通行到大夫；服丧三年的礼制，通行到天子；为父母守丧，没有贵贱之分，从庶人到天子都是一样的。"

【评解】

本章赞美了周公制礼作乐的伟大功德。在中国古代盛行宗法等级制时，礼乐制度、孝道等都是维护社会稳定的重要支柱。

子曰："武王、周公，其达孝矣乎！夫孝者：善继人之志，善述人之事者也。春秋修其祖庙，陈其宗器，设其裳衣，荐其时食。宗庙之礼，所以序昭穆也；序爵，所以辨贵贱也；序事，所以辨贤也；旅酬下为上，所以逮贱也；燕毛，所以序齿也。践其位，行其礼，奏其乐，敬其所尊，爱其所亲，事死如事生，事亡如事存，孝之至也。郊社之礼，所以事上帝也；宗庙之礼，所以祀乎其先也。明乎郊社之礼、禘尝之义，治国其如示诸掌乎！"

【译文】

孔子说："武王、周公，大概达到天下人都称道的至孝了吧！所谓的孝，就是善于继承前人的志向，善于延续前人的事业。春、秋祭祀的季节，整理打扫祖庙，陈列祭祀用的器具，摆好先祖留下的衣服，进献四季应时的祭品。宗庙祭祀的礼节，是用来区分先后顺序的；区别爵位等级，是用来辨明贵贱地位的；区别有关人员的职责，是用来分辨才能高低的；饮酒的时候辈分低的人向辈分高的人敬酒，是为了使地位低的人也能感受到恩惠和荣耀；排列座位的时候按照须发的颜色，是为了区别年龄的大小。登上先祖的位置，奉行先祖的礼节，演奏先祖的音乐，尊敬先祖所敬重的人，爱护先祖所亲近的人，事奉死者如同事奉其生时一样，事奉去世的人如同事奉其活着时一样，这就是孝的极致。祭祀天地的郊社之礼，是用来事奉上天的；宗庙中奉行的各种礼节，是用来祭祀列祖列宗的。明确这些祭祀天地和祖先的礼节及其包含的精神实质，治理国家就应该与抬起手来观看手掌一样容易了。"

【评解】

孝是中华民族的传统美德，在中国古代，它有着更深刻的含义和更重要的作用。尤其是事奉死者的"追孝"，对中国古代社会稳定和文明延续有着积极的意义。

哀公问政。子曰："文、武之政，布在方策，其人存，则其政举；其人亡，则其政息。人道敏政，地道敏树。夫政也者，蒲卢也。故为政在人，取人以身，修身以道，修道以仁。仁者人也，亲亲为大；义者宜也，尊贤为大。亲亲之杀，尊贤之等，礼所生也。在下位不获乎上，民不可得而治矣！故君子不可以不修身；思修身，不可以不事亲；思事亲，不可以不知人；思知人，不可以不知天。

天下之达道五，所以行之者三，曰：君臣也，父子也，夫妇也，昆弟也，朋友之交也，五者天下之达道也。知、仁、勇三者，天下之达德也，所以行之者一也。或生而知之，或学而知之，或困而知之，及其知之，一也；或安而行之，或利而行之，或勉强而行之，及其成功，一也。"

子曰："好学近乎知，力行近乎仁，知耻近乎勇。知斯三者，则知所以修身；知所以修身，则知所以治人；知所以治人，则知所以治天下国家矣。凡为天下国家有九经，曰：修身也，尊贤也，亲亲也，敬大臣也，体群臣也，子庶民也，来百工也，柔远人也，怀诸侯也。修身则道立，尊贤则不惑，亲亲则诸父昆弟不怨，敬大臣则不眩，体群臣则士之报礼重，子庶民则百姓劝，来百工则财用足，柔远人则四方归之，怀诸侯则天下畏之。

齐①明盛服，非礼不动，所以修身也；去谗远色，贱货而贵德，所以劝贤也；尊其位，重其禄，同其好恶，所以劝亲亲也；官盛任使，所以劝大臣也；忠信重禄，所以劝士也；时使薄敛，所以劝百姓也；日省月试，既廪称事，所以劝百工也；送往迎来，嘉善而矜不能，所以柔远人也；继绝世，举废国，治乱持危，朝聘以时，厚往而薄来，所以怀诸侯也。

凡为天下国家有九经，所以行之者一也。凡事豫则立，不豫则废。言前定则不跲，事前定则不困，行前定则不疚，道前定则不穷。

在下位不获乎上，民不可得而治矣；获乎上有道：不信乎朋友，不获乎上矣；信乎朋友有道：不顺乎亲，不信乎朋友矣；顺

---

① 齐：zhāi。

乎亲有道：反诸身不诚，不顺乎亲矣；诚身有道：不明乎善，不诚乎身矣。

诚者，天之道也；诚之者，人之道也。诚者不勉而中，不思而得，从容中道，圣人也。诚之者，择善而固执之者也。博学之，审问之，慎思之，明辨之，笃行之。有弗学，学之弗能，弗措也；有弗问，问之弗知，弗措也；有弗思，思之弗得，弗措也；有弗辨，辨之弗明，弗措也；有弗行，行之弗笃，弗措也。人一能之己百之，人十能之己千之。果能此道矣，虽愚必明，虽柔必强。"

【译文】

鲁哀公请教如何为政。孔子说："周文王、周武王的为政之道，都记载于版牍和竹简里，有信奉这种为政之道的人在，相应的政治措施就能实行；信奉这种为政之道的人不在了，相应的政治措施也就停止了。人类社会治理的原则在于迅速地使治理取得良好效果，土地整治的原则在于迅速地使种植的树木或者作物生长起来。国家治理，和芦苇生长的道理是一样的。所以说，治理国家关键在于有贤能的人才，选拔任用贤能的人才要通过修养好自己的品德，修养品德就要遵循正道，修明正道在于信守仁德。所谓'仁'，就是人在处理与作为同类的其他人之间的关系时所具有的同情、慈爱天性，其中以亲爱亲人最为根本；所谓'义'，就是在分别事理、处理事务中所遵守的、恰当的准则，其中以尊重贤能的人才最为根本。亲爱亲人有亲疏之分，尊重贤才有等级之别，这就是礼制产生的依据。所以君子不能不修养自己的道德；如果想修养道德，就不能够不事奉自己的亲人；如果想事奉亲人，不能够不了解人的本性；如果想了解人性，不能够不明白天道。

通行天下的大道包括五个部分，使它们得以贯彻的准则有三条，分别是君臣关系、父子关系、夫妇关系、兄弟关系和朋友之间的交往，这五者是通行天下的大道。智慧、仁爱、勇敢，这三条是天下公认的准则，它们之所以得以实践的最终依据都是一样的。有的人生下来就明白这个大道，有的人学习之后才明白这个大道，有的人遭受困顿之后才懂得这个大道，等到他们明白之后，根本的表现是一样的；有的人从容自然地实践这个大道，有的人为了利益实践这个大道，有的人非常勉强地实践这个大道，等到他们成功之后，最终的结果是一样的。"

孔子说："爱好学习，就离智慧不远了；身体力行，就离仁爱不远了；知道羞耻，就离勇敢不远了。明白这三者，就知道如何修养德行了；知道如何修养德行，就知道如何治理人民了；知道如何治理人民，就知道如何治理天下和国家了。大凡治理天下和国家，有九条基本的法则，分别是修养道德、尊重贤者、亲爱亲人、敬重大臣、体恤百官、爱护百姓、招集工匠、优待远客、安抚诸侯。修养道德就能够确立正道，尊敬贤者就能够没有困惑，亲爱亲人就能够使伯叔兄弟不产生怨恨，敬重大臣就能够不产生迷惑，体恤百官就能够得到士人丰厚的回报，爱护百姓就能够激励他们努力生产，招集工匠就能够使财富充实，优待远客就能够使四方之人都来投奔，安抚诸侯就能够使天下之人产生敬畏。

　　静心洁身，严肃端庄，不是合乎礼制的事情就不去做，这是修养品德的要求；驱逐奸邪，远离女色，轻贱物质利益而推崇高尚道德，这是勉励贤者的要求；提高他们的地位，增加他们的俸禄，采用同样的好恶标准而没有偏私，这是勉励亲爱亲人行为的要求；官属众多，足够使令，这是劝勉大臣的要求；诚恳对待，俸禄优厚，这是劝勉士人的要求；使民以时，薄其赋敛，这是激励百姓的要求；每日视察，每月考评，根据工作成绩给予相称的薪俸，这是激励工匠的要求；恭敬送行，热情迎接，嘉奖善言善行并且同情能力不足的人，这是优待远客的要求；延续断绝俸禄的世家，振兴已经衰败的诸侯，整顿乱局，扶持危亡，按时接见诸侯，多赏赐少纳贡，这是安抚诸侯的要求。

　　大凡治理天下和国家的要求有九条，而使它们得以实施的根本原则是一致的。任何事情，只要预先准备就能够成功，事前没有准备就会失败。言语事先想好就不会结结巴巴，事情事先谋划就不会遭遇困顿，行动事先确定就不会遇到困惑，大道事先确定就不会一筹莫展。

　　地位低的人如果不能得到地位高的人信任，就不能得到治理百姓的机会；得到地位高的人信任是有办法的：如果得不到朋友的信任，就不会得到地位高的人信任；得到朋友的信任是有办法的：如果不能得到父母的满意，就不会得到朋友的信任；得到父母的满意是有办法的：如果不能真实无妄地自我反省，就不能得到父母的满意；真实无妄地自我反省是有办法的：如果不清楚什么是善，就不能够真实无妄地自我反省。

真实无妄，是上天赋予人的本然之性；希望达到真实无妄，是人本身自觉的追求。真实无妄的人不用激励就能够合乎道理，不用思考就能够有所获得，从容自然就能够合乎大道，这就是圣人啊。希望达到真实无妄的人，就是选择了善行并且坚定信守的人。这就需要对真实无妄进行广泛的学习、详细的探究、谨慎的思考、明确的分辨和切实的履行。如果有未学过的东西，学习之后还没有学会，也不会放弃；如果有未探究的东西，探究之后还没有明白，也不会放弃；如果有未想过的东西，想过之后还没有想通，也不会放弃；如果有未经过分辨的东西，分辨之后还没有辨明，也不会放弃；如果有未实践过的东西，付诸实践但是还不彻底，也不会放弃。别人一次就能够成功的事，自己努力一百次，别人十次就能够成功的事，自己努力一千次。如果真的能够坚持这样的原则，即使是愚笨的人也一定会变得聪明，即使是柔弱的人也一定会坚强。"

【评解】

朱熹曰："此引孔子之言，以继大舜、文、武、周公之绪，明其所传之一致，举而措之，亦犹是耳。盖包费隐、兼小大，以终十二章之意。章内语诚始详，而所谓诚者，实此篇之枢纽也。"这一章详细阐明了儒家以"诚"为核心原则的修养之道和治国之道，提出了"三达德"、"五达道"、治国"九经"等重要思想，在儒家思想体系中占有重要的地位。

自诚明，谓之性；自明诚，谓之教。诚则明矣，明则诚矣。

【译文】

由内心本然的真实无妄而明白善道，称作天性；通过先明白善道而达到真实无妄，称作教化。真实无妄，就能够明白善道；明白了善道，也就能够达到真实无妄。

【评解】

本章分析了"诚"和"明"的关系，指出了"自诚明"和"自明诚"两条道德教育和道德修养的重要途径。

唯天下至诚，为能尽其性；能尽其性，则能尽人之性；能尽人之性，则能尽物之性；能尽物之性，则可以赞天地之化育；可以赞天地之化育，则可以与天地参矣。

【译文】

只有达到天下最真实无妄境界的人，才能够真正发挥自己的天性；能够充分发挥自己的天性，就能够充分发挥别人的天性；能够充分发挥别人的天性，就能够充分发挥万物的天性；能够充分发挥万物的天性，就能够辅佐天地化生万物；能够辅佐天地化生万物，就能够与天地并立为三了。

【评解】

本章阐述了"至诚"的功用，体现了儒家对"诚"这一德行的重视。

其次致曲。曲能有诚，诚则形，形则著，著则明，明则动，动则变，变则化。唯天下至诚为能化。

【译文】

低于天下最真实无妄境界的人，就要从对小事进行推致开始。小事中也包含真实无妄的成分，既然包含真实无妄的成分就会有所表现，有所表现就会逐渐显著，逐渐显著就会渐趋明显，渐趋明显就会产生运动，产生运动就会化生万物。只有达到天下最真实无妄的境界才能够化生万物。

【评解】

本章阐述了达到"至诚"的途径，旨在告诉人们，只要肯下功夫，努力扩充，普通人就可以达到"至诚"的境界。

至诚之道，可以前知。国家将兴，必有祯祥；国家将亡，必有妖孽。见乎蓍龟，动乎四体。祸福将至，善，必先知之；不善，必先知之。故至诚如神。

【译文】

根据最真实无妄的境界所体现的原则，可以预先推知未来。

国家将要兴盛，必定会有吉祥的征兆；国家将要灭亡，必然会有反常的现象。征兆可以在占卜用的蓍草和龟甲上表现出来，也可以从人的动作举止中反映出来。福祸将要降临的时候，好的，一定可以事先知道；不好的，一定也可以事先知道。所以，最真实无妄的境界是非常神妙的。

【评解】

本章进一步阐述了"至诚"的功用，认为它可以见微知著，预测祸福。

诚者自成也，而道自道也。诚者物之终始，不诚无物。是故君子诚之为贵。诚者非自成己而已也，所以成物也。成己，仁也；成物，知也。性之德也，合外内之道也，故时措之宜也。

【译文】

表现为真实无妄的"诚"是用来成就自己的，而作为行动指南的"道"是用来引导自己的。真实无妄贯穿事物的始终，没有真实无妄就没有事物存在。所以君子崇尚真实无妄的境界。表现为真实无妄的"诚"并不是仅仅成就自己就可以了，它还是用来成就万事万物的。成就自己，是仁的体现；成就万事万物，是智的体现。真实无妄是出于人的本然之性的品德，并没有外在原则还是内在原则的区分，所以随时施用都是合宜的。

【评解】

本章继续阐述"诚"的功用，认为它在人的德行修养中具有根本的意义。

故至诚无息。不息则久，久则徵，徵则悠远，悠远则博厚，博厚则高明。博厚，所以载物也；高明，所以覆物也；悠久，所以成物也。博厚配地，高明配天，悠久无疆。如此者，不见而章，不动而变，无为而成。

天地之道，可一言而尽也。其为物不贰，则其生物不测。天地之道，博也厚也，高也明也，悠也久也。今夫天，斯昭昭之多，及其无穷也，日月星辰系焉，万物覆焉。今夫地，一撮土之多，及其广厚，载华岳而不重，振河海而不泄，万物载焉。今夫山，一拳石之多，及其广大，草木生之，禽兽居之，宝藏兴焉。今夫水，一勺之多，及其不测，鼋鼍、蛟龙、鱼鳖生焉，货财殖焉。《诗》曰："维天之命，於①穆不已！"盖曰天之所以为天也。"於乎不显！文王之德之纯！"盖曰文王之所以为文也，纯亦不已。

【译文】

所以说，真实无妄达到最高的境界没有止息，没有止息就能保持长久，保持长久就会有所显露，有所显露就能悠远广大，悠远广大就能博大深厚，博大深厚就能高大光明。博大深

---

① 於：wū。

厚，就可以用来承载万物；高大光明，就能够用来覆盖万物；悠远长久，就能够成就万物。博大深厚与承载万物的地相配，高大光明与覆盖万物的天相配，悠远长久就像万物的生长一样永远没有终止。达到这样的境界，即使不表现出来也能得到彰明，即使不发生运动也能自然变化，即使不故意去做也能获得成功。

天地之道，一个字就可以概括了（这个字就是"诚"）。它的表现是纯一不二的（只有"诚"，"诚"没有止息），因此它化生出的万物也是不可计量的。天地之道，就是博大而深厚的，是高大而光明的，是悠远而长久的。天，最初是由一点一点的小光明组成的，等它积聚到无穷无尽的时候，日月星辰都可以在它上面悬系，世间万物都在它的覆盖之下。地，最初是由一小撮一小撮的土组成的，等它积聚到足够广、足够厚的时候，可以承载起高山也不会觉得重，可以包容下江河也不会有泄漏，世间万物都在它的负载之上。山，最初是由一小块一小块的石头组成的，等它积聚到足够广阔、高大的时候，可以使草木在上面生长，鸟兽在上面生活，宝藏从中出现。水，最初是由一勺一勺组成的，等它积聚到无法测量的时候，可以使鼋鼍、蛟龙、鱼鳖在里面生活，财富在里面积聚。《诗经·周颂·维天之命》说："上天之道，深远无穷！"说的就是天称为天的原因。"如此光辉灿烂！文王纯一美德！"说的就是文王之所以称为"文"的原因，原因是他的美德纯一而且没有止息。

【评解】

本章继续阐述"至诚"的功用,告诉人们要不断修养,以使自己的德性达到与天地参的完美境界。

大哉圣人之道!洋洋乎发育万物,峻极于天。优优大哉!礼仪三百,威仪三千,待其人然后行。故曰:苟不至德,至道不凝焉。故君子尊德性而道问学,致广大而尽精微,极高明而道中庸。温故而知新,敦厚以崇礼。是故居上不骄,为下不倍;国有道,其言足以兴;国无道,其默足以容。《诗》曰:"既明且哲,以保其身。"其此之谓与!

【译文】

圣人之道是多么崇高伟大啊!它是如此的充盈,能助万物产生和发育;它是如此的高大,以至上达于天。真是广大充足啊!经礼三百条,曲礼三千条,都要等到合适的人出现之后才能够实行。所以说,如果没有德行极其崇高的人,最高境界的道就不可能实现。所以君子尊崇内心本有的德行,并且经过不倦的探求和学习,既追求道的广阔博大,又穷尽道的精细微妙;既追求高明的境界,又遵循中庸的道理。复习已有的知识又能获得新的知识,诚实宽厚而又崇尚礼节。这样的话,就能够居于高贵的位置而不骄横,居于低贱的位置而不背弃;国家政治清明的时候,他的言论足以使他获得施展抱负的机会;国家政治黑暗的时候,他的缄默足以使他具有容身自保的可能。《诗经·大雅·烝民》说:"既开明又有智慧,足以保全他自身。"大概说的就是这个意思吧!

【评解】

本章阐述了圣人之道的广大深厚,勉励人们努力进行道德修养。

子曰:"愚而好自用,贱而好自专,生乎今之世,反古之道。如此者,灾及其身者也。"非天子,不议礼,不制度,不考文。今天下车同轨,书同文,行同伦。虽有其位,苟无其德,不敢作礼乐焉;虽有其德,苟无其位,亦不敢作礼乐焉。子曰:"吾说夏礼,杞不足征也。吾学殷礼,有宋存焉;吾学周礼,今用之,吾从周。"

【译文】

孔子说:"愚蠢而喜欢自以为是,低贱而喜欢一意孤行,生活在现实的社会环境之下,却要恢复古代的各种准则。这样的人,一定会有灾祸降临到他身上。"如果不是天子,就不能讨论礼制,不能制定制度,不能考正书名。如今天下车辆采用同样宽度的车轮,书写采用同样的文字,行为采用统一的准则。即使有天子的地位,如果没有相应的德行,不敢轻易制定和修改礼乐制度;即使有天子的德行,如果没有相应的地位,也不敢轻易制定和修改礼乐制度。孔子说:"我解说夏代礼仪制度,夏的后代杞国已经不足征考了。我学习商代礼仪制度,还有殷商的后代宋国保存着一些；我学习周代礼仪制度，如今天下人都在采用周礼，所以我还是遵从周代的礼仪制度。"

【评解】

任何时代，独断专行、自以为是都是要碰壁的。顺应时势，尊重社会发展的规律，这是对恪守中庸之道的君子的基本要求。

王天下有三重焉，其寡过矣乎！上焉者虽善无征，无征不信，不信民弗从；下焉者虽善不尊，不尊不信，不信民弗从。故君子之道本诸身，征诸庶民，考诸三王而不缪，建诸天地而不悖，质诸鬼神而无疑，百世以俟圣人而不惑。质诸鬼神而无疑，知天也；百世以俟圣人而不惑，知人也。是故君子动而世为天下道，行而世为天下法，言而世为天下则。远之则有望，近之则不厌。《诗》曰："在彼无恶，在此无射[①]；庶几夙夜，以永终誉！"君子未有不如此而蚤有誉于天下者也。

【译文】

用仁德一统天下有三件重要的事情要做，这样在礼仪制度上就应该很少会发生差错了！前代圣王制定的礼仪制度虽然好，但是没有充分的资料可以征考，无法征考就不能使人信服，不能使人信服百姓就不会遵循；在下位的圣贤虽然好，但是他们没有相应的尊贵地位，没有地位就不能使人信服，不能使人信服百姓就

---

① 射：yì。

不会遵循。因此君子之道以自身的德行作为根本，推行于百姓之中得到检验，征考于三代圣王而没有谬误，放置于天地之间而不会与天地运行的道理相违背，验证于鬼神而没有可疑之处，即使百代之后有圣人出现也不会有疑惑。验证于鬼神而没有可疑之处，这就是上知天意；百代之后有圣人出现也不会有疑惑，这就是下知人情。所以君子只要有作为就会世世代代成为天下人的原则，只要有行动就会世世代代成为天下人的法度，只要有言论就会世世代代成为天下人的准则。远离了就会产生企望，靠近了不会有所厌倦。《诗经·周颂·振鹭》说："在己封地无憎恨，来到朝廷无厌烦；日日夜夜都勤勉，永远保持好名声！"君子没有不是这样做而早就扬名于天下的。

【评解】

修身自律、推己及人、尊重礼制、以身作则，这是对有志于推行王道的人的根本要求。没有这些，一个人很难成就自己的德行，更不用说使天下人信服和经邦济国了。

仲尼祖述尧、舜，宪章文、武；上律天时，下袭水土。辟如天地之无不持载，无不覆帱①，辟如四时之错行，如日月之代明。万物并育而不相害，道并行而不相悖，小德川流，大德敦化，此天地之所以为大也。

---

① 帱：dào。

【译文】

孔子继承尧、舜的传统，效法周文王、周武王的典章；上遵循天道规律，下顺应水土环境。就如同天地一样，没有什么不能够承载，没有什么不能够覆盖，就好像四季交替运行，又好像日月轮流照耀。万物一同生长化育而不会相互妨碍，大道相辅运行而不会相互背离，小的德行如同河水流动一样盛行不衰，大的德行因其仁爱敦厚可以化生万物，这就是天地伟大的原因。

【评解】

本章通过赞美孔子，说明了圣人之道的广大崇高。

唯天下至圣为能聪明睿知，足以有临也；宽裕温柔，足以有容也；发强刚毅，足以有执也；齐①庄中正，足以有敬也；文理密察，足以有别也。溥②博渊泉，而时出之。溥博如天，渊泉如渊。见而民莫不敬，言而民莫不信，行而民莫不说。是以声名洋溢乎中国，施及蛮貊；舟车所至，人力所通，天之所覆，地之所载，日月所照，霜露所队，凡有血气者，莫不尊亲，故曰配天。

【译文】

只有达到了天下最真实无妄境界的人，才能做到聪明睿智，足以俯视天下；宽厚温和，足以包容万物；奋发刚毅，足以决断一切；严肃公正，足以使人敬服；条理清晰，足以辨别事物。达

---

① 齐：zhāi。
② 溥：pǔ。

到这种境界的人思虑周遍而深远,时时都可以体现出来。周遍得如同天空一样,深远得如同深渊一样。通过仪表体现出来,百姓没有不敬仰的;通过语言表达出来,百姓没有不信服的;通过行动表现出来,百姓没有不欢欣的。所以他的声名能够在中国广泛传播,一直远播到四方边远的部族;凡是车船能够到达的地方,人力能够通行的地方,天空能够覆盖的地方,大地能够承载的地方,日月能够照耀的地方,霜露能够降落的地方,只要是有血气的人,就没有不尊敬尊长、亲爱亲人的,所以具有这种境界的人与天相匹配。

【评解】

本章阐述了"至诚"之德的深远广大,希望人们能够主动接受教化,不断加强修养。

唯天下至诚,为能经纶天下之大经,立天下之大本,知天地之化育。夫焉有所倚?肫肫[①]其仁!渊渊其渊!浩浩其天!苟不固聪明圣知达天德者,其孰能知之?

【译文】

只有达到了天下最真实无妄境界的人,才能够树立治理天下的法则,建立起天下的基础,明白天地化育万物的道理。他哪里还有其他可以倚靠的呢?他的仁爱是多么诚恳,他的深渊一样的

---

① 肫:dūn。

思虑是多么深邃，他的昊天一样的德行是多么广阔！如果不是实实在在地具有聪明睿智而通达天赋德行的人，还有谁能知道这样的境界呢？

【评解】

本章进一步阐述了"至诚"之道的功用，认为它在国家社会治理中具有根本的意义，要求人们努力发掘自己本有的德行，以追求高尚的境界，为社会发展和天人和谐做出自己的贡献。

《诗》曰："衣锦尚䌹。"恶其文之著也。故君子之道，暗然而日章；小人之道，的然而日亡。君子之道，淡而不厌，简而文，温而理，知远之近，知风之自，知微之显，可与入德矣。《诗》云："潜虽伏矣，亦孔之昭！"故君子内省不疚，无恶于志。君子所不可及者，其唯人之所不见乎！《诗》云："相在尔室，尚不愧于屋漏。"故君子不动而敬，不言而信。《诗》曰："奏假无言，时靡有争。"是故君子不赏而民劝，不怒而民威于铁钺。《诗》曰："不显惟德！百辟其刑之。"是故君子笃恭而天下平。《诗》曰："予怀明德，不大声以色。"子曰："声色之于以化民，末也。"《诗》曰"德輶①如毛"，毛犹有伦；"上天之载，无声无臭②"，至矣！

---

① 輶：yóu。
② 臭：xiù。

【译文】

《诗经·卫风·硕人》说:"里面穿锦绣,外面罩麻衣。"这是厌恶锦绣之衣的文采过于显眼。因此,君子之道虽然隐晦深远但却日益彰明,小人之道虽然华丽显著但日益消亡。君子之道恬淡而不会使人厌倦,简约而内含文采,温和而条理清晰,知道长远的追求要从切近处做起,知道教化别人要从端正自身做起,知道细微的端始隐含着显著起来的可能,这样就可以进入道德的高尚境界了。《诗经·小雅·正月》说:"虽然潜藏隐匿,依然清晰可见!"所以君子自我反省没有歉疚,内心没有愧怍,君子所为普通人不可企及的,可能就在于别人所看不见的时候吧!《诗经·大雅·抑》说:"即使在家中隐秘处,也无愧疚在内心。"所以君子没有什么活动就让人敬重,不说什么话语就让人信服。《诗经·商颂·烈祖》说:"进献祭品默无语,此时不再有纷争。"所以君子不行赏赐就能使百姓受到激励,不用发怒就能使百姓畏惧刑罚。《诗经·周颂·烈文》说:"发扬光大德行,诸侯都来效法。"所以君子宽厚恭敬,天下就能实现安宁。《诗经·大雅·皇矣》说:"我向往盛德之人,他从不厉声厉色。"孔子说:"用厉声厉色来教化百姓,是非常次要的方法。"《诗经·大雅·烝民》说:"美德如羽毛一样轻",羽毛也还有东西和它类比;《诗经·大雅·文王》说"上天之事难揣测,既无声息又无味",这样的德行才是达到了最高的境界!

【评解】

德治是儒家一贯的政治主张,而要使德治得以推行,首先是施政者努力加强自身的道德修养，不断提高自身的道德品质，只有首先达到"内圣"，才能自然而然地产生"外王"的效果。这也是《中庸》提倡中庸之道，提倡至诚境界的目的和归宿。

《黄帝内经》

四气调神大论（节选）

春三月，此谓发陈，天地俱生，万物以荣，夜卧早起，广步于庭，被发缓形，以使志生，生而勿杀，予而勿夺，赏而勿罚，此春气之应，养生之道也。逆之则伤肝，夏为寒变，奉长者少。夏三月，此谓蕃秀，天地气交，万物华实，夜卧早起，无厌于日，使志无怒，使华英成秀，使气得泄，若所爱在外，此夏气之应，养长之道也。逆之则伤心，秋为痎疟，奉收者少，冬至重病。秋三月，此谓容平，天气以急，地气以明，早卧早起，与鸡俱兴。使志安宁，以缓秋刑，收敛神气，使秋气平，无外其志，使肺气清，此秋气之应，养收之道也。逆之则伤肺，冬为飧泄，奉藏者少。冬三月，此谓闭藏，水冰地坼，无扰乎阳，早卧晚起，必待日光，使志若伏若匿，若有私意，若已有得，去寒就温，无泄皮肤，使气亟夺，此冬气之应，养藏之道也。逆之则伤肾，春为痿厥，奉生者少。

【译文】

春季的三个月，是推陈出新、生命萌发的节气。天地自然，都开始富有生气，万物也开始显得欣欣向荣。此时，人们应该晚睡早起，在院中信步而走。披散开头发，解开衣服，使身体舒展，以保持生机。要保持万物的生机不要滥行杀伐，多施予，少敛夺；多奖励，少惩罚；这是适应春季的时令，保养生发之气的方法。如果违背春天的节令，便会损伤肝脏，到夏季就会发生寒性病变，使提供给夏天生长的条件不足。

夏季的三个月，可以说是万物生长茂盛的季节。天气下降，地气升腾，万物开始开花结果，人们应该晚睡早起，不要因为天长而厌烦，保持精神愉快不要发怒，要使饱满的精神为养生打好基础，使郁结之气得以宣泄，对外界事物有浓厚的兴趣。这就是适应夏天的时令，遵守夏天生长的道理。如果违背这个时令就会损伤心脏，就会使秋天收纳的条件不足，到秋天容易出现咳嗽、疟疾等疾病。

秋季的三个月，可以说是容纳舒展的节气。此时，天高风急，地气清肃，人应早睡早起，按照鸡的活动时间起居。保持神志的安宁，减缓秋杀之气的影响；收敛神气，以适应秋季容纳舒展的节气特征，不使神思外驰，以保持肺气的清爽，这就是适应秋天的时令而保养人体收敛之气的方法。如果违逆秋天的时令，就会伤及肺脏，使提供给冬藏之气的条件不足，冬天就要发生飧泄病（本病是肝郁脾虚、清气不升所致。临床表现有大便泄泻清稀，并有不消化的食物残渣，肠鸣腹痛，脉弦缓等）。

冬天的三个月，可以说是生机潜伏、万物蛰藏的时令。在这个时令，天气寒冷，水冻成冰，大地龟裂，人们应该早睡晚起，等到太阳出来再起床，像保护个人隐私、守护个人财产一样使精神收敛于内，潜藏起来；不要妄动，要守避寒冷，求取温暖，不要使皮肤露出来而使阳气受损，这是适应冬季的气候而保养人体闭藏机能的方法。违逆冬天的时令，就要损伤肾脏，使提供给春天生发之气的条件不足，春天就会发生痿厥之疾。

【评解】

《黄帝内经》分为《灵枢》《素问》两部分，为古人假托黄帝之名之作，成书时间一般认为在春秋战国时期。以黄帝与岐伯、雷公的对话与问答为形式阐述病机、病理，提出不治已病而治未病的观点，主张养生、摄生、益寿、延年。从一年四季的角度看人应时节，《黄帝内经》认为，春季为肝脏值日，应春之自然，人们应当生而勿杀，予而勿夺，舒志缓形，否则会伤害肝脏而为夏日发病；夏季为心脏值日，应夏之自然，人们应当心无怒志，适当操劳，使汗得出，否则会有损心脏而为秋日发病；秋季为肺脏值日，应秋之自然，人们应当宁志敛神，平气缓意，早起早卧，锻炼身体，呼吸新鲜空气，否则会有损肺脏而为冬日发病；冬季为肾脏值日，应冬之自然，人们应当早卧晚起，伏志匿意，去寒就温，勿使汗出，否则有损肾脏，致春日发病。这是五脏与四季相应在养生方面的具体经验总结，体现了一种人的养生方法与自然精神一致的思想。

中医理论在阴阳学说指导下，确立了一系列养生防病的原则和方法。一方面顺应四时阴阳以养生，强调要保持机体阴阳的协调，必须法天地阴阳变化以养生，"春夏养阳，秋冬养阴"。或春夏顺其生长之气即养阳，秋冬顺其收藏之气即养阴。或春夏阳盛，宜食寒凉以制其阳；秋冬阴盛，宜食温热以抑其阴。或养春夏之阳以为养秋冬之阴，养秋冬之阴以为养春夏之阳。或因春夏阳盛于外而虚于内，故养其内虚之阳；因秋冬阴盛于外而虚于内，故养其内虚之阴。以"天人相应"整体观为指导，强调顺应四时节气阴阳消长来协调机体内在阴阳，因四时阴阳变化是春夏阳盛阴消，秋冬阴盛阳消，机体阴阳与四时阴阳相通，故机体阴阳消长应与四时阴阳消长协调一致，而四时阴阳变化又表现为自然界春生、夏长、秋收、冬藏的规律，所以春夏养阳即养生养长，秋冬养阴即养收养藏。只有通过顺应四时阴阳变化以摄生，才能达到机体内、外阴阳协调，维持机体正常生命活动状态。另一方面强调通过调摄精神、饮食适宜、起居有规律等养生方法，保持机体自身阴阳的协调平衡以尽终天年。

经　水（节选）

人之所以参天地而应阴阳也，不可不察。足太阳外合清水，内属膀胱，而通水道焉。足少阳外合于渭水，内属于胆。足阳明外合于海水，内属于胃。足太阳外合于湖水，内属于脾。足少阴外合于汝水，内属于肾。足厥阴外合于渑水，内属于肝。手太阳外合淮水，内属于小肠，而水道出焉。手少阳外合于漯水，内属于三焦。手阳明外合于江水，内属于大肠。手太阴外合于河水，内属于肺。手少阴外合于济水，内属于心。手心主外合于漳水，内属于心包。凡此五藏六府十二经水者，外有源泉而内有所禀，此皆内外相贯，如环无端，人经亦然。故天为阳，地为阴，腰以上为天，腰以下为地。故海以北者为阴，湖以北者为阴中之阴，漳以南者为阳，河以北至漳者为阳中之阴，漯以南至江者为阳中之太阳，此一隅之阴阳也，所以人与天地相参也。

【译文】

人体如何按照天地的运行活动，与阴阳变化相适应，是不能不深入研究的。足太阳属膀胱经，在外可应合于清水，在内则连属于膀胱腑，而与全身气血运行的脉络相通。足少阳属胆经，在外可应合于渭水，在内则连属于胆腑。足阳明属胃经，在外可应合于海水，在内则连属于胃腑。足太阳属脾经，在外可应合于湖水，在内则连属于脾脏。足少阴属肾经，在外可应合于汝水，在内则连属于肾脏。足厥阴属肝经，在外可应合于渑水，在内则连属于肝脏。手太阳属肠经，在外可应合于淮水，在内则连属于小肠腑；小肠辨别清浊，而将饮食消化后所剩残渣的水液归于膀胱。手少阳属三焦经，在外可应合于漯水，在内则连属于三焦腑。手阳明属大肠经，在外可应合于江水，在内则连属于大肠腑。手太阴属肺经，在外可应合于河水，在内则连属于肺脏。手少阴属心经，在外可应合于济水，在内则连属于心脏。手心主属心包经，在外可应合于漳水，在内则连属于心包络。

上述之与五脏六腑相通的十二经脉，其气血的流行，就像自然界十二条河流之水的流动一样，既有显现于外的源泉，又有内在的归宿；自然界的河流是内外相互贯通而像圆环一样没有尽头的，人体经脉之气血也和它一样，是内外贯通、循环不息的。

【评解】

《黄帝内经》以中华大地上的十二大河流、湖泊、海域为框架，以十二大河流、湖泊、海域为经纬划分的地理气候之阴阳属性作类比，说明人体脏腑器官的种类与功能，就像大地地形的种类与功能一样，正是因为大地有地形地貌的高低不平与距离远近等千差万别，才形成大气的丰富变化，进而形成大地上山林河海相间、平原峻岭相倾、物繁兽走的勃勃生机，人体内部的不同脏器、组织与经络的分布犹如江河湖海、山岭原地，各自的功能相辅为用，才形成了人体复杂的生理活动与精神活动。这种参地以解人的做法，包含着人体机能受地理条件影响的合理思想。

《史 记》

货殖列传序

老子曰:"至治之极,邻国相望,鸡狗之声相闻,民各甘其食,美其服,安其俗,乐其业,至老死不相往来。"必用此为务,輓近世,涂民耳目,则几无行矣。

【译文】

老子说:"好到极点的最清平的政治,应该是相邻国家的人民可以互相望见,鸡鸣狗叫之声也能互相听到,百姓各自品尝着好吃的食物,穿戴着好看的衣服,安定地生活,愉快地劳动,直至老死也互不往来。"如果真的按照老子说的这种方式生活,对于近代的人来说,无异于堵塞了人民的耳朵和眼睛,几乎可以说是行不通的。

太史公曰:夫神农以前,吾不知已。至若诗书所述,虞夏以来，耳目欲极声色之好，口欲穷刍豢之味，身安逸乐，而心夸矜势能之荣，使俗之渐民久矣。虽户说以眇论，终不能化。故善者因之，其次利道之，其次教诲之，其次整齐之，最下者与之争。

【译文】

太史公说，神农氏以前的情况，我不知道。但据《诗经》与《尚书》所描述，虞舜及夏朝以来，人们总是要尽量去听好听的看好看的满足耳目的欲望，吃好吃的美味满足口舌之欲，使身体舒适快乐，还要有权势与才能足以满足心理上的虚荣，百姓受这种风俗影响的时间已经很长了。即使用老子那样的微言大义逐家逐户地去劝导他们，终究也不能达到教化的目的。所以最好的办法就是顺其自然，再用利益引导他们、教育他们，用典章制度约束他们。最愚蠢的办法是与民争利。

夫山西饶材、竹、谷、𬬻、旄、玉石；山东多鱼、盐、漆、丝、声色；江南出楠、梓、姜、桂、金、锡、连、丹沙、犀、玳瑁、珠玑、齿、革；龙门、碣石北多马、牛、羊、旃、裘、筋、角，铜铁则千里往往山出棋置：此其大较也。皆中国人民所喜好，谣俗被服饮食奉生送死之具也。故待农而食之，虞而出之，工而成之，商而通之。此宁有政教发征期会哉？人各任其能，竭其力，以得所欲。故物贱之征贵，贵之征贱，各劝其业，乐其事，若水之趋下，日夜无休时，不召而自来，不求而民出之。岂非道之所符而自然之验邪？

【译文】

太行山之西富有木材、竹子、谷物、野麻、旄牛尾和玉石；太行山以东多出鱼、盐、漆、丝和音乐、美人；江南盛产楠木、梓木、生姜、木犀、金、锡、铅矿石、丹砂、犀牛角、玳瑁、珠玑、兽角、皮革；龙门山、碣石山以北一带盛产马、牛、羊、毛毡、毛皮和兽筋、兽角，在千里山峦中有大量的铜、铁等矿产，如同布满棋盘的棋子一般多。这里还仅仅是物产分布的大概情况。这些物品都是中原人民喜欢的穿衣吃饭与养生送死所必备的。所以，人们靠耕种吃饭，靠林场供给数目，靠工匠制作器皿，靠商人互通有无。这难道还需要颁布政令引导、召集人民定期集会来实现吗？人们各尽所能，满足生活所需。因此，东西便宜就买了准备贵了卖，东西涨价了，就想办法去卖，各自勤勉努力地经营本业，快乐地干活，这就好像水往低处流，夜以继日而永无休止，不用召唤人们就会自己去做，不用要求百姓就会自己生产。这难道不是符合规律的而自然而然的证明吗？

《周书》曰："农不出则乏其食，工不出则乏其事，商不出则三宝绝，虞不出则财匮少。财匮少而山泽不辟矣。"此四者，民所衣食之原也。原大则饶，原小则鲜。上则富国，下则富家。贫富之道，莫之夺予，而巧者有余，拙者不足。故太公望封于营丘，地潟卤，人民寡，于是太公劝其女功，极技巧，通鱼盐，则人物归之，繦至而辐凑。故齐冠带衣履天下，海岱之间敛袂而往朝焉。

【译文】

《周书》说："农民不干活就没得吃，工匠不干活就没得用，商人不干活，那么粮食、器物、财富就要断绝，不开发山林，资源就会缺少。资源缺少，山林就不能得到开发。"这四种行业，是百姓穿衣吃饭的源泉。源泉多就会富饶；源泉少就会贫穷。它们对上可以使国家富强，对下可以使家庭富裕。贫富的形成，不是给多给少的缘故，也没有人能剥夺他们。善于经营的人才能使财富有余，愚蠢的人财物就会不足。所以姜太公吕望的封地营丘，土地是盐碱地，人口稀少，于是姜太公就鼓励女子纺织，极力提倡工艺生产，把鱼、盐运到别处去销售。这样，其他地方的人民物资都涌向他那里，如钱串一般，络绎不绝；又如车辐一般，向这里集中。所以，齐国生产的帽子、带子、衣服、鞋子畅销天下，海滨到泰山之间的诸侯都整好衣袖来齐国朝拜。

其后，齐中衰，管子修之，设轻重九府，则桓公以霸，九合诸侯，一匡天下；而管氏亦有三归，位在陪臣，富于列国之君。是以齐富强至于威、宣也。

【译文】

此后，齐国慢慢衰落了，管仲对姜太公的办法进行了改良，设立九个官职调整物价，齐桓公因此能够称霸天下，多次以霸主的身份召集诸侯开会，使天下统一有序，而管仲也修筑了三归台，地位在陪臣之列，财富却比诸侯国的国君还多。从此，齐国又富强起来，盛世一直持续到齐威王、齐宣王时期。

故曰："仓廪实而知礼节，衣食足而知荣辱。"礼生于有而废于无。故君子富，好行其德；小人富，以适其力。渊深而鱼生之，山深而兽往之，人富而仁义附焉。富者得势益彰，失势则客无所之，以而不乐。夷狄益甚。谚曰："千金之子，不死于市。"此非空言也。故曰："天下熙熙，皆为利来；天下攘攘，皆为利往。"夫千乘之王，万家之侯，百室之君，尚犹患贫，而况匹夫编户之民乎？

【译文】

所以说："仓库充实了，百姓就会懂得礼节；衣食富足了，百姓才知道荣辱。"礼仪产生于富有而废弃于贫穷。所以，君子富有了，喜欢行仁德之事；小人富有了，就把力量用在适当的地方。池渊的水深了，里面就会有鱼；山林茂盛了，就会有野兽；人民富了，自然就会有仁义。有钱人就会有势，愈加显赫；失去权势了，门客也就没有去处，也就心情不快。这种情况在夷狄之国更加厉害。谚语说："家有千金的子弟就不会因犯法而死于市井。"这并不是空话。所以说："天下之人，熙熙攘攘；为利而来，为利而往。"即使有千乘兵车的国君，有万家封地的诸侯，有百室封邑的君主，都会害怕贫穷，更何况户口登记册子上的普通百姓呢！

【评解】

《史记》是中国历史上的第一部纪传体通史，约成书于公元前104年至公元前91年。全书分为本纪、书、表、世家、列传，共有一百三十篇。鲁迅誉之为"史家之绝唱，无韵之《离骚》"(《汉文学史纲》)。作者是西汉时期的司马迁。司马迁（约前145—？），字子长，夏阳（一说今陕西韩城，一说今山西河津市）人，父亲司马谈曾经担任太史令，有写古今通史的愿望但没能实现。后来，司马迁继任父亲太史令之职，开始写《史记》，历十余年之艰辛，终于完稿。司马迁著《史记》，其宗旨在于"究天人之际，通古今之变，成一家之言"。司马迁探求的天人之际，就是探求天人之间关系的演变，从而把握好"古今之变"的要义，总结历史发展变化的规律，形成"一家之言"。本文是司马迁《史记·货殖列传》的序言。在文中，司马迁首先引用老子对于至治之世的描述与近代社会相对比，指出要让人民安居乐业，就必须农、工、林、商四业皆兴，这是符合客观规律的自然而然的事。对于统治者来说，要做的就是无为而治，不与民争利。做到这点，并因势利导，自然就会出现国富民强的盛世。

《春秋繁露》

王道第六（节选）

五帝三王之治天下，不敢有君民之心，什一而税，教以爱，使以忠，敬长者，亲亲而尊尊，不夺民时，使民不过岁三日。民家给人足，无怨望忿怒之患、强弱之难，无谗贼妒嫉之人，民修德而美好，被发衔哺而游，不慕富贵，耻恶不犯，父不哭子，兄不哭弟，毒虫不螫，猛兽不搏，抵虫不触。故天为之下甘露，朱草生，醴泉出，风雨时，嘉禾兴，凤凰、麒麟游于郊，囹圄空虚，画衣裳而民不犯，四夷传译而朝，民情至朴而不文。

【译文】

当年三皇五帝治理天下的时候，按收入的十分之一收税，用爱的观念教导百姓，用忠的观念使百姓服役，全社会都尊敬长辈，爱护亲人，尊敬君长，让百姓不在农忙时服劳役，以免耽误农事。让百姓服劳役，每年不超过三天。百姓家家都能自给自足，没有互相埋怨、恶言相向的烦恼，没有恃强凌弱的现象，没有拍马屁、偷窃的人，也没有人嫉妒别人。人民都重视修养自己的德行，社会风尚美好。大家都随性披散着头发吃着东西自由自在行走，都不羡慕富贵，都以作恶为耻，没人犯罪。父亲无须为没有了儿子哭泣，哥哥也无须为没有了弟弟哭泣，毒蛇不出来害人，猛兽不出来捣乱，害虫也不造成危害。所以天上降下洁净的雨水，花草纷纷盛开，好水源源不断，风调雨顺，禾苗长势良好，吉祥的凤凰、麒麟都自由自在出现在郊外，国内所有监狱都是空空荡荡的，国家制定法规制度百姓绝不触犯，四周的邻国带着翻译前来访问，民情质朴而不虚伪。

【评解】

董仲舒（前179—前104），信都广川（今河北景县）人，从小研读《春秋》，汉景帝时以博士职衔在家乡授徒讲学，弟子甚众。武帝元光元年（前134）五月，四十五岁的董仲舒应召赴京城参加汉武帝主持的贤良策问。接连三策，令汉武帝称许。策问完毕，被任命为江都国相。

董仲舒阐述其天人感应理论的专著《春秋繁露》，虽然不是专门研究人与自然关系的，但字里行间闪烁出光彩夺目的生态伦理思想。这些思想虽然产生在两千一百多年前的古代中国社会，但对当今世界和中国的生态保护，仍有着重要的参考价值和借鉴意义。

将选文和儒家鼻祖孔子讲的古代大同社会比较，我们可以发现，董氏理想社会包含着生态伦理智慧。孔子讲的古代大同社会载于《礼记》中。原文是这样的——孔子曰："大道之行也，与三代之英，丘未之逮也，而有志焉。大道之行也，天下为公，选贤与能，讲信修睦。故人不独亲其亲，不独子其子；使老有所终，壮有所用，幼有所长，矜寡孤独废疾者皆有所养。男有分，女有归。货恶其弃于地也，不如藏于己；力恶其不出于身也，不必为己。是故谋闭而不兴，盗窃乱贼而不作，故外户而不闭。是谓'大同'。"（《礼记·礼运》）

通过比较以上两段文字可以看出：董仲舒将孔子讲的儒家理想的"大同"社会作了进一步的补充和完善。孔子的大同社会讲"人"不讲"天"，虽然人人讲道德，"讲信修睦""外户而不闭"，但这样就真的天下太平了吗？要是不风调雨顺、毒虫猛兽四处出没，即便人人讲道德、互相友爱，社会也是不会太平的，特别是农业社会更是如此。所以理想的太平社会除了考虑"人"（社会）的因素，还必须考虑"天"（自然）的因素。董仲舒因为头脑中充满了天人合一和天人感应思想，所以他的理想社会就不只是讲"人"（社会）的方面："民修德而美好"，而且还特别突出了"天"（自然）的方面之和谐："毒虫不螫，猛兽不搏，抵虫不触"，"天为之下甘露，朱草生，醴泉出，风雨时，嘉禾兴，凤凰、麒麟游于郊"，一幅大自然十分和睦的美好景象。

试问在董仲舒之前之后的儒家思想史上还有谁有过这样大胆的想法和见诸文字的理想生态社会的描绘呢？

我们将董仲舒的理想社会称为儒家"理想生态社会"并不过分。因为董仲舒的理想社会不仅仅是人与人之间的和谐，而且是天、地、人三者的和谐。

仁义法（节选）

质（与"挚"同）于爱民，以下至于鸟兽昆虫莫不爱。不爱，奚足谓仁？仁者，爱人之名也。

【译文】

真挚地爱护人民，乃至对于鸟兽昆虫没有不去爱护的。不爱护，怎么能说是仁呢？仁就是爱人的名称。

【评解】

我们知道，由爱人生发出来的对万物之爱，是儒家伦理学一以贯之的主张。董仲舒作为被朱熹称道的"醇儒"，亦继承和发扬了这种生态爱物思想，形成了他富有特色的生态爱护观。

董仲舒也是一个乐山乐水的儒者，他曾作《山川颂》歌颂乐山乐水的仁人志士和有德者。在现实生活中，董仲舒就是一个特别爱惜一切生命的人，桓谭《新论》讲董仲舒"年至六十余，不窥园中菜"，对园中的蔬菜、花草任其生长，与其共处多年，这真把《周易》"天地之大德曰生"的思想学到了家。作为天地万物最尊贵者，人人都要尽可能地不妨害天地之间的这种生生之意，爱护好万物，让其与人类共生共荣。

总之，董仲舒认为："推恩者，远之而大。"（《竹林》）仁爱之心，推广得越远越是伟大。从"仁民"到"爱物"，董仲舒都给予了高度重视，可以说孔孟开创的儒家仁爱思想发展到董仲舒已经相当成熟，蔚为大观。我们认为这一成熟的显著标志正是董仲舒"鸟兽昆虫莫不爱"生态爱护观的提出。董仲舒在理论和实践层面皆贯彻了这种生态爱护观，因而他的这种思想具有更加突出的生态伦理学意义。

《后汉书》

皇甫嵩朱儁列传第六十一

皇甫嵩字义真,安定朝那人,度辽将军规之兄子也。父节,雁门太守。嵩少有文武志介,好《诗》《书》,习弓马。初举孝廉、茂才。太尉陈蕃、大将军窦武连辟,并不到。灵帝公车征为议郎,迁北地太守。

初,巨鹿张角自称"大贤良师",奉事黄老道,畜养弟子,跪拜首过,符水咒说以疗病,病者颇愈,百姓信向之。角因遣弟子八人使于四方,以善道教化天下,转相诳惑。十余年间,众徒数十万,连结郡国,自青、徐、幽、冀、荆、扬、兖、豫八州之人,莫不毕应。遂置三十六方。方犹将军号也。大方万余人,小方六七千,各立渠帅。讹言"苍天已死,黄天当立,岁在甲子,天下大吉"。以白土书京城寺门及州郡官府,皆作"甲子"字。中平元年,大方马元义等先收荆、扬数万人,期会发于邺。元义数往来京师,以中常侍封谞、徐奉等为内应,约以三月五日内外俱起。未及作乱，而张角弟子济南唐周上书告之，于是车裂元义于洛阳。灵帝以周章下三公、司隶，使钩盾令周斌将三府掾属，案验宫省直卫及百姓有事角道者，诛杀千余人，推考冀州，逐捕角等。角等知事已露，晨夜驰敕诸方，一时俱起。皆著黄巾为摽帜，时人谓之"黄巾"，亦名为"蛾①贼"。杀人以祠天。角称"天公将军"，角弟宝称"地公将军"，宝弟梁称"人公将军"。所在燔烧官府，劫略聚邑，州郡失据，长吏多逃亡。旬日之间，天下向应，京师震动。

诏敕州郡修理攻守，简练器械，自函谷、大谷、广城、伊阙、镮辕、旋门、孟津、小平津诸关，并置都尉。召群臣会议。嵩以为宜解党禁，益出中藏钱、西园厩马，以班军士。帝从之。于是发天下精兵，博选将帅，以嵩为左中郎将，持节，与右中郎将朱儁，共发五校、三河骑士及募精勇，合四万余人，嵩、儁各统一军，共讨颍川黄巾。

儁前与贼波才战，战败，嵩因进保长社。波才引大众围城，嵩兵少，军中皆恐，乃召军吏谓曰："兵有奇变，不在众寡。今贼依草结营，易为风火。若因夜纵烧，必大惊乱。吾出兵击之，四面俱合，田单之功可成也。"其夕遂大风，嵩乃约敕军士皆束苣乘城，使锐士间出围外，纵火大呼，城上举燎应之，嵩因鼓而奔其陈，贼惊乱奔走。会帝遣骑都尉曹操将兵适至，嵩、操与朱儁合兵更战，大破之，斩首数万级。封嵩都乡侯。嵩、儁乘胜进

---

① 蛾：yǐ。

讨汝南、陈国黄巾，追波才于阳翟，击彭脱于西华，并破之。余贼降散，三郡悉平。

又进击东郡黄巾卜己于仓亭，生禽卜己，斩首七千余级。时北中郎将卢植及东中郎将董卓讨张角，并无功而还，乃诏嵩进兵讨之。嵩与角弟梁战于广宗。梁众精勇，嵩不能克。明日，乃闭营休士，以观其变。知贼意稍懈，乃潜夜勒兵，鸡鸣驰赴其陈，战至晡时，大破之，斩梁，获首三万级，赴河死者五万许人，焚烧车重三万余两，悉虏其妇子，系获甚众。角先已病死，乃剖棺戮尸，传首京师。

嵩复与巨鹿太守冯翊郭典攻角弟宝于下曲阳，又斩之。首获十余万人，筑京观于城南。即拜嵩为左车骑将军，领冀州牧，封槐里侯，食槐里、美阳两县，合八千户。

以黄巾既平，故改年为中平。嵩奏请冀州一年田租，以赡饥民，帝从之。百姓歌曰："天下大乱兮市为墟，母不保子兮妻失夫，赖得皇甫兮复安居。"嵩温恤士卒，甚得众情，每军行顿止，须营幔修立，然后就舍帐。军士皆食，己乃尝饭。吏有因事受赂者，嵩更以钱物赐之，吏怀惭，或至自杀。

嵩既破黄巾，威震天下，而朝政日乱，海内虚困。故信都令汉阳阎忠干说嵩曰："难得而易失者，时也；时至不旋踵者，几也。故圣人顺时以动，智者因几以发。今将军遭难得之运，蹈易骇之机，而践运不抚，临机不发，将何以保大名乎？"嵩曰："何谓也？"忠曰："天道无亲，百姓与能。今将军受钺于暮春，收功于末冬。兵动若神，谋不再计，摧强易于折枯，消坚甚于汤雪，旬月之间，神兵电埽，封尸刻石，南向以报，威德震本朝，风声驰海外，虽汤武之举，未有高将军者也。今身建不赏之功，体兼高人之德，而北面庸主，何以求安乎？"嵩曰："夙夜在公，心不忘忠，何故不安？"忠曰："不然。昔韩信不忍一餐之遇，而弃三分之业，利剑已揣其喉，方发悔毒之叹者，机失而谋乖也。今主上势弱于刘、项，将军权重于淮阴，指扬足以振风云，叱咤可以兴雷电。赫然奋发，因危抵颓，崇恩以绥先附，振武以临后服，征冀方之士，动七州之众，羽檄先驰于前，大军响振于后，蹈流漳河，饮马孟津，诛阉官之罪，除群凶之积，虽僮儿可使奋拳以致力，女子可使褰裳以用命，况厉熊罴之卒，因迅风之势哉！功业已就，天下已顺，然后请呼上帝，示以天命，混齐六合，南面称制，移宝器于将兴，推亡汉于已坠，实神机之至会，风发之良时也。夫既朽不雕，衰世难佐。若欲辅难佐之朝，雕朽败之木，是犹逆坂走丸，迎风纵棹，岂云易哉？且今竖宦群居，同恶如市，上命不行，权归近习，昏主之下，难以久居，不赏之功，谗人侧目，如不早图，后悔无及。"嵩惧曰："非常之谋，不施于有常之势。创图大功，岂庸才所致。黄巾细孽，敌非秦、项，新结易散，难以济业。且人未忘主，天不佑逆。若虚造不冀之功，不速朝夕之祸，孰与委忠本朝，守其臣节。虽云多谗，不过放废，犹有令名，死且不朽。反常之论，所不敢闻。"忠知计不用，因亡去。

会边章、韩遂作乱陇右，明年春，诏嵩回镇长安，以卫园陵。章等遂复入寇三辅，使嵩因讨之。

初，嵩讨张角，路由邺，见中常侍赵忠舍宅逾制，乃奏没入之。又中常侍张让私求钱五千万，嵩不与，二人由此为憾，奏嵩连战无功，所费者多。其秋征还，收左车骑将军印绶，削户六千，更封都乡侯，二千户。

五年，凉州贼王国围陈仓，复拜嵩为左将军，督前将军董卓，各率二万人拒之。卓欲速进赴陈仓，嵩不听。卓曰："智者不后时，勇者不留决。速救则城全，不救则城灭，全灭之势，在于此也。"嵩曰："不然。百战百胜，不如不战而屈人之兵。是以先为不可胜，以待敌之可胜。不可胜在我，可胜在彼。彼守不足，我攻有余。有余者动于九天之上，不足者陷于九地之下。今陈仓虽小，城守固备，非九地之陷也。王国虽强，而攻我之所不救，非九天之势也。夫势非九天，攻者受害；陷非九地，守者不拔。国今已陷受害之地，而陈仓保不拔之城，我可不烦兵动众，而取全胜之功，将何救焉！"遂不听。王国围陈仓，自冬迄春，八十余日，城坚守固，竟不能拔。贼众疲敝，果自解去。嵩进兵击之。卓曰："不可。兵法，穷寇勿追，归众勿迫。今我追国，是迫归众，追穷寇也。困兽犹斗，蜂虿有毒，况大众乎！"嵩曰："不然。前吾不击，避其锐也。今而击之，待其衰也。所击疲师，非归众也。国众且走，莫有斗志。以整击乱，非穷寇也。"遂独进击之，使卓为后拒。连战大破之，斩首万余级，国走而死。卓大惭恨，由是忌嵩。

明年，卓拜为并州牧，诏使以兵委嵩，卓不从。嵩从子郦时在军中，说嵩曰："本朝失政，天下倒悬，能安危定倾者，唯大人与董卓耳。今怨隙已结，势不俱存。卓被诏委兵，而上书自请，此逆命也。又以京师昏乱，踌躇不进，此怀奸也。且其凶戾无亲，将士不附。大人今为元帅，杖国威以讨之，上显忠义，下除凶害，此桓文之事也。"嵩曰："专命虽罪，专诛亦有责也。不如显奏其事，使朝廷裁之。"于是上书以闻。帝让卓，卓又增怨于嵩。及后秉政，初平元年，乃征嵩为城门校尉，因欲杀之。嵩将行，长史梁衍说曰："汉室微弱，阉竖乱朝，董卓虽诛之，而不能尽忠于国，遂复寇掠京邑，废立从意。今征将军，大则危祸，小则困辱。今卓在洛阳，天子来西，以将军之众，精兵三万，迎接至尊，奉令讨逆，发命海内，征兵群帅，袁氏逼其东，将军迫其西，此成禽也。"嵩不从，遂就征。有司承旨，奏嵩下吏，将遂诛之。

嵩子坚寿与卓素善，自长安亡走洛阳，归投于卓。卓方置酒欢会，坚寿直前质让，责以大义，叩头流涕。坐者感动，皆离席请之。卓乃起，牵与共坐。使免嵩囚，复拜嵩议郎，迁御史中丞。及卓还长安，公卿百官迎谒道次。卓风令御史中丞已下皆拜以屈嵩，既而抵手言曰："义真犕未乎？"嵩笑而谢之，卓乃解释。

及卓被诛，以嵩为征西将军，又迁车骑将军。其年秋，拜太尉，冬，以流星策免。复拜光禄大夫，迁太常。寻李傕作乱，嵩亦病卒，赠骠骑将军印绶，拜家一人为郎。

嵩为人爱慎尽勤，前后上表陈谏有补益者五百余事，皆手书毁草，不宣于外。又折节下士，门无留客。时人皆称而附之。

坚寿亦显名，后为侍中，辞不拜，病卒。

【译文】

皇甫嵩字义真，是安定郡朝那县人，他是度辽将军皇甫规的侄子。他的父亲皇甫节，曾在雁门任太守。皇甫嵩从小有文武的志气与节操，喜欢读《诗经》和《尚书》，学习射箭骑马。起初他被推举为孝廉、秀才。太尉陈蕃和大将军窦武接连征召，他都不去。汉灵帝派公车征聘他为议郎，升任北地太守。

起初，钜鹿人张角自称"大贤良师"，奉行黄老学说，收养弟子，用跪拜磕头思过和符水咒语治病，患者大多治愈，百姓相信而接近他。张角于是派遣八名弟子到各地传道，用太平道教育感化百姓，转而百姓互相传播使人受骗迷惑。十多年之内，聚集了几十万道徒，联结州郡，凡青州、徐州、幽州、冀州、荆州、扬州、兖州、豫州八州的百姓，没有不全部响应的。于是，张角部署道徒三十六方。方犹如将军的称号。大方有一万多人，小方有六七千人，各自立了头目。散布谣言称："苍天已死，黄天当立，岁在甲子，天下大吉。"在京城官署门和各州郡府署门上，用白灰涂写的都是"甲子"字样。中平元年（184），大方马元义等人首先调集荆、扬两州道徒数万人，相约在邺城起事。马元义多次往返京师，要中常侍封谞、徐奉等人做内应，相约在三月五日内外同时起事。还不到作乱的日子，张角的弟子济南人唐周上书朝廷告发了这件事，马元义在洛阳被车裂。汉灵帝把唐周的告发信下发给三公、司隶官署，派钩盾令周斌带领三府所属官吏，查证落实保卫官禁的官兵以及百姓中信仰张角道术的人，诛杀了一千多人，追究查实冀州的情况，追捕张角等人。张角等人知道事情已经败露，日夜兼程通知各方，同时都起事。他们都头扎黄巾作为标志，当时的人称他们为"黄巾"，也称"蛾贼"。他们杀人祭祀天神。张角自称"天公将军"，张角的弟弟张宝自称"地公将军"，张宝的弟弟张梁自称"人公将军"。所到之处焚烧官府，抢掠村落城镇，州郡失守，官吏大多逃亡。十天之内，天下响应，京师震动。

朝廷下诏命令各州郡整修设防，挑选武器装备，凡函谷、大谷、广城、伊阙、镮辕、旋门、孟津、小平津各处关口，都设置了都尉。灵帝召集群臣开会商议。皇甫嵩认为应该解除党锢之禁，拿出中藏府的钱和西园的良马，供军士们使用。汉灵帝采纳了他的意见。因而调发各地的精兵，广泛地挑选将领，任命皇甫嵩为左中郎将，执持符节，与右中郎将朱儁一起，调发五校、三河的骑兵和招募的精兵，共计四万多人。皇甫嵩、朱儁各统率一军，共同讨伐颍川的黄巾军。

朱儁与黄巾军将领波才交战，战败，皇甫嵩由此进军前去保卫长社。波才带着人马包围了长社城，皇甫嵩兵少，军中恐慌，于是他召集军队将领，对他们说："兵势有奇正的变化，不在数量的多少。现在敌人依草结营，有风容易起火。如果趁着夜间放火焚烧，敌人必定惊慌大乱。我们再出兵攻打他们，四面包围起来，这种田单之计就可以成功了。"当天晚上就刮起了大风，于是，皇甫嵩命令士兵都拿着用苇秆扎成的火把登城，派尖兵悄悄地到包围圈外，放起大火高声叫喊，城上的士兵举着火把响应，皇甫嵩闻鼓直奔敌阵，敌人惊慌逃跑。正好皇帝派遣的骑都尉曹操带兵赶到，皇甫嵩、曹操与朱儁合兵大战，大破波才军，所斩之首数万。皇甫嵩被封为都乡侯。皇甫嵩、朱儁乘胜前进讨伐汝南、陈国的黄巾军，在阳翟追击波才，在西华打击彭脱，都将他们打败了。残敌降的降、散的散，于是颍川、汝南、陈国三郡全部平定。皇甫嵩又对东郡黄巾军卜已发动进攻，俘捉卜已，斩首七千余人。这时北中郎将卢植和东中郎将董卓讨伐张角，都无功而返，于是朝廷下诏命令皇甫嵩进军讨伐张角。皇甫嵩与张角的弟弟张梁在广宗交战。张梁众兵作战勇敢，皇甫嵩未能攻破。第二天，皇甫嵩就闭营让士兵休息，借机观察对方兵势的变化。得知敌人有些放松警戒，就暗暗在夜间统率部队，于鸡鸣时赶赴敌人阵地，战斗进行到下午三时至五时，大破敌军，斩杀张梁，歼敌三万人，投入清河死的有五万多人，焚烧辎重车三万多辆，将黄巾部众的妇女和孩子全部俘虏，抓获人口很多。张角先前已病死，皇甫嵩就剖棺戮尸，将头颅送到京师。

皇甫嵩进而与巨鹿太守冯翊、郭典在下曲阳对张角的弟弟张宝发起进攻，又杀了张宝。斩杀十余万人，在城南积尸封土筑成一个称为京观的大墓。不久朝廷拜皇甫嵩为左车骑将军，兼任冀州州长，封为槐里侯，食邑槐里、美阳两县，共计八千户。

由于黄巾军已经平定，朝廷改年号为中平。皇甫嵩上奏请免冀州一年的田租，用来救济饥民，皇帝同意了他的奏请。老百姓歌唱道："天下大乱啊街市成了废墟，母亲不能保护孩子啊妻子丧失丈夫，多亏有了皇甫嵩啊我们又得到了安居。"皇甫嵩体恤士兵，很得人心，每当行军停下来休息，必须全军的军营全部安顿好，自己才去就寝；士兵们都去吃饭了，自己才吃饭。官吏中有办事收受贿赂的人，皇甫嵩就再用自己的钱物赏赐他们。官吏深感惭愧，有的甚至因此而自杀。

皇甫嵩消灭黄巾军，威名震撼天下，然而当朝政治日益紊乱，国内空虚且困难重重。因此，信都县令汉阳人阎忠冒昧劝说皇甫嵩道："难以得到而容易失去的，是时运；时运到来而转瞬即逝的，这就是机会。因此圣贤的人顺应时势行动，聪明的人根据机会发展。现在将军遇到难得的机遇，却践踏时运不去把握，对着良机不去发展，您将凭什么保全大名呢？"皇甫嵩说："为什么这样说呢？"阎忠说："天道公正无所偏爱，百姓只跟随有能力的人。现在将军受命出征在暮春，在冬天未尽之时就取得了成功。出兵如神，谋略无二，摧垮强敌如同折断枯枝一样容易，消灭顽敌胜过沸水泼雪，个把月的时间，神兵如闪电一样扫荡，积土埋尸、刻石记功，向朝廷报捷，威武功德震动本朝，名声很快传到海外，即使是商汤和周武王的壮举，也没有高出将军的。现在您建立无法封赏的功劳，身上具备高出凡人的品德，而北面朝拜平庸的皇帝，您凭什么求得平安呢？"皇甫嵩说："早晚敬思其职，心中不忘效忠，有什么原因不安宁？"阎忠说："不是这样。过去韩信不忍心一餐饭的知遇之恩，而放弃三分天下的大业，利剑已垂在他的喉咙，这时才发出悔恨的感叹，这是因为时机失去而计谋乖错。现在皇上的势力比刘邦、项羽要弱，将军的权势比韩信要大,指挥作战足以使风云振动,喝斥责问可以使雷电兴起。赫然奋起,趁着危急之时击毁衰败的东西,推崇德用安抚首先归附的人,振奋兵威对付后来征服的人,征召冀州地方的人才,发动七州的群众,先发出进军的羽书,大军威风凛凛跟在后面,渡过漳河,诛伐罪恶的宦官,除掉积恶的凶顽,即使是男孩也可以挥起拳头出力,女子也可以束紧衣服效命,何况是像熊罴一样勇猛的士兵,有迅风扫落叶那样的势头呢!功业已经完成,天下已经归顺,然后请告天帝,向天下显示天命,天下统一,建国称帝,变更神位于振兴之际,推翻汉朝于欲坠之际,这真是绝妙的机会来到了,这是奋发有为的良好时机呀。已经腐朽的木头不能雕刻,衰败的国家难以辅佐。如果想辅佐难以辅佐的朝廷,想雕刻腐朽的木头,这就好像是逆着斜坡滚弹丸,逆着风驾帆船,难道能说容易吗?再说当今宦官成群地占据显位,共同作恶就像市贾一样,皇上的命令不执行,权力归于亲近的宦官,在昏庸皇帝的统治下,很难长久安居,您那无法奖赏的功勋,逸人侧目相视,如果不早日谋取,后悔就来不及了。"皇甫嵩害怕地说:"违反常规的图谋,不能施行在常规的形势下。创业图谋的大事,岂是庸人所能做到的?黄巾小贼,势力不能与秦国和项羽的军队相匹,新集结起来的我军容易涣散,难以靠他们成就大业。况且人不能忘记主子恩典,天不保佑谋反的人。如果不切实际地去做没有希望的事,因而招致早晚会有的灾祸,这怎能和效忠本朝廷、固守我为臣的节操来相比?虽然谗言多,不过把我免职,还拥有美好的名声,死后也不朽。违反常规的言论,我不敢听从。"阎忠知道计谋不被采用，就离开了。

恰逢边章、韩遂在陇右发动叛乱，第二年春天，诏命皇甫嵩转守长安，以保卫皇家园陵。边章等人于是又入侵三辅地区，皇帝派皇甫嵩去讨伐他们。

当初，皇甫嵩讨伐张角，路经邺城，发现中常侍赵忠的房屋超过了制度规定，就上奏将其没收了。还有中常侍张让私下里要求借钱五千万两，皇甫嵩不给，二人因为这件事有意见，张让便上奏汉灵帝，说皇甫嵩接连几战没有成功，损失很大。这年秋天，皇甫嵩被征召回朝，被收回左车骑将军的印绶，削减食邑六千户，改封都乡侯，食邑为二千户。

中平五年（188），凉州之贼王国围攻陈仓，朝廷又重新拜皇甫嵩为左将军，统率前将军董卓，各率两万人马抗敌。董卓想迅速进赴陈仓，皇甫嵩不同意。董卓说："聪明的人不会错过时机，勇敢的人不会犹豫不决。迅速解救则城能保全，不解救则城会毁灭，保全和毁灭的形势，在此一举。"皇甫嵩说："不是这样。百战百胜，比不上不战而使敌人屈服。这样首先要营求不可被战胜的形势，再去寻求战胜敌人的时机。不可胜是在我方，可战胜是说敌方。敌方防守是由于取胜条件不足。我方进攻是由于取胜条件有余。取胜条件有余的一方像动作于高不可测的天上一样，取胜条件不足的一方像陷于深不可知的地下一样。现在陈仓虽小，城墙防守坚固完好，并非像陷于深不可知的地下那样。王国虽然强大，但他去进攻我们不必去解救的地方，他的进攻并非像动作于高不可测的天上那样。没有具备要动作于高不可测的天上那样的形势，进攻必受挫折；没有陷入深不可知的地下那样的处境，防守是不会被攻破的。王国现在已经陷入进攻受挫折的境地，而陈仓守军却保据不被攻破的城市，我能够不烦劳众兵，而取得全胜之功，何必现在就去解救呢！"于是不听董卓的。王国围攻陈仓，从冬季到春季，八十多天，城墙坚固防守严密，终究不能攻下来。敌人大多疲惫不堪，果然自行撤围。皇甫嵩进军追击敌人。董卓说："不可以。兵法讲，对陷入绝境的敌人不要去追赶，对撤退的敌人不要去逼迫。现在我军追击王国，这是逼迫撤退的敌人，追赶陷入绝境的敌人。陷入困境的野兽尚且要搏斗求生，马蜂和蝎子是带毒的，何况是强大的敌军呢！"皇甫嵩说："不是这样。前面我讲不进攻敌人，是要避开敌人的精锐所在。现在却要去打击敌人，是等到了敌人的衰败。所打击的是疲惫敌军，不是正常撤退的敌军。王国军队正在逃跑，没有谁还有斗志。用我们严整的军队去攻打混乱不堪的敌军，并不是追赶陷入绝境的敌人。"于是独自进军追击敌人，让董卓担任后卫，接连几战大破敌军，歼敌一万多人，王国在逃跑中死去。董卓很惭愧，因此忌恨皇甫嵩。

　　第二年，董卓被任命为并州牧，诏令军队归属皇甫嵩，董卓不肯。皇甫嵩的侄儿皇甫郦当时在董卓军中，他劝说皇甫嵩道："当朝政治失控，国家处在危难困苦之中，能够把国家从危难中拯救的，只有大人您和董卓罢了。现在怨恨已经结下，势必不能一起共事。董卓被朝廷下令把军队归属您，却上书自己要求带兵，这是违抗诏令。又因为朝廷混乱，徘徊不去努力作战，这是心怀恶意。况且董卓这个人暴戾凶狠无亲信，将士不愿归附他。大人今为元帅，依仗国家威力讨伐他，对上可以显示忠义，对下可铲除凶害，这是齐桓公和晋文公所做的事呀。"皇甫嵩说："董卓独断专行虽然有罪，我不禀告皇上就去诛杀他也是有罪责的。不如公开上奏这件事，让朝廷去裁决。"于是上书奏明皇帝。皇帝责备董卓，董卓进而更加怨恨皇甫嵩。

到了后来，董卓主持朝政，初平元年（190），就征召皇甫嵩做城门校尉，想借机杀掉皇甫嵩。皇甫嵩将要动身，长史梁衍劝道："汉王室势力微弱，宦官扰乱朝廷，董卓虽然诛杀了作乱的宦官，却不能对国家尽忠，于是又抢劫京城，肆意废立皇帝。现在征召将军您，从大处来讲则有杀身之祸，从小处来讲则会遭受侮辱。现在董卓在洛阳，皇帝正向西都长安而来，用将军的众多人马，精兵三万，迎接皇帝，奉诏令讨伐逆贼，向全国发布命令，征招兵士和将领，袁绍从他的东部逼杀过来，将军从他的西部逼杀过去，这样就可以抓获董卓了。"皇甫嵩不听，于是去就职。官吏奉承董卓的意旨，上奏诬告皇甫嵩，皇甫嵩被削职下狱，眼看就要被杀害。

皇甫嵩的儿子皇甫坚寿与董卓素来友好，他从长安逃跑到洛阳，投靠在董卓麾下。董卓正摆酒席欢庆聚会，皇甫坚寿径直走到董卓跟前，用大义说服他，叩头大哭。在座的人被感动，都离席为皇甫嵩求情。董卓就站起来，拉着皇甫坚寿与他同坐。下令免除关押皇甫嵩，重新任命皇甫嵩为议郎，升任御史中丞。等到董卓返回长安，公卿百官在道旁依次迎接拜见。董卓用含蓄的话命令御史中丞以下的官员都要来拜见自己，以此使皇甫嵩向自己屈服。拜见后董卓拍着手掌说道："义真服不服？"皇甫嵩笑着向董卓道歉，董卓才解除了心中的怨恨。

等到董卓被诛杀，朝廷用皇甫嵩做征西将军，又升任车骑将军。这一年秋天，皇甫嵩被拜为太尉，冬天时，因流星出现而被下诏免职。后又拜为光禄大夫，升任太常。不久李傕等人作乱，皇甫嵩亦病死，皇帝赠予他骠骑将军的印绶，任命他家中的一人为郎官。

皇甫嵩为人做事谨慎而尽心，前后上表陈谏有益于国家的建议有五百多件，都是亲手起草，并将草稿毁掉，不对外宣扬自己。又能够礼贤下士，热情接待来宾，门前无一人滞留。当时的人都称赞他且愿意归附在他的麾下。

皇甫坚寿也名声显扬，后来担任侍中，他辞谢不就职，因病死去。

朱儁字公伟，会稽上虞人也。少孤，母尝贩缯为业。儁以孝养致名，为县门下书佐，好义轻财，乡闾敬之。时同郡周规辟公府，当行，假郡库钱百万，以为冠帻费，而后仓卒督责，规家贫无以备，儁乃窃母缯帛，为规解对。母既失产业，深恚责之。儁曰："小损当大益，初贫后富，必然理也。"

本县长山阳度尚见而奇之，荐于太守韦毅，稍历郡职。后太守尹端以儁为主簿。熹平二年，端坐讨贼许昭失利，为州所奏，罪应弃市。儁乃羸服闲行，轻赍数百金到京师，赂主章吏，遂得刊定州奏，故端得输作左校。端喜于降免而不知其由，儁亦终无所言。

后太守徐珪举儁孝廉，再迁除兰陵令，政有异能，为东海相所表。会交址部群贼并起，牧守软弱不能禁。又交阯贼梁龙等万余人，与南海太守孔芝反叛，攻破郡县。光和元年，即拜儁交阯刺史，令过本郡简募家兵及所调，合五千人，分从两道而入。既到州界，按甲不前，先遣使诣郡，观贼虚实，宣扬威德，以震动其心；既而与七郡兵俱进逼之，遂斩梁龙，降者数万人，旬月尽定。以功封都亭侯，千五百户，赐黄金五十斤，征为谏议大夫。

及黄巾起，公卿多荐儁有才略，拜为右中郎将，持节，与左中郎将皇甫嵩讨颍川、汝南、陈国诸贼，悉破平之。嵩乃上言其状，而以功归儁，于是进封西乡侯，迁镇贼中郎将。

时南阳黄巾张曼成起兵，称"神上使"，众数万，杀郡守褚贡，屯宛下百余日。后太守秦颉击杀曼成，贼更以赵弘为帅，众浸盛，遂十余万，据宛城。儁与荆州刺史徐璆及秦颉合兵万八千人围弘，自六月至八月不拔。有司奏欲征儁。司空张温上疏曰："昔秦用白起，燕任乐毅，皆旷年历载，乃能克敌。儁讨颍川，以有功效，引师南指，方略已设，临军易将，兵家所忌，宜假日月，责其成功。"灵帝乃止。儁因急击弘，斩之。贼余帅韩忠复据宛拒儁。儁兵少不敌，乃张围结垒，起土山以临城内，因鸣鼓攻其西南，贼悉众赴之。儁自将精卒五千，掩其东北，乘城而入。

忠乃退保小城，惶惧乞降。司马张超及徐璆、秦颉皆欲听之。儁曰："兵有形同而势异者。昔秦项之际，民无定主，故赏附以劝来耳。今海内一统，唯黄巾造寇，纳降无以劝善，讨之足以惩恶。今若受之，更开逆意，贼利则进战，钝则乞降，纵敌长寇，非良计也。"因急攻，连战不克。儁登土山望之，顾谓张超曰："吾知之矣。贼今外围周固，内营逼急，乞降不受，欲出不得，所以死战也。万人一心，犹不可当，况十万乎！其害甚矣。不如彻围，并兵入城。忠见围解，势必自出，出则意散，易破之道也。"既而解围，忠果出战，儁因击，大破之。乘胜逐北数十里，斩首万余级。忠等遂降。而秦颉积忿忠，遂杀之。余众惧不自安，复以孙夏为帅，还屯宛中。儁急攻之。夏走，追至西鄂精山，又破之。复斩万余级，贼遂解散。明年春，遣使者持节拜儁右车骑将军，振旅还京师，以为光禄大夫，增邑五千，更封钱塘侯，加位特进。以母丧去官，起家，复为将作大匠，转少府、太仆。

自黄巾贼后，复有黑山、黄龙、白波、左校、郭大贤、于氐根、青牛角、张白骑、刘石、左髭丈八、平汉、大计、司隶、掾哉、雷公、浮云、飞燕、白雀、杨凤、于毒、五鹿、李大目、白绕、畦固、苦蝤之徒，并起山谷间，不可胜数。其大声者称雷公，骑白马者为张白骑，轻便者言飞燕，多髭者号于氐根，大眼者为大目，如此称号，各有所因。大者二三万，小者六七千。

贼帅常山人张燕，轻勇趫捷，故军中号曰飞燕。善得士卒心，乃与中山、常山、赵郡、上党、河内诸山谷寇贼更相交通，众至百万，号曰黑山贼。河北诸郡县并被其害，朝廷不能讨。燕乃遣使至京师，奏书乞降，遂拜燕平难中郎将，使领河北诸山谷事，岁得举孝廉、计吏。

燕后渐寇河内，逼近京师，于是出儁为河内太守，将家兵击却之。其后诸贼多为袁绍所定，事在《绍传》。复拜儁为光禄大夫，转屯骑，寻拜城门校尉、河南尹。

时董卓擅政，以儁宿将，外甚亲纳而心实忌之。及关东兵盛，卓惧，数请公卿会议，徙都长安，儁辄止之。卓虽恶儁异己，然贪其名重，乃表迁太仆，以为己副。使者拜，儁辞不肯受。因曰："国家西迁，必孤天下之望，以成山东之衅，臣不见其可也。"使者诘曰："召君受拜而君拒之，不问徙事而君陈之，其故何也？"儁曰："副相国，非臣所堪也；迁都计，非事所急也。辞所不堪，言所非急，臣之宜也。"使者曰："迁都之事，不闻其计，就有未露，何所承受？"儁曰："相国董卓具为臣说，所以知耳。"使人不能屈，由是止不为副。

卓后入关，留儁守洛阳，而儁与山东诸将通谋为内应。既而惧为卓所袭，乃弃官奔荆州。卓以弘农杨懿为河南尹，守洛阳。儁闻，复进兵还洛，懿走。儁以河南残破无所资，乃东屯中牟，移书州郡，请师讨卓。徐州刺史陶谦遣精兵三千，余州郡稍有所给，谦乃上儁行车骑将军。董卓闻之，使其将李傕、郭汜等数万人屯河南拒儁。儁逆击，为傕、汜所破。儁自知不敌，留关下不敢复前。

及董卓被诛，傕、汜作乱，儁时犹在中牟。陶谦以儁名臣，数有战功，可委以大事，乃与诸豪桀共推儁为太师，因移檄牧伯，同讨李傕等，奉迎天子。乃奏记于儁曰："徐州刺史陶谦、前扬州刺史周乾、琅邪相阴德、东海相刘馗、彭城相汲廉、北海相孔融、沛相袁忠、太山太守应劭、汝南太守徐璆、前九江太守服虔、博士郑玄等，敢言之行车骑将军河南尹莫府：国家既遭董卓，重以李傕、郭汜之祸，幼主劫执，忠良残敝，长安隔绝，不知吉凶。是以临官尹人，搢绅有识，莫不忧惧，以为自非明哲雄霸之士，曷能克济祸乱！自起兵已来，于兹三年，州郡转相顾望，未有奋击之功，而互争私变，更相疑惑。谦等并共谘诹，议消国难。佥曰：'将军君侯，既文且武，应运而出，凡百君子，靡不颙颙。'故相率厉，简选精悍，堪能深入，直指咸阳，多持资粮，足支半岁，谨同心腹，委之元帅。"会李傕用太尉周忠、尚书贾诩策，征儁入朝。军吏皆惮入关，欲应陶谦等。儁曰："以君召臣，义不俟驾，况天子诏乎！且傕、汜小竖，樊稠庸儿，无他远略，又势力相敌，变难必作。吾乘其间，大事可济。"遂辞谦议而就傕征，复为太仆，谦等遂罢。

初平四年，代周忠为太尉，录尚书事。明年秋，以日食免，复行骠骑将军事，持节镇关东。未发，会李傕杀樊稠，而郭汜又自疑，与傕相攻，长安中乱，故儁止不出，留拜大司农。献帝诏儁与太尉杨彪等十余人譬郭汜，令与李傕和。汜不肯，遂留质儁等。儁素刚，即日发病卒。

子皓，亦有才行，官至豫章太守。

论曰：皇甫嵩、朱儁并以上将之略，受脤仓卒之时。及其功成师克，威声满天下。值弱主蒙尘，犷贼放命，斯诚叶公投袂之几，翟义鞠旅之日，故梁衍献规，山东连盟，而舍格天之大业，蹈匹夫之小谅，卒狼狈虎口，为智士笑。岂天之长斯乱也？何智勇之不终甚乎！前史晋平原华峤，称其父光禄大夫表，每言其祖魏太尉歆称"时人说皇甫嵩之不伐，汝豫之战，归功朱儁，张角之捷，本之于卢植，收名敛策，而己不有焉。盖功名者，世之所甚重也。诚能不争天下之所甚重，则怨祸不深矣"。如皇甫公之赴履危乱，而能终以归全者，其致不亦贵乎！故颜子愿不伐善为先，斯亦行身之要与！

赞曰：黄妖冲发，嵩乃奋钺。孰是振旅，不居不伐。儁捷陈、颍，亦弭于越。言肃王命，并遭屯蹶。

【译文】

朱儁字公伟，是会稽郡上虞县人。在他小时候父亲死去了，他的母亲曾经以贩卖丝织品为业。朱儁因为孝顺有修养而出名，在县里当主办文书的佐吏，好义轻财，受到乡里人的敬重。当时同郡人周规被公府征召，临走时，借了郡财政的钱一百万，用来作为冠帻费用，但后来郡里突然催还，周规家里穷没有钱还，朱儁就偷了他母亲经营的丝织品送到郡库，为周规偿付了借款。他母亲因为失掉了产业而非常恼火，责备朱儁。朱儁说："受了小损失而将得到大益处，起初贫穷以后富贵，这是必然的道理。"

本县县长山阳人度尚见了朱儁，觉得他非同一般，就推荐给太守韦毅，渐渐地，他在郡中有了职位。后来太守尹端任用朱儁做主簿。熹平二年（173），尹端因为讨伐贼将许昭失利，被州里参了一本奏章，论罪是要杀头的。朱儁就改穿贫贱人的衣着暗地里行动，携带几百两黄金去京城，行贿主管奏章的官吏，于是得以改删州里的奏章，因而尹端的处罚得以改为到左校做苦工。尹端对降职免死感到高兴，却不知道其中缘由，朱儁也始终不讲出来。

后来太守徐珪推举朱儁为孝廉，又升任兰陵县令，他为政有特殊的才能，被东海相上表称赞。碰上交阯地方众多反贼一起闹事，牧守官吏软弱不能禁止。又有交阯贼将梁龙等一万多人，与南海太守孔芝反叛，攻破郡县。

到了黄巾军起事之时，公卿们大多推荐朱儁带兵，认为他有军事上的才干和谋略，朱儁被拜为右中郎将，执符节，与左中郎将皇甫嵩一起讨伐颍川、汝南、陈国各地的黄巾军，把他们全部平定了。皇甫嵩就上奏说明情况，而将功劳归属朱儁，因此，朱儁被晋封西乡侯，升任镇贼中郎将。

当时南阳郡的黄巾军首领张曼成带兵起事，自称"神上使"，人马有几万，杀了郡太守褚贡，驻扎在宛城周围有一百多天。后来太守秦颉攻打并杀掉张曼成，黄巾军又推举赵弘为首领，人马更加强大，有十多万人，占据着宛城。朱儁与荆州刺史徐璆及秦颉合兵一万八千人围攻赵弘，从六月到八月没能攻破。有关部门上奏想召回朱儁。司空张温上疏说："过去秦国启用白起，燕国任命乐毅，都历时多年时间久远，才能消灭敌人。朱儁讨伐颍川，因为有成效，要他带兵南征，方略已经定下，临军易将，为兵家所禁忌，应该给他时间，责令他成功。"于是，汉灵帝就放弃了召回朱儁的想法。朱儁因而抓紧袭击赵弘,把他斩杀了。黄巾军余将韩忠又占据宛城抵抗朱儁。朱儁兵少不能敌,就布下圈子修筑壁垒,堆起土山观察城内情况,趁势鸣鼓进攻宛城的西南部,黄巾军全军往西南部赶去。朱儁亲自带领精兵五千,躲藏在宛城的东北部,趁机登城而入。

于是韩忠退守小城,非常害怕,乞求投降。司马张超及徐璆、秦颉都想接受归降。朱儁说:"用兵有情形相同而时机不同的。过去秦末项羽起兵的时候,百姓没有固定的君主,因此用奖赏归降的方法使后来归降的人受到鼓励罢了。现在国家实现了统一,唯有黄巾军为患,接受归降就无法用来劝入学好,讨伐他们才足以使作恶的人受到惩罚。现在如果接受归降,更是放纵谋反的意向,敌人形势有利就进犯作战,条件不利则乞求归降,放纵敌人长敌人威风,这不是良好的决策。"因而发起猛攻,接连战斗未能攻克。朱儁登上土山观望敌营,回头对张超说:"我知道情况了。敌人现在处在外边被强大力量包围,内部军营形势逼紧,他们乞求归降不被接受,想出城又不能,所以拼死决战。万人一心,尚不可抵挡,何况十万之众呢!这个危害真是太大了。不如撤去包围,把部队集中起来进入宛城。韩忠见到撤去包围,势必自己出来,出来则军心涣散,这就是容易打败敌人的道理。"随之撤去包围,韩忠果然出战,朱儁就派兵出击,把敌人打得大败。乘胜前进往北追击几十里,歼敌一万多人。韩忠等人最终投降。但是秦颉对韩忠积愤已久,就把他杀了。剩下的众敌惶惶不安,又以孙夏为首领,跑回去驻守在宛城中。朱儁向守敌发起猛攻。孙夏率军逃跑，朱儁派兵追到西鄂县的精山，又把敌人打败了。杀敌一万多人，敌军于是被解散。第二年春天，皇帝派使者手持符节拜朱儁为右车骑将军，胜利的军队返回京师，又任命朱儁为光禄大夫，增加食邑五千户，改封钱塘侯，加官特进。因为母亲去世他辞官，从家里返回后，又重新担任将作大匠，转而又担任少府、太仆。

自从黄巾军之后，又有黑山、黄龙、白波、左校、郭大贤、于氐根、青牛角、张白骑、刘石、左髭丈八、平汉、大计、司隶、掾哉、雷公、浮云、飞燕、白雀、杨凤、于毒、五鹿、李大目、白绕、畦固、苦哂一些人，在山谷间共同起事，不可胜数。那些讲话大声的称为雷公，骑白马的就是张白骑，走路轻快的就是飞燕，嘴上胡须多的就号称于氐根，眼睛大的就是大目，如此称号，各有所因。人多的队伍有两三万人马，人少的有六七千人马。

叛乱者首领常山人张燕，行动轻勇敏捷，因此在军中号称飞燕。他很得士兵们的欢心，就与中山、常山、赵郡、上党、河内各山谷的叛乱者相互交往合作，人数达到一百万，被称为黑山贼。河北各郡县都受到他们的侵害，朝廷没有办法讨伐他们。张燕就派使者来到京城，上书请求归降，于是就拜张燕为平难中郎将，派他统领河北诸山谷的事宜，一年后推举孝廉、计吏。

张燕后来渐渐地侵占了河内地区，逼近京师，因此朝廷派遣朱儁担任河内太守，率领家兵抗击张燕。从那以后，那些叛乱者大多被袁绍平定，事情记在《后汉书·袁绍列传》中。又拜朱儁为光禄大夫，转而担任屯骑，不久拜为城门校尉、河南尹。

当时董卓独揽朝政，因为朱儁是老将军，董卓对他外表十分亲热信赖而内心其实很忌恨他。等到关东兵马强盛，董卓恐惧，多次要求公卿们开会商议，迁都长安，朱儁总是阻止他这样做。董卓虽然不喜欢朱儁与自己不一心，但是看重朱儁的名望，就表奏升任朱儁为太仆，要他做自己的副手。使者来授官职，朱儁推辞不肯接受。他解释道："国都西迁，必定会辜负天下百姓而造成山东的争端，我不认为这样做是对的。"使者责问道："诏令要您接受所授官职而您拒绝这种委任，不问及迁都这件事而您却陈述自己的看法，这是什么原因呢？"朱儁说："做相国的副手，不是我所能胜任的；迁都的决策，不是要急着办的事。推辞不是我所能胜任的职务，谈论不是要急着办的事，这是我的本职所在。"使者说："迁都的事，我没有听到这个决策，就是有也没有向外公开，您从哪里知道的呢？"朱儁说："相国董卓对我说了，我因而知道。"使者不能使朱儁屈服受命，因而不再劝说朱儁做相国副手。

董卓后来入关，留下朱儁守卫洛阳，朱儁却与山东的各位将领通谋为他们做内应。随之又担心遭到董卓袭击，就弃官跑到荆州。董卓用弘农县人杨懿做河南尹，守卫洛阳。朱儁听说后，又进军返回洛阳，杨懿逃走。朱儁认为河南被破坏得太厉害已没有供给的东西，就往东驻扎中牟，发文书给州郡长官，请求发兵讨伐董卓。徐州刺史陶谦派来精兵三千，其余州郡略派了些兵来，陶谦就上书朝廷任命朱儁做车骑将军。董卓听说这件事后，派他的将领李傕、郭汜等带数万人马驻扎河南对付朱儁。朱儁抵抗，被李傕、郭汜打败。朱儁自知难以对付，留在中牟关下不敢再进攻。

等到董卓被诛杀，李傕、郭汜作乱，朱儁当时还在中牟。陶谦认为朱儁作为名臣，多次立下战功，可以交托给他重大使命，就与各地豪杰一起推举朱儁做太师，于是发檄文给州郡长官，共同讨伐李傕等人，奉迎皇帝。因而写奏记给朱儁说："徐州刺史陶谦、前扬州刺史周乾、琅邪相阴德、东海相刘馗、彭城相汲廉、北海相孔融、沛相袁忠、太山太守应劭、汝南太守徐璆、前九江太守服虔、博士郑玄等人，斗胆向行车骑将军河南尹莫府进言：国家已经遭到董卓破坏，又因为李傕、郭汜的作乱，年幼的皇上被劫持，忠良遭残害，长安消息隔绝，不知道皇上的吉凶。由于这样，为官之人、有识之士，没有不忧虑的，我们认为不是英明圣贤有英雄气魄的人，哪里能消除国家祸乱！自从起兵以来，到现在三年了，州郡之间相互观望，没有奋力打击敌人的战功，反而互相争夺私自改变行动，更加相互怀疑和困惑不安。陶谦等人在一起共同商量，讨论消除国家的灾难。大家说：'将军作为国家大臣，文武双全，应顺时运出来讨伐董卓，凡是君子仁人，没有不仰慕您的。'因此相互激励，挑选作战勇敢的战士，他们完全可以挥军深入，一直打到咸阳去，他们大多带着粮草，足够使用半年，大家把共同的心愿，谨托付给元帅。"李傕采用太尉周忠、尚书贾诩的建议，征召朱儁入朝。朱儁军中的将领都害怕入关，想响应陶谦等人的提议。朱儁说："君王召唤臣子，理应不等套上车马就要去，何况是皇上下诏呢！况且李傕、郭汜小子，樊稠平庸小子，没什么远大谋略，他们又势力相当，互相猜疑作难之事定会发生。我趁着他们之间有矛盾，可以完成重大使命。"于是辞谢陶谦的提议而接受李傕的征召，重新当了太仆，陶谦等人只好作罢。

初平四年（193），朱儁取代周忠做太尉，总领尚书事务。第二年秋天，因日食出现而被免职，又担任骠骑将军，持符节镇守关东。尚未出发，碰上李傕杀了樊稠，郭汜又自行猜疑，与李傕相互争斗，长安在动乱之中，因此朱儁没有出发，留下来担任大司农。汉献帝诏令朱儁与太尉杨彪等十多人劝解郭汜，跟李傕和解。郭汜不肯，就把朱儁等人扣留，作为人质。朱儁素来性格刚强，当天发病死去。

他的儿子朱皓，也有才能和业绩，官做到豫章太守。

评论说：皇甫嵩、朱儁都因有高级将领的才识胆略，他们受命在国家危难之时。等到他们杀敌立功胜利归来，威武声誉遍布天下。时值软弱的皇帝形同傀儡，凶恶的反贼肆意妄为，这正是叶公子高投袂而起的好机会，翟义奋起平乱的好时机，所以梁衍献上规谏，山东联络结盟，但是皇甫嵩、朱儁放弃了替天行道的大业，重蹈普通百姓讲小信的失误，终于窘迫困顿陷入险境，被明智的人取笑。难道是苍天要让这个世界长期混乱吗？为什么聪明勇敢的人不得善终呀？前代史官晋朝平原县人华峤，说他的父亲光禄大夫华表，每次谈到他的祖父魏国太尉华歆就说："当时的人讲皇甫嵩不夸耀自己，汝豫之战把功劳归于朱儁，消灭张角的战斗也认为始于卢植，见好处就让给别人，从不占据功劳。功名这种东西，是世上的人看得很重的。真的能够做到不去争夺世上的人看得很重的东西，那么怨恨和灾祸就不会多了。"比如皇甫嵩将军经历了危难和动乱的年代，却能够最终得以安全无恙，他的谨慎难道不是可贵的吗！因此，颜回希望以不夸耀自己的长处为首务，这也是做人的一大要领啊！

赞辞说：黄巾军突然起事，皇甫嵩于是奋起出征。是谁带领胜利的军队，不居功不自我夸耀。朱儁在陈国、颍川取得胜利，还平定了越地交阯梁龙等人的反叛。他们都恭敬于帝王的诏命，但同样遭遇了挫折和困难。

【评解】

《后汉书》是一部著名的东汉（25—220）断代史著作，一百二十卷，分为纪十卷、传八十卷、志三十卷。其中的纪、传作者是南朝宋的范晔，志的作者是晋的司马彪。范晔，字蔚宗，顺阳（今河南淅川东南）人，生于398年，做过刘裕之子彭城王的参军，后升任尚书吏部郎。元嘉九年（432）被贬为宣城太守。在写《后汉书》后，又卷入彭城王与宋文帝之争，故元嘉二十二年（445）被杀。范晔原想效法《汉书》，写成十志，因为被害而未能如愿。由于范晔的著作史料可靠，内容全面，文笔生动，其成就大大超过前人，受到后世的推崇，与《史记》《汉书》《三国志》并称"前四史"。

我们这里所选《皇甫嵩朱儁列传》，是一篇重要的历史文献，它记录了东汉中平元年（184）至初平三年（192）的黄巾起义，这是历史上规模最大的一次以宗教形式组织的农民起义。当时朝廷政治腐败、宦官外戚争权夺利、国家疲弱不堪，又遇上全国大旱，颗粒无收而赋税不减，走投无路的农民在巨鹿人张角的号令下，纷纷揭竿而起，他们头扎黄巾高喊"苍天已死，黄天当立，岁在甲子，天下大吉"的口号，向统治者发动猛烈攻击，并对东汉朝廷的政权产生了巨大的冲击。为平息暴动，各地拥兵自重，军阀割据出现，东汉名存实亡，起义虽然最终以失败而告终，但也导致了三国鼎立局面的形成。历史是一面镜子，今人读史可以提升历史责任感和政治敏感度，领悟政权更替和政治得失的深层原因，对从政者透过历史现象分析和掌握执政规律无疑有重要的启迪作用。

《黄帝阴符经》

神仙抱一演道章

观天之道，执天之行，尽矣。天有五贼，见之者昌。五贼在心，施行于天。宇宙在乎手，万化生乎身。天性，人也。人心，机也。立天之道，以定人也。天发杀机，移星易宿。地发杀机，龙蛇起陆。人发杀机，天地反覆。天人合发，万变定基。性有巧拙，可以伏藏。九窍之邪，在乎三要，可以动静。火生于木，祸发必克。奸生于国，时动必溃。知之修炼，谓之圣人。

【译文】

只要认识自然规律，掌握自然运行之道，就可以尽力去做了。天地间有五行相生相克，了解这个道理才会兴旺。五行相生相克之道了然于胸，施行于天地万物之间，就像宇宙变化掌控在自己手中，就像了解自己的身体一样了解万物的生长。自然之性就是人之本性，人心却是不同的。所以要以自然之道确定人性之道。宇宙间五行相克，就会使星宿移位。大地五行相克，就会使龙蛇飞腾。人体内若出现五行相克，身体就会出现翻天覆地的变化。倘若人能顺应自然而按照五行相生相克的道理办事，万物也就有了稳定的基础。人性有巧有拙，有显现出来的也有没显现出来的。九窍是不是受了外邪的侵染，关键在于耳、目、口三窍的动静。三窍动就像火肯定由木生一样，肯定会发生灾祸。国家有奸臣当道，必然会导致灭亡。这些五行相生相克的道理，就是天道的根本法则。

富国安民演法章

天生天杀,道之理也。天地,万物之盗。万物,人之盗。人,万物之盗。三盗既宜,三才既安。故曰:"食其时,百骸理。动其机,万化安。"人知其神而神,不知不神之所以神也。日月有数,大小有定。圣功生焉,神明出焉。其盗机也,天下莫能见,莫能知。君子得之固躬,小人得之轻命。

【译文】

万物顺应天地之规律而自然生长。人依靠万物而生存。万物也依靠人而昌盛。只有天地、万物与人之间各得其宜,它们才会安定下来。所以说:休养要谨遵时令,身体才会得到调理;行动要把握时机,万物才会变得安定。人们只懂得"盗"的神妙莫测而以为神,却不知"盗"不神妙莫测才是最神妙莫测的。要知道,太阳与月亮运行各有规律,大与小也都有定规,只有懂得这些道理,事业才会有大成就,也才会有神明护佑。这些"盗"的机巧是天下之人所不能见、所不能知的。有悟性的人得到它,就会按照它去身体力行而成功;无悟性的人得到它,却会铤而走险把命丢掉。

强兵战胜演术章

瞽者善听，聋者善视。绝利一源，用师十倍。三反昼夜，用师万倍。心生于物，死于物，机在目。天之无恩而大恩生。迅雷烈风，莫不蠢然。至乐性愚，至静性廉。天之至私，用之至公。禽之，制在炁。生者，死之根。死者，生之根。恩生于害，害生于恩。愚人以天地文理圣，我以时物文理哲。人以虞愚圣，我以不愚虞圣。人以奇期圣，我以不奇期圣。故曰：沉水入火，自取灭亡。自然之道静，故天地万物生。天地之道浸，故阴阳胜。阴阳相推而变化顺矣。是故圣人知自然之道不可违，因而制之。至静之道，律历所不能契。爰有奇器，是生万象，八卦、甲子、神机、鬼藏、阴阳相胜之术，昭昭乎尽乎象矣。

【译文】

视力不好的人耳朵灵敏，听力不好的人眼睛好用。因此，如果一个器官不用（或眼或耳），就会增强十倍的能力。如果每天三个器官（耳、目、口）都不用，就会增加万倍的能力。心因物而动，因物而静，关键在于眼。要知道，上天无声无言无为，就是大恩德；而响雷暴风只会使万物不安。至乐的根本在于知足，至静的根本在于无私。上天因不特别厚待任何人，所以能大公无私。把握住自己，在于调和好气息。生是死之根本，死是生之根本。利因害而生，害也因利而生。愚昧的人总以为懂得天文地理就是有智慧，我却认为遵循时令、了解万物才是有大智慧。俗人以欺诈为智慧，我却认为诚信才最聪明；俗人以奇异为智慧，我却认为自然才是聪明。就像把水放到火里一样，只是自取灭亡。自然无为清静，天地万物才能产生。天地按照自然规律运行，所以产生了阴阳变化。阴阳相互转化，天地万物的变化就和谐。所以，圣人明白自然规律不可违背的道理，因而据此制定了各种律法制度。然而，清静无为的道理是各种律法制度所不能完全包含的。于是就有了奇妙的《易》，用它表示天地万物的变化，以八卦推演和六十甲子演化的办法演示自然的种种玄机。这样一来，阴阳循环相生的道理，也就能从万物变化中显现出来了。

【评解】

今传本《黄帝阴符经》成书于唐代中期，由道教学者李筌编撰而成（此采朱熹说）。[①] 它虽然成书较晚，但是对后世影响很大，是道教的经典著作。《黄帝阴符经》根据阴阳五行和老子道法自然的理论，阐述"天人合发、万变定基"之道，并认为只有遵循自然之道，"观天之道，执天之行，尽矣"，才能达到长生久视的目的。道教创立之初，继承了道家"天人合一"和《周易》"三才"观念。如《太平经》的"三合相通"论，即对这种天人观的一种宗教性诠释。天地人"三才"互相依存，不可或缺。彼此相爱相通，并力同举，乃可使宇宙间充满创造力，带来万物丰饶、社会太平和天人和谐。这种思想为道教《黄帝阴符经》的"三才相

---

① 于民雄：《道教文化概说》，贵州人民出版社1991年版，第162页。

盗"理论奠定了基础。

《黄帝阴符经》强调"自然之道不可违""顺乎自然之道",从道教的立场对人与自然的关系作出了进一步阐述。天地万物有生有杀,春风春雨使草木生长,秋风秋霜使草木凋零,这种现象是自然的,是天道运行本身固有的规律。《黄帝阴符经》揭示了天地、万物和人三者彼此依存的对立统一关系,目的是强调体察天情,相机而行,从而协调人与自然的关系,达到天地、万物、人和谐相安的状态。《黄帝阴符经》曰:"天生天杀,道之理也。天地,万物之盗。万物,人之盗。人,万物之盗。三盗既宜,三才既安。"李筌据此提出"更相为盗"以解释天地、万物和人的相互关系,也即提出了一个以"三才相盗"为核心的天人学说。所谓"盗",即"利用"之义。"天地,万物之盗。"这是说,天地为万物所摄取,亦即万物利用天地阴阳之气而生。李筌解释说:天地是阴阳的总名。阳气轻清上浮为天,阴气重浊下沉为地,天地相连而不相离。阴阳二气之中又有儿子,名曰"五行",五行为天地阴阳之功用,万物以五行而生,故万物又为"五行之子"。如人能够了解天地阴阳之道,掌握五行真气运化之秩序,则可以知晓天地社会的兴废,明察万物人身的生死。在道教看来,人与万物,都是由元气所生;天阳地阴,天赋予神气,而地赋予形质,万物都是由气、形、质构成。万物既是获取了精华而生成,所以说:"天地,万物之盗。万物,人之盗。"这是说万物为人所获取、利用,以生养自己。如取五谷以为食,取丝绵以为衣饰,取木石以为宫室,取金属为刀兵,取牛马为坐骑等,万物为人类利用，所以说："万物，人之盗。人，万物之盗。"这就是说，人亦反被万物所获取。人是利用天地，获取万物以养活自己，但如果为外物所役使，则人反而为万物所盗。如水火，是人们日常生活中不可缺少的东西，故人盗水火以用，这是有利之处；但如失去控制，水火成灾，则人被万物所盗。另外，人类为了使生活质量提高，去改良物种，这样的话则是万物反获取人类的智慧，依靠人而生生不息。

天地、万物和人的"三才相盗"相互关系，既是自然界的普遍规律，又是人的行为活动的自然准则，其本质是要求人类关心爱护天地、万物，追求的根本目标就是实现人与万物的和谐发展。因为要有所"盗"，必须先有所"护"，人类只有首先关心爱护好天地、万物，才可构成"三才相盗"关系。

所谓"实现人与万物的和谐发展"的价值体系根源于人与万物命运的共同性。这一套价值体系表现了人与万物的相互依存性。这是人与万物在求生存时的一条大原则。这一对万物的爱护与盗取之价值体系就是从人与万物之间的相互利益和需要的联系中产生出来的。万物之间确实具有某些相互的生存联系，例如，植物需用矿物，动物需用植物，人则需要动、植、矿各种物质，以维持并发育生命，这种联系一方面是需要，另一方面是供给；一方面是享受，另一方面是牺牲。这种相互生存联系所引起的需要和供给关系，并不是违反天道，也不是互相毁灭，而是按照天道生生之理，互相协助，互相完成。因为人类依赖动植物等自然万物来维持生存与发展，所以人不仅不能摧残自然万物，而且还要爱护万物。这才是

《黄帝阴符经》"三才相盗"生态伦理观的真谛所在。

万物盗天地，人盗万物，万物盗人，这是三才相生、相养、相成的正理，亦是大自然运行的客观规律。凡彼此的相盗，都必须遵循道，这种符合自然的道的"有道"之"盗"就叫作"盗机"。而在这个"三才相盗"的大系统中，唯有人最具有道德的主体性，故其动机的善恶与价值的取舍，往往决定盗机产生的结果，因而，人在其中并不是无所作为的，而是可以主动驾驭自然，积极地参与万物的运化，能"观天之道，执天之行"。在盗万物、取天机的过程中，在发挥主观能动性的同时，应尊重客观规律、效法自然。这显然继承了《周易》"天人合一"的"三才"观。应指出的是，这种"天人合一"境界的自我主体性与西方哲学讲的"主客二分"的主体性是有所区别的。从古希腊的智者普罗泰戈拉的"人是万物的尺度"，到近代康德建立的主体性哲学，都是在人与自然相分离相对抗中讲主客关系的，所主张的是人对自然的征服、控制。而《黄帝阴符经》的"三才相盗"哲学则以人和自然的认同与和谐为前提，主张人对自然法则的能动认识和利用，即人对天地万物的合理取舍。天与人尽管存在互盗的矛盾关系，但统一是前提，天人之间通过互盗建立起反馈系统，从而达到天机与人机的"暗合"。因而，它是对传统道家"天人合一"生态伦理观的升华和提升，使道教的生态伦理思想更具现代价值。

《贞观政要》

君 道

贞观初，太宗谓侍臣曰："为君之道，必须先存百姓。若损百姓以奉其身，犹割股以啖腹，腹饱而身毙。若安天下，必须先正其身，未有身正而影曲，上理而下乱者。朕每思伤其身者不在外物，皆由嗜欲以成其祸。若耽嗜滋味，玩悦声色，所欲既多，所损亦大，既妨政事，又扰生人。且复出一非理之言，万姓为之解体，怨讟①既作，离叛亦兴。朕每思此，不敢纵逸。"谏议大夫魏徵对曰："古者圣哲之主，皆亦近取诸身，故能远体诸物。昔楚聘詹何，问其理国之要，詹何对以修身之术。楚王又问理国何如，詹何曰：'未闻身理而国乱者。'陛下所明，实同古义。"

【译文】

贞观初年，唐太宗对身边侍从的大臣说："作为一国之君治

---

① 讟：dú。

理国家的基本准则是，一定要首先体恤和保护百姓。如果通过损害百姓来供养自己，就如同割下大腿上的肉来填饱肚子一样，肚子填饱了，结果自己也死了。如果想使天下安定，就一定要首先端正自己的行为，自身端正而影子却歪斜，上面有条理而下边却混乱，这样的事情从来没有过。我经常想，对人自身造成伤害的因素并不是来自外界的事物，都是由于自己的享受和欲望才酿成了灾祸。如果一个人过度追求口腹的享受，过分沉溺耳目的愉悦，那么他想要满足的欲望越多，受到的损害就会越大，一方面会妨碍国家的治理，另一方面会对百姓造成侵扰。如果再加上说一些不合事理的混账话，百姓就会因此而人心离散，怨恨诽谤便由此而生，背弃叛逆的事情也会随之出现。我每当想到这些，就不敢恣意放肆了。"谏议大夫魏徵回答说："古代聪明睿智的君主，也都是首先反省自身的行为，然后才能体悟身外的各种道理。当年楚国聘问詹何，请教治理国家的要领，詹何以加强自身修养的方法作为回答。楚庄王又进一步请教如何治理国家，詹何说：'我从来没有听说过治理国家的人自身端正而他所治理的国家却混乱的事情。'陛下您明白的这个道理，和古人的思想是完全一致的。"

【评解】

孔子说："政者，正也。子帅以正，孰敢不正。"（《论语·颜渊第十二》）孟子说："君仁，莫不仁；君义，莫不义；君正，莫不正。一正君而国定矣。"（《孟子·离娄上》）在强调德治的中国传统社会，社会管理者自身品德的修养，一直被历朝历代的思想家和政治家所重视。

吴兢（670—749），汴州浚仪（今河南开封）人，唐代著名史学家。所著《贞观政要》，共十卷四十篇，是唐太宗贞观之治的历史记录，蕴含着丰富的治国安民的政治智慧，是一部独具特色、对政治和管理富有启发的历史名著。

贞观二年，太宗问魏徵曰："何谓为明君暗君？"徵曰："君之所以明者，兼听也；其所以暗者，偏信也。《诗》云：'先人有言，询于刍荛。'昔唐、虞之理，辟四门，明四目，达四聪。是以圣无不照，故共、鲧之徒，不能塞也；靖言庸回，不能惑也。秦二世则隐藏其身，捐隔疏贱而偏信赵高，及天下溃叛，不得闻也。梁武帝偏信朱异，而侯景举兵向阙，竟不得知也。隋炀帝偏信虞世基，而诸贼攻城剽邑，亦不得知也。是故人君兼听纳下，则贵臣不得壅蔽，而下情必得上通也。"太宗甚善其言。

【译文】

贞观二年（628），唐太宗问魏徵："什么样的君主是明君？什么样的君主又是昏君？"魏徵回答说："君主之所以英明，是由于能够广泛听取各种声音；之所以昏庸，是由于片面听信一方观点。《诗经·大雅·板》说：'先人有遗训，征询打柴人。'当初唐尧、虞舜治理国家的时候，打开四方之门招纳天下贤士，擦亮眼睛了解四方情况，努力让四方各种声音都能够传到自己耳中。

所以他们才能圣明到天下事物无所不知的程度，共工和鲧这些人不能遮蔽他们的视听；花言巧语和不良的用心不能使他们迷惑。至于秦二世，则将自己深藏于宫殿之中，舍弃了外面的贤臣，疏远了贫贱的百姓，偏信身边的宦官赵高，等到天下大乱，百姓离叛之时，他还没有得到任何消息。梁武帝偏信宠臣朱异，叛将侯景领兵围攻皇宫之时，他竟然毫不知情。隋炀帝偏信大臣虞世基，等到各路反隋人马攻城略地的时候，他还被蒙在鼓里。所以，一国之君如果广泛听取各种声音，勇于采纳臣民意见，地位显贵的大臣就无法蒙上蔽下，而下面的情况就能够顺利地被上面所了解了。"太宗对魏徵的回答非常赞同。

【评解】

"亲贤臣，远小人，此先汉所以兴隆也；亲小人，远贤臣，此后汉所以倾颓也。"（《前出师表》）诸葛亮对蜀汉后主的这段告诫，体现了君主身边的人会对自己最终成为明君或者昏君造成重要的影响。但归根结底，与什么人交往，听取什么人的意见，还是取决于君主自身的修养。从这个角度说，同诸葛亮相比，魏徵的这一见解对君主自身提出了更高的要求。

贞观十年，太宗谓侍臣曰："帝王之业，草创与守成孰难？"尚书左仆射[①]房玄龄对曰："天地草昧，群雄竞起，攻破乃降，战胜乃克。由此言之，草创为难。"魏徵对曰："帝王之起，必承衰

---

① 射：yè。

乱，覆彼昏狡，百姓乐推，四海归命，天授人与，乃不为难。然既得之后，志趣骄逸，百姓欲静而徭役不休，百姓凋残而侈务不息，国之衰弊，恒由此起。以斯而言，守成则难。"太宗曰："玄龄昔从我定天下，备尝艰苦，出万死而遇一生，所以见草创之难也。魏徵与我安天下，虑生骄逸之端，必践危亡之地，所以见守成之难也。今草创之难，既已往矣，守成之难者，当思与公等慎之。"

【译文】

贞观十年（636），唐太宗问身边的侍从大臣："帝王的功业中，创业和守成哪个更难？"尚书左仆射房玄龄回答说："天下混乱之际，各路豪杰竞相起兵，被攻破了的才能投降，被打败了的才能屈服。由此而言，创业更难。"魏徵回答说："帝王起兵，一定是在世道衰败混乱的时候，他去消灭那些昏庸、狡诈的人，百姓就乐意推举他，天下人都会归顺他，上天授命，百姓奉予，因此开创帝业并不难。然而，帝位已经取得了之后，思想上往往变得骄横放纵，百姓希望生活稳定，可是徭役征发不断，百姓疲敝困顿，而过度的事务不得休止，国家的衰败，往往由此而起。从这个角度来说，守成更难。"唐太宗说："房玄龄当年跟随我一起平定天下，饱尝艰难困苦，经历九死一生，因此看到了创业的艰难。魏徵和我一起安定天下，担心一旦出现骄横放纵的苗头，必定陷入危险甚至灭亡的境地，因此看到了守成的艰难。如今创业的艰难已经成为过去，守成的艰难，是我应当考虑如何与你们一起谨慎对待的。"

【评解】

范祖禹说："自古以来创业之主失去天下的很少，守成之君失去天下的却很多……祸患和混乱没有不是因为安逸而产生的。然而不是仅仅创业之君守成很困难，他们的后嗣守成尤其困难啊。"从本章及"教戒太子诸王"各章可见，唐太宗君臣最为担心的也正在于此。

贞观十一年，特进魏徵上疏曰：

臣观自古受图膺运，继体守文，控御英杰，南面临下，皆欲配厚德于天地，齐高明于日月，本支百世，传祚无穷。然而克终者鲜，败亡相继，其故何哉？所以求之，失其道也。殷鉴不远，可得而言。

昔在有隋，统一寰宇，甲兵强锐，三十余年，风行万里，威动殊俗，一旦举而弃之，尽为他人之有。彼炀帝岂恶天下之治安，不欲社稷之长久，故行桀虐，以就灭亡哉？恃其富强，不虞后患。驱天下以从欲，罄万物而自奉，采域中之子女，求远方之奇异。宫苑是饰，台榭是崇，徭役无时，干戈不戢。外示严重，内多险忌，谗邪者必受其福，忠正者莫保其生。上下相蒙，君臣道隔，民不堪命，率土分崩。遂以四海之尊，殒于匹夫之手，子孙殄绝，为天下笑，可不痛哉！

圣哲乘机，拯其危溺，八柱倾而复正，四维弛而更张。远肃迩安，不逾于期月；胜残去杀，无待于百年。今宫观台榭，尽居之矣；奇珍异物，尽收之矣；姬姜淑媛，尽侍于侧矣；四海九州，尽为臣妾矣。若能鉴彼之所以失，念我之所以得，日慎一日，虽休勿休，焚鹿台之宝衣，毁阿房之广殿，惧危亡于峻宇，思安处于卑宫，则神化潜通，无为而治，德之上也。若成功不毁，即仍其旧，除其不急，损之又损，杂茅茨于桂栋，参玉砌以土阶，悦以使人，不竭其力，常念居之者逸，作之者劳，亿兆悦以子来，群生仰而遂性，德之次也。若惟圣罔念，不慎厥终，忘缔构之艰难，谓天命之可恃，忽采椽之恭俭，追雕墙之靡丽，因其基以广之，增其旧而饰之，触类而长，不知止足，人不见德，而劳役是闻，斯为下矣。譬之负薪救火，扬汤止沸，以暴易乱，与乱同道，莫可测也，后嗣何观！夫事无可观则人怨，人怨则神怒，神怒则灾害必生，灾害既生，则祸乱必作，祸乱既作，而能以身名全者鲜矣。顺天革命之后，将隆七百之祚，贻厥子孙，传之万叶，难得易失，可不念哉！

是月，徵又上疏曰：

臣闻求木之长者，必固其根本；欲流之远者，必浚其泉源；思国之安者，必积其德义。源不深而望流之远，根不固而求木之长，德不厚而思国之理，臣虽下愚，知其不可，而况于明哲乎！人君当神器之重，居域中之大，将崇极天之峻，永保无疆之休。不念居安思危，戒奢以俭，德不处其厚，情不胜其欲，斯亦伐根以求木茂，塞源而欲流长者也。

凡百元首，承天景命，莫不殷忧而道著，功成而德衰。有善始者实繁，能克终者盖寡，岂取之易而守之难乎？昔取之而有余，今守之而不足，何也？夫在殷忧，必竭诚以待下；既得志，则纵情以傲物。竭诚则胡越为一体，傲物则骨肉为行路。虽董之以严刑，震之以威怒，终苟免而不怀仁，貌恭而不心服。怨不在大，可畏惟人，载舟覆舟，所宜深慎，奔车朽索，其可忽乎！

君人者，诚能见可欲则思知足以自戒，将有作则思知止以安人，念高危则思谦冲而自牧，惧满溢则思江海下百川，乐盘游则思三驱以为度，忧懈怠则思慎始而敬终，虑壅蔽则思虚心以纳下，想谗邪则思正身以黜恶，恩所加则思无因喜以谬赏，罚所及则思无因怒而滥刑。总此十思，弘兹九德，简能而任之，择善而从之，则智者尽其谋，勇者竭其力，仁者播其惠，信者效其忠。文武争驰，君臣无事，可以尽豫游之乐，可以养松、乔之寿，鸣琴垂拱，不言而化。何必劳神苦思，代下司职，役聪明之耳目，亏无为之大道哉！

太宗手诏答曰：

省频抗表，诚极忠款，言穷切至。披览忘倦，每达宵分。非公体国情深，启沃义重，岂能示以良图，匡其不及！朕闻晋武帝自平吴已后，务在骄奢，不复留心治政。何曾退朝谓其子劭曰："吾每见主上不论经国远图，但说平生常语，此非贻厥子孙者，尔身犹可以免。"指诸孙曰："此等必遇乱死。"及孙绥，果为淫刑所戮。前史美之，以为明于先见。朕意不然，谓曾之不忠，其罪大矣。夫为人臣，当进思尽忠，退思补过，将顺其美，匡救其恶，所以共为治也。曾位极台司，名器崇重，当直辞正谏，论道佐时。今乃退有后言，进无廷诤，以为明智，不亦谬乎！危而不持，焉用彼相？公之所陈，朕闻过矣。当置之几案，事等弦、韦。必望收彼桑榆，期之岁暮，不使康哉良哉，独美于往日，若鱼若水，遂爽于当今。迟复嘉谋，犯而无隐。朕将虚襟静志，敬伫德音。

【译文】

贞观十一年（637），特进魏徵上疏说：

在我看来，从古至今，无论是承受天命荣登帝位的创业之主，还是嫡子承续先王之位的继体之君，他们驾驭天下英杰，居帝位号令天下，都希望能够以高尚道德与天地匹配，以聪明睿圣与日月齐光，子孙百代，昌盛不衰，帝位相传，福祚永享。然而，能够真正得到善终的却是少之又少，一个接着一个失败、灭亡，这是为什么呢？探求其中的原因，就在于偏离了治国的正道。前人的教训就在眼前，可以拿来作为例证。

想当初，隋朝一统天下，兵锋强劲，三十多年间，如疾风般横扫万里，声威震动异域，然而这一切一朝失去，整个天下就都为他人所有了。难道是隋炀帝他讨厌天下安定有序，不想统治长远持久，所以才做事凶残暴虐、自寻灭亡吗？他依仗自己富足强大，做事不顾及后患。驱使天下人民为了满足自己的欲望，耗尽所有东西为了供自己享用，在全国范围征选美貌女子，到遥远的地方搜寻奇珍异宝。宫殿花园要装饰美观，亭台楼阁要建造高峻，徭役征发不分时节，征战杀伐不知止息，外表装作严肃庄重，内心充满阴险忌刻，喜欢毁谤的人和奸邪的人一定能从他那里得到好处，忠心耿耿的人和正直的人没有一个能保得住性命。

上下相互欺骗，君臣相互疏离，人民不堪忍受，天下分崩离析。于是身为四海尊崇的一国之君，竟然死于普通百姓之手，甚至连子孙都被灭绝，被天下人耻笑，这种结局难道不让人痛心吗？

聪明睿圣之君乘时而起，拯救天下和万民脱离危险、痛苦的境地，让混乱的国家局势重新走上正轨，使废弛的道德准则再次得到强化。远方前来朝拜，国内安定祥和，不用一年的时间就可实现；让坏人接受道德感化，使死刑失去用武之地，也无须等上百年的时间。如今宫殿台阁，都已经为您所居住了；奇珍异宝，都已经被您所占有了；美貌女子，都已经侍奉到您的身边了；四海之内，都已经成为您的藩属了。如果您能够借鉴前人之所以灭亡的教训，思考我朝之所以隆兴的经验，一天比一天谨慎，即使听到别人的赞美也不要沾沾自喜，烧掉鹿台的绮丽服饰，毁掉阿房的宽广宫室，在高大的宫殿中常存危亡之忧虑，在低矮的房屋中保持安适的心态，这样就能够用品行感化百姓，使他们与自己心志相通；不需刻意作为，整个国家仍然井井有条，这是德治的最高境界。如果取得业绩而不对已有的东西造成毁坏，仍然保持原来的状态，免除那些不急迫的事务，对自己的欲望减之再减，让茅屋和豪宅混杂，玉雕与土坯相间，可以让百姓感到愉悦才去驱使他们，不要耗尽他们的气力，常常感念安居者的舒适，劳作者的辛苦，这样万民就愿意投奔您而来，百姓依赖您以实现生存的需要，这是次一等的德治境界。如果身为国君而不思为善，做事不考虑后果如何，忘记了创业的艰难，认为有天命可以依赖，放弃居处陋室的勤勉节俭，追求雕梁画栋的轻浮华丽，在原有地基的基础上加以扩建，在旧有规模上不断增加和装饰，一有奢侈的念头，便生出大量铺张的举动，丝毫不知道停止和满足，人民看不到他有什么德行，只听到他发出的劳役征发的命令，这是治理国家最下等的方式。这就如同背着柴草去救火，舀起开水来止沸一样，用残暴代替混乱，与混乱结局无二，这种做法不能效仿啊，如果这样，后代对您还有什么可以赞美的！如果做的事情无一可以赞美，人民就会怨恨您；人民怨恨您，神明就会恼怒您；神明恼怒您，就必定会发生各种灾害；灾害一旦发生，就必定会引发种种祸乱；祸乱一旦兴起，君主能够保全性命、维护名声的就很少了。顺应天命改朝换代之后，就要设法使帝业福祚绵长，留给后世子孙，传至千秋万代，帝王基业取得艰难，失去容易，难道能不时时思量吗？

当月，魏徵又上疏说：

我听说想要使树木长得高的人，一定要培固它的根本；想要使水流流得远的人，一定要疏通它的源头；想要使国家得到安定的人，一定要积累德行、道义。源头不深而期望水流远，本根不牢而期望树木高，道德不厚而期望国家有序，我虽然极度愚蠢，也知道这是不可能的，况且那些聪明睿智的人呢！国君担当着掌握政权这样的重任，处于四海至尊这样的高位，想要达到上天那样的崇高，永远保持长久的福祚。如果想不到在安定的环境下应当考虑到可能的危险，用节俭来克制奢侈的念头，道德修养达不到深厚的程度，内心始终不能克制自己的欲念，这也就如同砍掉树根来让树木更茂盛，堵塞源头来使水流流得更长远一样。

历来那些国君，承受了上天赋予的大命，没有一个不是在忧患的状况下道义彰显，成功之后便德行衰退。开始时做得很好的人非常之多，能够坚持到最后的人又异常之少，这难道就是取得帝位容易而守住帝业困难吗？当初夺取天下的时候力量有余，如今守住天下却力量不足，这是为什么呢？这就是由于在忧患的状况下，一个人一定会竭尽诚心来对待下属；一旦目标实现之后，就放纵情欲、傲慢待人。竭尽诚心异族也能结为一体，傲慢待人兄弟也会形同陌路。即使用严刑峻法监督，用威严愤怒震慑，他人最终也会仅仅企求苟且免于责罚但内心不会产生爱心，外表恭恭敬敬但并非心悦诚服。怨恨不在大小，可怕的是人心向背，水能载舟亦能覆舟的道理，是应当仔细考虑的，奔驰的马车系以腐朽的绳索，难道敢掉以轻心吗？

统治人民的国君，如果真正做到看见想要的东西就想想应当知道满足而自我提醒，将要有所行动就想想应当知道休止而安定百姓，想到处于高而危险的位置就想想应当谦逊平和而自我修养，害怕自满放纵就想想江河能够包容百川，喜欢游玩田猎就想想狩猎应有限度，担心松懈怠慢就想想应当善始善终，忧虑耳目闭塞就想想如何虚心接受臣下的意见，想到谄媚奸邪就想想如何端正自身来黜退邪恶，将要给人恩惠的时候就想想不要因为高兴就不当封赏，想要给人责罚的时候就想想不要因为气愤就滥行惩罚。能够做到这十个"应当想想"，就能够发扬帝王的种种美德，挑选有才能的人来任用，选择有德行的人来听从，有智慧的人就能够充分发挥他们的谋略，有勇气的人就能够充分施展他们的力量，有仁德的人就能够广泛传播他们的恩惠，有信用的人就能够充分体现他们的忠诚。文武各种人才都竞相为朝廷效力，君主和大臣都没有值得忧虑的事情，这样就可以充分体验游玩娱乐的乐趣，修养仙人那样的寿命，像前人"鸣琴""垂拱"一样达到无为而治，不要说教百姓就得到了教化。这又何必使心神劳苦，代替下属处理各种事务，劳累本来敏锐、明亮的耳朵和眼睛，抛弃无为而治的治国根本原则呢？

太宗亲写诏书答复道：

看了爱卿数次所上奏疏，从诚心的角度说极尽忠诚恳切，从言辞的角度说无比切直近理。批阅的时候忘记了疲倦，常常看到通宵达旦。如果不是卿关心国事的情感深厚，启发开导我的责任心强烈，怎么能告诉我这些治国的良策，纠正我的各种不足呢？我听说晋武帝自从平定吴国之后，做事一味骄纵奢侈，不再将心思放在处理政事上。大臣何曾退朝之后对儿子何劭说："我经常看到皇帝不谈论治理国家的宏图大略，只是说些日常生活的琐碎家常，这不是将帝业留给子孙后代的做法，你还是可以免于杀身的。"然后指着自己的孙子们说："这些人一定会遭逢乱世而死。"后来他的孙子何绥，果然被酷刑所杀。前人的史书都赞扬何曾，认为他英明，能预见以后发生的事情。我不这样认为，我说何曾不忠，他的罪过很大。作为一个臣子，应当面对君主时考虑如何恪尽忠心，离开朝堂后考虑如何弥补君主之过，顺势发扬君主的美德，匡正补救君主的恶行，这样就是为了协力治理好国家。何曾身居三公这样的尊位，地位高，责任重，理应据实陈述，直言规劝，探讨治国正道，辅佐当世君主。如今他却退朝之后才发表议论，面君之时却不当廷诤谏，认为这种人高明有见识，不是很荒唐吗？国家危险的时刻不去扶持，用他们这些辅弼大臣干什么呢？你奏疏中所陈述的道理，使我明白了自己的过失。我将把它们放在案头，作为对自己的警示。我一定会采取措施，期望以前的过失在事后得到有效的弥补，预计到年底的时候，就不会再让"康哉良哉"之类天下安定、君臣相得的歌声，只在从前被传诵，如鱼得水这种君臣融洽的佳话，也会彰扬于当今之世。期望不久再见到卿的治国良谋，能够犯颜直谏，不要有所隐瞒，我将虚心、沉静，恭敬地等待你的善言。

【评解】

魏徵的"十思"，历来评价颇高，正如吕祖谦所评价的那样：魏徵教唐太宗"十思"，如果唐太宗能够把这"十思"作为自己的行为准则，那么当时国家治理的成就，不只是一个贞观盛世，即使和尧舜时期一样伟大也是可能的。然魏徵的"十思"，也可以与孔子的"九思"一起流传于万世之后了。之所以给予魏徵的谏疏如此高的评价，是因为他确实抓住了帝王治国与修身的关键。

贞观十五年，太宗谓侍臣曰："守天下难易？"侍中魏徵对曰："甚难。"太宗曰："任贤能，受谏诤，即可。何谓为难？"徵曰："观自古帝王，在于忧危之间，则任贤受谏。及至安乐，必怀宽怠，言事者惟令兢惧，日陵月替，以至危亡。圣人所以居安思危，正为此也。安而能惧，岂不为难？"

【译文】

贞观十五年（641），唐太宗对身边侍从的大臣说："守住天下是难还是易？"侍中魏徵回答说："非常难。"唐太宗说："任用贤德而有才能的人，接受直言劝谏，就可以了。认为困难从何说起呢？"魏徵说："看看自古以来的历代帝王，身处忧患、危险的时候，就能够任用贤德的人，接受直言规谏。等到了安定、快乐的时候，一定会心怀松懈怠惰之情，对于陈述事情的人只让他们诚惶诚恐，这样逐渐衰退、败落，最后以致危险、败亡。圣人之所以处于平安的环境里还想到危险的可能，正是因为这个原因。在平安的环境里还能有所畏惧，这难道还不算困难吗？"

【评解】

"自天子以至于庶人，壹是皆以修身为本。"庶人修身关系着身家的安危，天子修身则关系着国家的存亡。同时，天子居于容易骄傲怠惰的位置，自我约束松懈的可能性更大。因此在《君道》一篇中，修身问题始终是唐太宗君臣关注的焦点。

政　体

贞观初,太宗谓萧瑀曰:"朕少好弓矢,自谓能尽其妙。近得良弓十数,以示弓工。乃曰:'皆非良材也。'朕问其故,工曰:'木心不正,则脉理皆邪,弓虽刚劲而遣箭不直,非良弓也。'朕始悟焉。朕以弧矢定四方,用弓多矣,而犹不得其理。况朕有天下之日浅,得为理之意,固未及于弓,弓犹失之,而况于理乎?"自是诏京官五品以上,更宿中书内省,每召见,皆赐坐与语,询访外事,务知百姓利害、政教得失焉。

【译文】

贞观初年,唐太宗对萧瑀说:"我从小喜欢弓箭,自认为能够完全了解其中的奥妙。最近我得到十多张好弓,拿去给造弓的工匠看。工匠却说:'这都不是用好材质做的。'我问他为什么这样说,工匠回答:'木料的中心不正,木头的纹理就会歪斜,这样的弓虽然刚劲有力,但是发出去的箭运行不直,所以不是好弓啊。'我这才明白其中的道理。我是用弓箭平定的天下,使用的弓已经够多的了,却仍然不明白其中的道理。何况我得到天下的时间不长,所明白的治理国家的道理,显然还不如对弓的了解。对于弓我还有理解错误的地方,更何况治理国家呢?"从这以后,唐太宗下令京城五品以上的官员,都要到中书内省轮流值宿,唐太宗每次召见他们,都赐给座位与他们交谈,询问宫廷之外各种事务，努力去了解百姓的利益得失、政治教化的成就与不足。

【评解】

"学不可以已"，"三人行，必有我师焉"。没有人天生是全知全能的，唐太宗明白这个道理，所以才能够广开言路，虚心接受大臣们的劝谏。

贞观元年，太宗谓黄门侍郎王珪曰："中书所出诏敕，颇有意见不同，或兼错失而相正以否。元置中书、门下，本拟相防过误。人之意见，每或不同，有所是非，本为公事。或有护己之短，忌闻其失，有是有非，衔以为怨。或有苟避私隙，相惜颜面，知非政事，遂即施行。难违一官之小情，顿为万人之大弊。此实亡国之政，卿辈特须在意防也。隋日内外庶官，政以依违，而致祸乱，人多不能深思此理。当时皆谓祸不及身，面从背言，不以为患。后至大乱一起，家国俱丧，虽有脱身之人，纵不遭刑戮，皆辛苦仅免，甚为时论所贬黜。卿等特须灭私徇公，坚守直道，庶事相启沃，勿上下雷同也。"

【译文】

贞观元年（627），唐太宗对黄门侍郎王珪说："中书省所发出的命令文告，有些与你们门下省的看法有很大不同，或许你们都有一些错误与不足，你们要以不同的意见来相互纠正。设置中书省和门下省两个官署的初衷，原本就是打算相互预防差错和失误。人们之间的看法，经常会出现不同，有所赞同有所反对，本来也是为了公事。有些人刻意掩盖自己的短处，厌恶听到别人指出自己的过失，有人对他们作出是非评判，就记在心里变成怨恨。有些人无原则地避免出现私人间的矛盾，相互之间顾及脸面，明知是不符合国家治理要求的事情，也照样立即予以发布推行。要是我们难以违背一个官吏小小的情面，很可能马上就变成万民的重大祸端。这是导致国家灭亡的理政方式啊，你们需要特别注意避免。隋朝时候朝廷内外的文武百官，处理政务都是用模棱两可的方式，从而导致了灾祸和混乱，人们大多不知道深思其中包含的这个道理。当时都以为灾祸没有降临到自己身上，当面顺从背后议论，不觉得这会酿成祸患。后来等到天下大乱一发生，自己的家庭和国家一起灭亡了，虽然有保全性命之人，即使没有遭受刑罚杀戮，也是费尽辛苦才得以幸免，甚为当时的舆论所贬责。你们务必要摒除私心杂念，顺随公务要求，坚守正直之道，在各种事务上相互启发诱导，不要追求上下一个声音。"

【评解】

"君子和而不同，小人同而不和。"在国家治理中，最重要的就是要集思广益，不能够模棱两可，苟且顺从。

贞观二年，太宗问黄门侍郎王珪曰："近代君臣治国，多劣于前古，何也？"对曰："古之帝王为政，皆志尚清静，以百姓之心为心。近代则唯损百姓以适其欲，所任用大臣，复非经术之士。汉家宰相，无不精通一经，朝廷若有疑事，皆引经决定，由是人识礼教，治致太平。近代重武轻儒，或参以法律，儒行既亏，淳风大坏。"太宗深然其言。自此百官中有学业优长，兼识政体者，多进其阶品，累加迁擢焉。

【译文】

贞观二年（628），唐太宗问黄门侍郎王珪："近代的君臣治理国家，大多不如古代，这是为什么？"王珪回答："古代的帝王治国施政，都是在思想上崇尚清静无为，想百姓之所想。近代君主治国施政则一味地损害百姓的利益来满足自己的欲望，所任用的大臣，也不再是精通经学之士。汉朝的宰相，没有一个不精通一种经学的，朝廷上如果有犹疑难决的事情，都是引用经典确定解决的办法，因此人人都通晓礼仪教化，国家治理成太平之世。近代重视武力，轻视儒学，有的还杂以刑罚约束，儒家的行为准则已经毁弃，原本淳厚的风俗便极大败坏。"唐太宗对他的话深表赞同，从此之后，百官之中学识上有所特长，并且懂得为政要领的，大多提高了他们的官阶品位，数次加以提拔官职。

【评解】

立国之初，承衰乱之后，民生凋敝，必须采用休养生息的治理方式，施政不可过于急躁。否则，就如同贾谊分析秦朝灭亡教训时所说的，面对着长期战乱之后百姓疲敝的状况，统治者不但不"发仓廪，散财币，以振孤独穷困之士；轻赋少事，以佐百姓之急"，反而变本加厉，"赋敛无度"，"百姓困穷而主不收恤"，落得"贵为天子,富有四海,身在于戮"的下场,也是情理之中的。

贞观三年,太宗谓侍臣曰:"中书、门下,机要之司,擢才而居,委任实重。诏敕如有不稳便,皆须执论。比来惟觉阿旨顺情,唯唯苟过,遂无一言谏诤者,岂是道理?若惟署诏敕、行文书而已,人谁不堪?何烦简择,以相委付?自今诏敕疑有不稳便,必须执言,无得妄有畏惧,知而寝默。"

【译文】

贞观三年(629),唐太宗对身边的侍从大臣说:"中书省和门下省,是国家最关键的官署,需要选拔有才干的人来充任,所托付的职责着实重大。诏书和敕令如有不恰当的地方,都要求提出异议。近来我觉得这两个部门都在迎合我的旨意,顺从我的心理,唯唯诺诺,苟且通过,就没有一个直言劝谏的人,难道这是符合正道和常理的吗?如果只是签署诏书敕令、传递文告书信,那么这样的事情哪个人干不了?还有什么必要增加选拔人才的麻烦,再把这些职责托付给他们?从今以后,诏书和敕令如果怀疑有不恰当的地方,必须坚定地提出自己的意见,不要妄怀畏惧之心,明知不妥而保持沉默。"

【评解】

如果要治理好国家,无论地位高低,每个岗位都要尽力,而且要竭心。正如范祖禹所说:"朝廷设立职位分派职责,不仅仅是为了上下级之间的服从,而是为了相互弥补对方的不足……不明智的君主，自认为自己没有过错，厌恶别人的意见，所以才国政混乱，上下之间的意见无法沟通。唐太宗下令让下属进言，即使不想使国家治理好，也是不可能的。"

贞观四年，太宗问萧瑀曰："隋文帝何如主也？"对曰："克己复礼，勤劳思政，每一坐朝，或至日昃，五品已上，引坐论事，宿卫之士，传飧而食，虽性非仁明，亦是励精之主。"太宗曰："公知其一，未知其二。此人性至察而心不明。夫心暗则照有不通，至察则多疑于物。又欺孤儿寡妇以得天下，恒恐群臣内怀不服，不肯信任百司，每事皆自决断，虽则劳神苦形，未能尽合于理。朝臣既知其意，亦不敢直言，宰相以下，惟即承顺而已。朕意则不然，以天下之广，四海之众，千端万绪，须合变通，皆委百司商量，宰相筹画，于事稳便，方可奏行。岂得以一日万机，独断一人之虑也。且日断十事，五条不中，中者信善，其如不中者何？以日继月，乃至累年，乖谬既多，不亡何待？岂如广任贤良，高居深视，法令严肃，谁敢为非？"因令诸司，若诏敕颁下有未稳便者，必须执奏，不得顺旨便即施行，务尽臣下之意。

【译文】

贞观四年（630），唐太宗问大臣萧瑀："隋文帝是个什么样的君主？"萧瑀回答："严格自我约束以使言行符合礼制，考虑治理国家的事务勤恳辛劳，每次临朝听政，往往到太阳偏西，五品以上的官员，搬来椅子讨论事务，禁卫军的将士，送来食物吃饭，他虽然天性并不仁爱聪明，但也算是一个致力于国家事务的君主。"唐太宗说："你是只知其一不知其二。这个人性情极端精细而内心却不明晰。内心昏暗就会有仔细思考也无法发现的地方，性情精细就会对人产生过多的怀疑。他是欺负北周静帝孤儿寡母得到的天下，经常害怕群臣对他心怀不服，所以不肯信任百官，每当有事都要亲自决断，这样做虽然导致身体和精神都非常劳累，也不能使每件事都合乎情理。大臣们都知道他的心意，也不敢有话直说，宰相以下的所有官员，只是尊奉顺从他的意愿而已。我的心里却不这样想，我把广阔地域之内，四海百姓之中，千头万绪，应当随时变通的事务，都交给各相关官署去商量，由宰相进行谋划，觉得事务已经稳妥恰当了，才可以上奏请求施行。难道能够将一天要处理的成千上万件事情，都让一个人的思考独自决断吗？况且一天决断十件事情，就有五条不会合理，处理得合理当然好，但那些处理得不合理的该怎么办呢？这样日积月累，乃至经年如此，荒谬违理的事情积累得越来越多，等到的不是灭亡还能有什么呢？这哪如多任用贤德的人才，高居帝位，深入观察思考，严格法律命令，这样谁还敢为非作歹？"于是唐太宗命令各官署，如果诏书敕令颁布之后有不稳妥之处，官吏必须持表章上奏，不能顺从旨意直接施行，务必尽好臣子的职责。

【评解】

每一个人的力量和能力总是有限的，能够识人、用人，比领导者自恃聪明、单打独斗要有效率得多，大至管理一个国家，小至管理一个企业或组织，都是同样的道理。

贞观五年，太宗谓侍臣曰："治国与养病无异也。病人觉愈，弥须将护，若有触犯，必至殒命。治国亦然，天下稍安，尤须兢慎，若便骄逸，必至丧败。今天下安危，系之于朕，故日慎一日，虽休勿休。然耳目股肱，寄于卿辈，既义均一体，宜协力同心，事有不安，可极言无隐。倘君臣相疑，不能备尽肝膈，实为国之大害也。"

【译文】

贞观五年（631），唐太宗对身边侍从的大臣说："治国和养病没有区别。病人觉着病已痊愈的时候，更加需要调养护理，如果有所触发而再次犯病，一定会丢掉性命。治国也是这样，天下刚刚安定，尤其需要小心谨慎，如果这时候就骄奢淫逸，一定会导致败亡。如今天下的安危，都担在了我的肩上，所以我一天比一天谨慎，即使听到别人的赞美也不敢沾沾自喜。而对国家实际状况的了解和具体事务的处理这些如同耳目股肱一样的职责，都寄托在你们身上，从这个意义上说我们是结为一体的。所以我们应当同心协力，如果事情有不恰当的地方，你们则可以竭力规劝，不要有所隐瞒。倘若君臣之间相互猜忌，不能倾吐肺腑之言，那么这实在是治理国家最大的弊端。"

【评解】

反对急政暴虐，提倡休养生息，尤其是在遭受战乱之后更应该如此。这不但是传统德治思想的引申，更是对历史经验教训总结的结果。

贞观六年，太宗谓侍臣曰："看古之帝王，有兴有衰，犹朝之有暮，皆为蔽其耳目，不知时政得失。忠正者不言，邪谄者日进，既不见过，所以至于灭亡。朕既在九重，不能尽见天下事，故布之卿等，以为朕之耳目。莫以天下无事，四海安宁，便不存意。'可爱非君，可畏非民。'天子者，有道则人推而为主，无道则人弃而不用，诚可畏也。"魏徵对曰："自古失国之主，皆为居安忘危，处治忘乱，所以不能长久。今陛下富有四海，内外清晏，能留心治道，常临深履薄，国家历数，自然灵长。臣又闻古语云：'君，舟也；人，水也。水能载舟，亦能覆舟。'陛下以为可畏，诚如圣旨。"

【译文】

贞观六年（632），唐太宗对身边侍从的大臣说："看看古代的帝王，有兴盛也有衰落，就好像一天之中有清晨就有傍晚一样，这都是因为他们闭塞了耳目，不了解当时所推行的政令之得失。忠诚正直的人不来进谏，奸邪谄媚的人日益得势，帝王无法看到自己的失误，所以导致灭亡。我也已经身处宫禁之中，不能完全看清天下所有的事情，所以安排了你们这些人，作为我的耳朵和眼睛。不要认为天下已经太平无事，国家已经安定祥和，心里便有所懈怠。'可以爱戴的难道不是国君吗？可以敬畏的难道不是百姓吗？'所谓天子，如果有道，人民就会推而为主；如果无道，人民就会弃而不用，实在是应当畏惧啊！"魏徵回答："自古以来失掉国家的君主，都是因为在安定的环境下忘记了可能的危险，在有序的状态中忘记了可能还会发生混乱，所以统治才不能够长久。如今陛下您富有四海，内外清平安定，能够留心于治理国家之道，经常如临深渊、如履薄冰，国家的运数，自然能够广远绵长。我又听古语说：'君，好比是舟；民，好比是水。水能够载起舟，也能够倾覆舟。'陛下您认为应当畏惧，的确像您所说的那样。"

【评解】

社会管理者必须实行仁政、德治，否则等于自取败亡。正如贾谊所说："夫民者，万世之本也，不可欺。"（《新书·大政上》）因此，统治者必须看到民心向背的重要性，在施政时充分考虑人民的利益，爱民、惠民、利民，实行德治、仁政，不能愚弄人民，更不能残害人民。

贞观六年，太宗谓侍臣曰："古人云：'危而不持，颠而不扶，焉用彼相？'君臣之义，得不尽忠匡救乎？朕尝读书，见桀杀关龙逄，汉诛晁错，未尝不废书叹息。公等但能正词直谏，裨益政教，终不以犯颜忤旨，妄有诛责。朕比来临朝断决，亦有乖于律令者。公等以为小事，遂不执言。凡大事皆起于小事，小事不论，大事又将不可救，社稷倾危，莫不由此。隋主残暴，身死匹夫之手，率土苍生，罕闻嗟痛。公等为朕思隋氏灭亡之事，朕为公等思龙逢、晁错之诛，君臣保全，岂不美哉！"

【译文】

贞观六年（632），唐太宗对身边的侍从大臣说："古人说：'危险的时候不知道扶持，跌倒的时候不知道扶助，那还要你们这些辅佐的人干什么？'从君臣大义角度说，你们能不竭尽忠心、匡正补救吗？我曾经读书，看到夏桀杀关龙逢、汉景帝杀晁错之处时候，未尝不放下书叹息的。你们只要能够言辞正当直言劝谏，有补于国家的政事和教化，我绝不会因为你们犯颜直谏、忤逆圣意，而对你们妄加诛罚和责难。我近来临朝裁决事务的时候，也经常出现一些违背法律的地方。你们认为是小事，于是就不再执意劝谏。凡是大事，都是因为小事而起，有了小事不追究，出了大事又将无法挽救，国家败亡，都是从这里开始的。隋朝的君主残暴，自己死于普通百姓之手，天下的民众，很少听到有叹息悲痛的。你们为我思考思考隋朝灭亡的事，我为你们思考思考关龙逢、晁错被杀的事，君臣相互保全，难道不是好事吗？"

【评解】

上下一心，才能有所成就，这可以说是一条普遍的规则，在国家管理中尤为重要。

贞观七年，太宗与秘书监魏徵从容论自古理政得失，因曰：

"当今大乱之后，造次不可致理。"徵曰："不然，凡人在危困，则忧死亡；忧死亡，则思理；思理，则易教。然则乱后易教，犹饥人易食也。"太宗曰："善人为邦百年，然后胜残去杀。大乱之后，将求致理，宁可造次而望乎？"徵曰："此据常人，不在圣哲。若圣哲施化，上下同心，人应如响，不疾而速，期月而可，信不为难，三年成功，犹谓其晚。"太宗以为然。封德彝等对曰："三代以后，人渐浇讹，故秦任法律，汉杂霸道，皆欲化而不能，岂能化而不欲？若信魏徵所说，恐败乱国家。"徵曰："五帝、三王，不易人而理。行帝道则帝，行王道则王，在于当时所理，化之而已。考之载籍，可得而知。昔黄帝与蚩尤七十余战，其乱甚矣，既胜之后，便致太平。九黎乱德，颛顼征之，既克之后，不失其理。桀为乱虐，而汤放之，在汤之代，既致太平。纣为无道，武王伐之，成王之代，亦致太平。若言人渐浇讹，不及纯朴，至今应悉为鬼魅，宁可复得而教化耶？"德彝等无以难之，然咸以为不可。太宗每力行不倦，数年间，海内康宁，突阙破灭，因谓群臣曰："贞观初，人皆异论，云当今必不可行帝道、王道，惟魏徵劝我。既从其言，不过数载，遂得华夏安宁，远戎宾服。突厥自古以来，常为中国勍敌，今酋长并带刀宿卫，部落皆袭衣冠。使我遂至于此，皆魏徵之力也。"顾谓徵曰："玉虽有美质，在于石间，不值良工琢磨，与瓦砾不别。若遇良工，即为万代之宝。朕虽无美质，为公所切磋，劳公约朕以仁义，弘朕以道德，使朕功业至此，公亦足为良工尔。"

【译文】

贞观七年（633），唐太宗与秘书监魏徵闲聊自古以来处理国家事务的得失，他说："当前正处于大规模的社会混乱之后，仓促之间无法实现转化人心的目标。"魏徵说："不是这样的，一般人在危险困苦之中时，就害怕死亡；害怕死亡，就期望转变；期望转变，就容易教导。既然这样，那么动乱之后容易教化，如同饥饿之后进食更容易满足一样。"唐太宗说："贤德的人治理国家百年，然后才能以感化制止残暴，避免杀戮。大规模动乱之后，将要实现人心的转化，怎么可能仓促之间就期望达到目标啊？"魏徵说："这是根据一般人来说的，不能用在圣明贤哲之人身上。如果圣明贤哲的人推行教化，上下同心，群起响应，即使不追求快也会迅速实现，一年时间就可以办到，相信不会很困难，三年才成功，都可以说是太迟了。"唐太宗认为他说得对。封德彝等人回答："夏、商、周三代之后，人心逐渐变得浮薄诈伪，所以秦朝专用法律，汉代杂以霸道，都是希望转化人心但没能做到，难道是能够转化而不想去做吗？如果相信魏徵说的话，恐怕会使国家败亡。"魏徵说："五帝和三王，都不是通过改变国中的人民才实现的教化。推行帝道就能够实现帝业，推行王道就能够实现王业，关键在于在位君主的治理，转化人民的人心而已。从典籍之中考察，也可以明白这个道理。当初黄帝和蚩尤七十余战，天下可谓乱到极点了，等到胜利之后，便马上实现了太平。九黎扰乱了社会秩序，颛顼去征讨他们，等到成功之后，也没有使教化被破坏。夏桀行为淫乱暴虐，商汤放逐了他，商汤在位的时候，就已经实现了太平。商纣王多行无道，周武王讨伐他，到周成王在位的时候，也实现了太平。如果说人心日渐浮薄诈伪，发展到现在大家早已经变得像鬼魅一样不通人事了，怎么能够再去教化他们呢？"封德彝等人没有理由反驳魏徵，但都认为他说的话行不通。唐太宗治理国家勤勉不知疲倦，几年之后，国内就实现了安定，北方的突厥被消灭，于是，唐太宗对大臣们说："贞观初年，人们的观点都与我不同，说现在一定无法实行帝道、王道，只有魏徵劝勉我。听了他的话之后，不过几年，就实现了华夏安定，异族归服。突厥自古以来一直是中原国家的劲敌，如今他们的首领都带着刀成为宫中的禁卫，部落的百姓都像中原人一样穿衣戴帽。让我终于达到了这样的成就，都是魏徵的功劳啊。"于是，转过头来对魏徵说："玉虽然有美好的质地，包裹在石头之中，不经过好工匠的雕琢，与瓦砾没有什么区别。如果遇上好的工匠，就会成为万代流传的珍宝。我虽然没有美好的质地，但被你雕琢，劳烦你用仁义约束我，用道德激励我，使我的功业达到了今天的境地，你也完全可以称得上是一个好工匠啊。"

【评解】

在中国古代，教化被看作惠民的重要环节，所以备受重视。正如司马光所说："教化，国家之急务也。"（《资治通鉴·卷六十八》）从国家的长治久安考虑，对人民进行教化，提高人民的内在素质，在国家治理中应当始终处于突出的位置。

贞观八年，太宗谓侍臣曰："隋时百姓纵有财物，岂得保此？自朕有天下已来，存心抚养，无有所科差，人人皆得营生，守其资财，即朕所赐。向使朕科唤不已，虽数资赏赐，亦不如不得。"魏徵对曰："尧、舜在上，百姓亦云'耕田而食，凿井而饮'，含哺鼓腹，而云'帝何力'于其间矣。今陛下如此含养，百姓可谓日用而不知。"又奏称："晋文公出田，逐兽于砀，入大泽，迷不知所出。其中有渔者，文公谓曰：'我，若君也，道将安出？我且厚赐若。'渔者曰：'臣愿有献。'文公曰：'出泽而受之。'于是送出泽。文公曰：'今子之所欲教寡人者，何也？愿受之。'渔者曰：'鸿鹄保河海，厌而徙之小泽，则有矰丸之忧。鼋鼍保深渊，厌而出之浅渚，必有钓射之忧。今君出兽砀，入至此，何行之太远也？'文公曰：'善哉！'谓从者记渔者名。渔者曰：'君何以名？君尊天事地，敬社稷，保四国，慈爱万民，薄赋敛，轻租税，臣亦与焉。君不尊天，不事地，不敬社稷，不固四海，外失礼于诸侯，内逆民心，一国流亡，渔者虽有厚赐，不得保也。'遂辞不受。"太宗曰："卿言是也。"①

【译文】

贞观八年（634），唐太宗对身边侍从的大臣说："隋朝的时候，百姓即使有财物，难道能留得住这些东西吗？自从我取得天下以来，专心对百姓爱护体恤，不向他们征收财物和派劳役，人

---

① 本章乃元代戈直集各古本加以校释刊行、成化元年（1465）重刻本（简称"戈本"），被移为《政体篇》第十章。

人都能够经营生计，保守他们的财产物资，这就是我所赐给他们的。如果我不停地向他们征收、摊派，即使不断给他们赏赐，也还不如不要这些东西。"魏徵回答："尧、舜统治天下的时候，百姓尚且说'我们自己耕田自己吃，自己凿井取水自己喝'，他们嘴里含着食物，手拍着吃饱了的肚子说：'在我们的生活中，我们的帝王出过什么力'呢？如今陛下您对百姓如此包容养育，百姓可以说是每天都在享用这种恩泽而自己却意识不到。"魏徵又上奏说："晋文公外出打猎，在砺山追逐野兽，进入一片湖沼之中，迷了路不知如何出去。湖中有一个渔夫，文公对他说：'我，就是你们的国君，出去的路怎么走？如果告诉我，我将重重地赏赐你。'渔夫说：'小人有一言想要献给您。'文公说：'等我出了这片湖泊再说吧。'于是渔夫将他送了出去。文公说：'如今您要教导我的，是什么呢？我愿意接受。'渔夫说：'鸿雁和天鹅拥有江河和大海，觉得厌恶了就迁徙到小河周围，于是有了受弓箭和弹弓伤害的忧虑。神龟和鼍龙占据深渊，觉得厌倦了就出来到岸边的浅水中去，一定会有被钓被射的担忧。如今国君您来到砺山打野兽，结果进入了这个地方，为什么走得如此远呢？'文公说：'你说得好。'告诉随行的人记住渔夫的名字。渔夫说：'国君您为什么要记我的名字呢？您虔诚地敬事天地，重视社稷，安抚天下，慈爱万民，少收田赋，减轻捐税，我也会从中得益。您不尊敬天，不事奉地，不重视社稷，不稳定天下，对外失礼于诸侯，对内违逆民心，整个国家都会迁徙、灭亡，渔夫即使有您的厚赐，也保不住啊。'于是，他推辞了赏赐而没有接受。"唐太宗对魏徵说："你说的话很对。"

【评解】

"彼有限之赐，何足以周无穷之民乎？"真正的惠民不是对人民施以小恩小惠，而是创造条件使百姓生活稳定，安心从事生产。正如戈直所评论的："唐太宗所说的'人得营生即朕所赐。若科差不已，虽赏赐不如不得。'这话说得太好了，这可以说是了解治理国家的根本啊。"

贞观九年，太宗谓侍臣曰："往昔初平京师，宫中美女珍玩，无院不满。炀帝意犹不足，征求无已。兼东西征讨，穷兵黩武，百姓不堪，遂致亡灭。此皆朕所目见，故夙夜孜孜，惟欲清净，使天下无事。遂得徭役不兴，年谷丰稔，百姓安乐。夫治国犹如栽树，本根不摇，则枝叶茂荣。君能清净，百姓何得不安乐乎？"

【译文】

贞观九年（635），唐太宗对身边侍从的大臣说："当初刚刚平定隋朝都城的时候，宫中美貌的女子和珍贵的物品，没有一个院子不是满的。隋炀帝的心里还是感到不满足，不断地四处搜刮，加上东征西讨，穷兵黩武，百姓实在无法忍受，结果导致了国家的灭亡。这是我亲眼所见，所以每天日夜不敢懈怠，只期望为政清简，使天下太平无事。结果实现了徭役不再征发，庄稼年年丰收，百姓安居乐业。治理国家和栽树的道理一样，本根不被晃动，那么枝叶就繁茂。国君能够为政清简，百姓怎么能够实现不了安居乐业呢？"

【评解】

唐初的执政理念，很大程度上是从隋朝灭亡中吸取教训并进行深刻反思的结果。唐太宗君臣认为，隋朝之所以灭亡，根本原因就在于其统治者只追求满足自己的贪欲，不顾及人民的死活。

贞观十六年，太宗谓侍臣曰："或君乱于上，臣理于下；或臣乱于下，君理于上。二者苟逢，何者为甚？"特进魏徵对曰："君心理，则照见下非。诛一劝百，谁敢不畏威尽力？若昏暴于上，忠谏不从，虽百里奚、伍子胥之在虞、吴，不救其祸，败亡亦继。"太宗曰："必如此，齐文宣昏暴，杨遵彦以正道扶之得理，何也？"徵曰："遵彦弥缝暴主，救治苍生，才得免乱，亦甚危苦。与人主严明，臣下畏法，直言正谏，皆见信用，不可同年而语也。"

【译文】

贞观十六年（642），唐太宗对身边侍从的大臣说："或者君主在上作乱，大臣在下治理；或者大臣在下作乱，君主在上治理。二者如果放在一起，哪种情况更严重？"特进魏徵回答："君主的心里如果不混乱，就能够洞见下面人的不对之处。杀掉一人即可警诫百人，谁还敢不畏惧威严而为国尽力？如果君主在上位昏庸暴虐，不听从发自忠心的劝谏，即使有百里奚在虞国、伍子胥在吴国，也不能挽救他的灾难，失败、灭亡就会接踵而至。"唐太宗说："如果一定这样，北齐文宣帝昏庸暴虐，大臣杨遵彦用正确的治国之道扶助他，北齐得到了很好的治理，这是为什么呢？"魏徵说："杨遵彦是在弥补暴虐君主的过失，挽救天下的百姓，仅仅实现了避免国家混乱，仍然是非常危险和困苦的。这同君主严明，臣属畏惧国法，直言劝谏，都被相信和任用，是不能相提并论的。"

【评解】

宋代学者林之奇说，君主对于大臣来说就是纲，君主正直，大臣就正直，从来没有纲不端正而能使目端正的道理。既然这样，那么如果君主自己作乱，怎么能够使大臣有序呢？魏徵之言，可以说是抓住了端正纲的关键。在中国古代君主集权的制度下，地位越高，自然责任就越大，个人素质要求也就越高。

贞观十九年，太宗谓侍臣曰："朕观古来帝王，骄矜而取败者，不可胜数。不能远述古昔，至如晋武平吴、隋文伐陈已后，心逾骄奢，自矜诸己，臣下不复敢言，政道因兹弛紊。朕自平定突厥、破高丽已后，兼并铁勒，席卷沙漠，以为州县，夷狄远服，声教益广。朕恐怀骄矜，恒自抑折，日昃而食，坐以待晨。每思臣下有谠言直谏，可以施于政教者，当拭目以师友待之。如此，庶几于时康道泰尔。"

【译文】

贞观十九年（645）唐太宗对身边侍从的大臣说："我看自古以来的帝王，因为骄傲自负而导致失败灭亡的，数不胜数。年代太久远的就不能一一述说了，就说晋武帝平吴、隋文帝灭陈之后，心里就变得更加骄傲，生活越发奢侈，自高自大，大臣们不再敢对他们进谏，治理国家的措施因而变得松弛紊乱。我自从平定突厥、打败高丽之后，兼并了铁勒诸部，席卷了沙漠，设置了州县，四方的部族从远方来归服，声威教化日益广远。我怕自己产生骄傲自负的情绪，常常自我克制，天很晚了才吃饭，清晨很早就起床坐等天亮。经常想大臣们如果有善言直谏，则可以在政令教化中得以实施，我必当擦亮眼睛，以对待老师和朋友的态度来对待他们。通过这样做，期望能够实现时世太平，国泰民安。"

【评解】

骄傲自然就会怠惰，"成在敬，败在慢"，一个人如果骄傲自满，目中无人，就容易怠慢别人，从而导致众叛亲离，不可避免地会失败。

太宗自即位之始，霜旱为灾，米谷踊贵，突厥侵扰，州县骚然。帝志在忧人，锐精为政，崇尚节俭，大布恩德。是时，自京师及河东、河南、陇右，饥馑尤甚，一匹绢才得一斗米。百姓虽东西逐食，未尝嗟怨，莫不自安。至贞观三年，关中丰熟，咸自归乡，竟无一人逃散。其得人心如此。加以从谏如流，雅好儒术，孜孜求士，务在择官，改革旧弊，兴复制度，每因一事，触类为善。初，息隐、海陵之党，同谋害太宗者数百千人，事宁，复引居左右近侍，心术豁然，不有疑阻。时论以为能断决大事，得帝王之体。深恶官吏贪浊，有枉法受财者，必无赦免。在京流外有犯赃者，皆遣执奏，随其所犯，置以重法。由是官吏多自清谨。制驭王公、妃主之家，大姓豪猾之伍，皆畏威屏迹，无敢侵欺细人。商旅野次，无复盗贼，囹圄常空，马牛布野，外户不闭。又频致丰稔，米斗三四钱，行旅自京师至于岭表，自山东至于沧海，皆不赍粮，取给于路。入山东村落，行客经过者，必厚加供待，或发时有赠遗。此皆古昔未有也。

【译文】

唐太宗即位之初，遇到了霜旱等自然灾害，粮食价格飞涨，北方的突厥又来侵略骚扰，全国各州县都动荡不安。皇帝一心忧虑着百姓，励精图治，崇尚节俭，广施恩德。此时，从京城到河东、河南、陇西一带，灾荒最严重，一匹绢才能换到一斗米。百姓虽然东奔西走乞讨食物，但没有人嗟叹怨恨，无不各自安守本分。到贞观三年（629），关中地区获得大丰收，百姓都各自回乡，竟然没有一个人逃亡离散。唐太宗赢得人心到了这样的程度。加上他能够顺畅地接受别人的劝谏，喜好儒家的治国之术，毫不懈怠地访求贤士，非常重视选拔官吏，改革原有的弊端，制定和恢复了治国的规制和法度，经常遇到一件事情，就能够触类旁通实施许多好的措施。最初的时候，李建成和李元吉一伙，一起谋划陷害唐太宗的有成百上千人，事情结束之后，唐太宗又把他们安置在自己身边成为侍从的近臣，心胸坦荡，没有猜疑和隔阂。当时人们的评论认为他能够决断大事，深得作为帝王的要领。他极端厌恶官吏贪污，有无视法律收受财物的，一定不会被赦免。无论是在京城的官员还是被派遣到外地的官员，如有贪赃的，都要大臣直言奏明，根据所犯罪行，加以重法严惩。因此，官员们大多廉洁谨慎。他严格控制王公贵族、贵妃公主这些显贵家族，依仗着家族大而强横、狡猾、不守法纪的人，都因畏惧威严而敛迹，不敢再侵凌欺压百姓。来往于各地的客商和止宿于野外的人，没有再被抢劫或者偷盗的，监狱常常空着，马匹牛羊遍布四野，各家大门都不需要关闭。以后的几年又接连获得丰收，米价降到每斗三四文钱，旅行的人从京城到岭南，从山东到东海，都不需要自带粮食，在旅途中就能获得。到了山东的村子，旅行的客人经过人家，这家人一定会厚加款待，在离开的时候，有的人还会馈赠一些东西。这都是古代从来没有过的事情。

【评解】

由于唐太宗施政得当，唐朝初年很快就从隋末的社会动荡和凋敝中恢复过来。因此，后人给予其很高的评价，称他为一代圣主。这不仅是由于唐太宗平定突厥等外患的武功，更重要的还在于他的文治之功。

任　贤

　　房玄龄，齐州临淄人也。初仕隋，为隰城尉。坐事，除名徙上郡。太宗徇地渭北，玄龄杖策谒于军门。太宗一见，便如旧识，署渭北道行军记室参军。玄龄既遇知己，遂罄竭心力。是时，贼寇每平，众人竞求金宝，玄龄独先收人物，致之幕府，及有谋臣猛将，与之潜相申结，各致死力。累授秦王府记室，兼陕东道大行台考功郎中。玄龄在秦府十余年，恒典管记。隐太子、巢刺王以玄龄及杜如晦为太宗所亲礼，甚恶之，谮之高祖，由是与如晦并遭驱斥。及隐太子将有变也，太宗召玄龄、如晦，令衣道士服，潜引入阁谋议。及事平，太宗入春宫，擢拜太子左庶子。贞观元年，迁中书令。三年，拜尚书左仆射，监修国史，封梁国公，实封一千三百户。既总任百司，虔恭夙夜，尽心竭节，不欲一物失所。闻人有善，若己有之。明达吏事，饰以文学，审定法令，意在宽平。不以求备取人，不以己长格物，随能收叙，无隔疏贱。论者称为良相焉。十三年，加太子少师。玄龄自以一居端揆十有五年，频抗表辞位，优诏不许。十六年，进拜司空，仍总朝政，依旧监修国史。玄龄复以年老请致仕，太宗遣使谓曰："国家久相任使，一朝忽无良相，如失两手。公若筋力不衰，无烦此让。自知衰谢，当更奏闻。"玄龄遂止。太宗又尝追思王业之艰难，佐命之匡弼，乃作《威凤赋》以自喻，因赐玄龄，其见称类如此。

【译文】

房玄龄，是齐州临淄人。他最初的时候在隋朝做官，当隰城县县尉。因事获罪，被罢免后流放到上郡。唐太宗带兵进攻到渭北，房玄龄执着马鞭到军营门前拜见。唐太宗一看到他，便好像看到自己的故人，临时授予他渭北道行军记室参军的职位。房玄龄一遇到知己，就竭心尽力为其效命。这时候，每当平定一处贼寇，大家都争相搜寻金银珠宝，只有房玄龄先搜罗人才，把他们送到唐太宗的营帐，如果有善于谋划的文臣和英勇善战的武将，他就与之暗中交好，分别相约竭尽全力效命。后来他多次受职为秦王府记室参军，并兼任陕东道大行台考功郎中。房玄龄在秦王府十多年，一直执掌文书职务。李建成和李元吉因为房玄龄和杜如晦被唐太宗所礼遇并重用，非常厌恶他们，向唐高祖进谗言，因此，房、杜两人一起遭到驱逐和排斥。等到太子李建成想要发动叛乱的时候，唐太宗召见房玄龄和杜如晦，让他们穿上道士的服装，偷偷地从宫中的小门进来商量对策。等到事情结束之后，唐太宗成为太子，房玄龄被提拔为太子左庶子。贞观元年（627），升为中书令。贞观三年（629），被任命为尚书左仆射，监修国史，封为梁国公，实际封赐食邑一千三百户。总管百官之后，房玄龄更加虔诚恭敬，尽心竭力，不让一个人才被埋没。听说别人有长处，就如同自己有一样。他明了熟悉政事，擅长文字修饰，审核制定刑法律令，本着宽松平和的原则。他选拔人才不求全责备，不用自己的长处衡量别人，根据能力提拔任用，不会使关系远、地位低的人产生阻隔。评论他的人都把他称为好宰相。贞观十三年（639），他被加封为太子少师。房玄龄自认为一占据宰相之位就是十五年，屡次上表请求辞官，唐太宗颁布诏书嘉奖赞美他，没有同意他的请求。贞观十六年（642），他又被晋封司空，仍然总管朝政，依旧监修国史。不久房玄龄再次以年老为由请求辞去官职，唐太宗派使臣对他说："国家长期任用你，有一天突然没有好宰相了，我就好像失去了两只手一样。如果你觉得身体还没有衰老，就不要再辞让你的位置了。如果你觉得的确衰老虚弱了，那就再上奏一次吧。"于是，房玄龄就中止了辞官的请求。唐太宗又经常回想开创帝业的艰辛困苦、辅助自己创业的功臣们的匡正辅佐，于是写了一篇《威凤赋》抒发自己的情感，并将其赐给房玄龄，他被唐太宗欣赏达到了这般程度。

【评解】

对于一个国家和组织来说，人才可以成为领导者的左膀右臂。古代君主礼贤下士而治国成功的事例不胜枚举。对于个人来说，有才华、有能力的人在身边不但可以经常给自己提供一些指导和帮助，还可以使自己的能力得到提高。

杜如晦，京兆万年人也。武德初，为秦王府兵曹参军，俄迁陕州总管府长史。时府中多英俊，被外迁者众，太宗患之。记室房玄龄曰："府僚去者虽多，盖不足惜。杜如晦聪明识达，王佐才也。若大王守藩端拱，无所用之；必欲经营四方，非此人莫可。"太宗自此弥加礼重，寄以心腹，遂奏为府属，常参谋帷幄。

时军国多事，剖断如流，深为时辈所服。累除天策府从事中郎，兼文学馆学士。隐太子之败，如晦与玄龄功第一，迁拜太子右庶子。俄迁兵部尚书，进封蔡国公，实封一千三百户。贞观二年，以本官检校侍中。三年，拜尚书右仆射，兼知吏部选事，仍与房玄龄共掌朝政。至于台阁规模，典章文物，皆二人所定，甚获当时之誉，时称房、杜焉。

【译文】

杜如晦，是京兆万年人。唐高祖武德初年，他在李世民的秦王府担任兵曹参军，不久之后调任陕州总管府长史。当时秦王府中有许多才智卓越的人，很多都被调任为地方官，唐太宗为此非常忧虑。当时担任记室的房玄龄说："府中的幕僚离开的虽然很多，大多是不值得可惜的。只有杜如晦头脑灵活、洞达事理，是能够辅佐帝王创业和治国的人才。如果大王您打算安守王侯的地位，不想有大的作为，那么他这个人没有什么用处；如果您决心治理天下，那么非得用这个人不可。"唐太宗从此之后对杜如晦更加礼遇、重视，把他当作心腹，于是经过请示，将他调任秦王府的属官，经常参与决策和谋划。那时军中和国中事务繁多，杜如晦都能够迅速地剖析决断，深为当时的人们所佩服。数次提拔之后，成为天策府从事中郎，兼任文学馆学士。太子李建成的失败，杜如晦和房玄龄的功劳最大，杜如晦官职升为太子右庶子。不久又升任兵部尚书，加封蔡国公，实封食邑一千三百户。贞观二年（628），在原有官职基础上又兼为检校侍中。贞观三年

（629），官拜尚书右仆射，同时兼任吏部选事，仍然与房玄龄共同掌管朝政。以至于中央机构的规模、朝廷的各种制度仪节，都是他们两个人商议决定的，他们两人深受当时舆论的称颂，被人们并称为"房谋杜断"。

【评解】

关于齐桓公为什么能成就霸业，威震诸侯，《管子·小匡第二十》中的一句话可谓一语中的："桓公假其群臣之谋，以益其智也。"齐桓公借助手下群臣的计谋，不断增益自己的智慧。唐太宗也是一样，他的成功，可以说与身边的房玄龄、杜如晦、魏徵等大臣的有力辅佐是分不开的。

魏徵，巨鹿人也。近徙家相州之内黄。武德末，为太子洗马。见太宗与隐太子阴相倾夺，每劝建成早为之谋。太宗既诛隐太子，召徵责之曰："汝离间我兄弟，何也？"众皆为之危惧。徵慷慨自若，从容对曰："皇太子若从臣言，必无今日之祸。"太宗为之敛容，厚加礼异，擢拜谏议大夫。数引之卧内，访以政术。徵雅有经国之才，性又抗直，无所屈挠。太宗每与之言，未尝不悦。徵亦喜逢知己之主，竭其力用。又劳之曰："卿所谏前后二百余事，皆称朕意。非卿忠诚奉国，何能若是！"三年，累迁秘书监，参预朝政，深谋远算，多所弘益。太宗尝谓曰："卿罪重于中钩，我任卿逾于管仲，近代君臣相得，宁有似我于卿者乎？"六年，太宗幸九成宫，宴近臣，长孙无忌曰："王珪、魏徵，往事息隐，臣见之若仇，不谓今者又同此宴。"太宗曰："魏徵往者实我所仇，但其尽心所事，有足嘉者。朕能擢而用之，何惭古烈？徵每犯颜切谏，不许我为非，我所以重之也。"徵再拜曰："陛下导臣使言，臣所以敢言。若陛下不受臣言，臣亦何敢犯龙鳞，触忌讳也！"太宗大悦，各赐钱十五万。七年，代王珪为侍中，累封郑国公。寻以疾乞辞所职，请为散官。太宗曰："朕拔卿于仇虏之中，任卿以枢要之职，见朕之非，未尝不谏。公独不见金之在矿，何足贵哉？良冶锻而为器，便为人所宝。朕方自比于金，以卿为良工。虽有疾，未为衰老，岂得便尔耶？"徵乃止。后复固辞，听解侍中，授以特进，仍知门下省事。十二年，太宗以诞皇孙，诏宴公卿。帝极欢，谓侍臣曰："贞观以前，从我平定天下，周旋艰险，玄龄之功无所与让。贞观之后，尽心于我，献纳忠谠，安国利人，成我今日功业，为天下所称者，惟魏徵而已。古之名臣，何以加也。"于是亲解佩刀以赐二人。庶人承乾在春宫，不修德业；魏王泰宠爱日隆，内外庶寮，咸有疑议。太宗闻而恶之，谓侍臣曰："当今朝臣，忠謇无如魏徵，我遣傅皇太子，用绝天下之望。"十七年，遂授太子太师，知门下事如故。徵自陈有疾，太宗谓曰："太子宗社之本，须有师傅，故选中正，以为辅弼。知公疹病，可卧护之。"徵乃就职。寻遇疾。徵宅内先无正堂，太宗时欲营小殿，乃辍其材为造，五日而就。遣中使赐以布被素褥，遂其所尚。后数日，薨。太宗亲临恸哭，赠司空，谥曰文贞。太宗亲为制碑文，复自书于石。特赐其家食实封九百户。太宗后尝谓侍臣曰："夫以铜为镜，可以正衣冠;以古为镜,可以知兴替;以人为镜,可以明得失。朕常保此三镜,以防己过。今魏徵殂逝,遂亡一镜矣!"因泣下久之。乃诏曰:"昔惟魏徵,每显予过。自其逝也,虽过莫彰。朕岂独有非于往时,而皆是于兹日?故亦庶僚苟顺,难触龙鳞者欤!所以虚己外求,披迷内省。言而不用,朕所甘心;用而不言,谁之责也?自斯已后,各悉乃诚。若有是非,直言无隐。"

【译文】

魏徵,是河北巨鹿人。后来举家迁居到相州的内黄县。唐高祖武德末年,在李建成府中做太子洗马。他看到李世民与李建成兄弟暗地里相互倾轧争夺,经常劝告李建成要早些做决断。唐太宗杀掉李建成之后,把魏徵叫来斥责他:"你曾经离间我们兄弟之间的关系,这是为什么?"众人都为魏徵感到害怕。魏徵慷慨自若,神情坦然地说:"皇太子如果听从了我的建议,一定不会有今天的灾祸。"唐太宗听后改变了态度,给予他特别的礼遇,将他的官职升迁为谏议大夫。多次把他叫到内宫之中,向他询问治国之道。魏徵很有治国的才华,性格又刚强正直,没有什么可以使他退缩。唐太宗每次与他交谈,从来没有感到不心满意的。魏徵也因为遇到了心意相通的君主而感到高兴,全心全意为其效劳,恪尽职守。唐太宗又抚慰他说:"你前后对我劝谏了二百多件事,都称了我的心意。如果不是你忠诚地为国家着想,怎么能够做到这种地步呢?"贞观三年(629),魏徵一步步地升任为秘书监,参与国家大事,他深谋远虑,对国家治理大有补益。唐太宗曾经对他说："你从前的罪过比管仲射中了齐桓公的带钩要大，我任用你超过了齐桓公任用管仲，近世君臣的融洽默契，难道还有像我与你这样的吗？"贞观六年（632），唐太宗在九成宫设宴招待近臣，长孙无忌说："王珪和魏徵，当初都是辅佐李建成的，我看到他们就像见到仇人一样，没有想到今天却与他们一同在这里参加宴会。"唐太宗说："魏徵以前确实是我所仇视的人，但是他对自己的职责尽心尽力，有非常值得称道的地方。我能够把他提拔上来重用他，有什么对不起古代那些恩怨分明的义烈之士呢？魏徵每次都犯颜极谏，不容许我做错事，我因此而看重他。"魏徵起身拜了两拜说："陛下您引导我让我劝谏，我因此才敢提出意见。如果陛下您不接受我的劝谏，我又怎么敢于违逆您的意愿，触及您的禁忌呢！"唐太宗非常高兴，每人赏赐了十五万钱。贞观七年（633），魏徵取代王珪成为侍中，加封为郑国公。不久之后，他因病要求辞去职位，请求做一个没有固定职事的散官。唐太宗说："我从仇敌的队伍里把你选拔出来，托付给你关键而重要的职责，看到我有错误，你没有一次不劝谏的。你难道不明白这个道理吗？金子还在矿中的时候，有什么贵重的呢？好的冶金工匠把它锻造为器物，就被人们所珍爱。我把自己比喻为金子，把你看作好的工匠。你现在虽然有病，但还没有衰老，难道会让你辞职吗？"魏徵于是停止请辞。后来，魏徵又多次坚定地请求辞职，唐太宗接受他的请求，免去了他的侍中职务，改授为特进，仍然管理门下省的事务。贞观十二年（638），唐太宗因为皇孙诞生，下诏赐宴于公卿大臣。皇帝心情非常好，对身边事奉的大臣们说："贞观以前，跟随我平定天下，出入于各种艰难危险的人中，房玄龄的功劳是无人能比的。贞观以来，对我竭尽心力，向我提出忠诚、正直的建议，安定国家，爱抚百姓，成就我今天的功业，为天下所称颂的人，只有魏徵而已。古代那些著名的大臣，哪一个能够超越他们呢？"于是，他亲自解下自己的佩刀，赐给这两个人。后来被贬为庶人的李承乾还在做太子的时候，不修德行，不思进取；魏王李泰日益受到宠爱，内外的百官群臣，对于他们目前的地位有一些不同的看法。唐太宗听到后对此感到非常厌恶，对身边侍从的大臣说："在今天的朝臣之中，在忠诚正直方面没有比得过魏徵的，我派他去做皇太子的师傅，用来断绝天下人的想法。"贞观十七年（643），授予魏徵太子太师之职，仍然主管门下省的事务。魏徵自说身体有病，唐太宗对他说："太子是宗庙社稷的根本，必须有老师教导他，所以我选择品行端正如你一样的人，作为他的辅助。我知道你身体有病，可以一边养病一边做事。"魏徵于是担任了这个职务。不久之后，得了重病。他的家里没有正堂，唐太宗当时正打算建一座小宫殿，于是就停下来用这些木材给魏徵建正堂，五天就建成了。太宗又派宫中的使节给魏徵送去布被和没有染色的丝织品做的褥子，以顺从他的喜好。又过了几天，魏徵去世了。唐太宗亲临吊唁，放声恸哭，追赠他为司空，赐谥号"文贞"。唐太宗亲自为他写碑文，又亲自写到石头上，并专门赐给他们家实封食邑九百户。唐太宗后来又一次对身边侍从的大臣说："用铜做镜子，可以端正衣冠；用历史做镜子，可以知道兴亡；用人做镜子，可以明白得失。我一直保有着这三面镜子，以防止自己犯过错。如今魏徵去世，就是失去了一面镜子啊！"太宗眼泪落下来，哭了好长时间，接着下诏说："以前魏徵在的时候，经常揭露我的过失。自从他过世之后，即使有过错也不能被发现。难道我是只在过去犯错误，现在就处处都对吗？还是因为百官曲意顺从我，很难再触犯我的情绪呢？因此我打算虚怀若谷以征求大家的意见，剖析自己的迷惑以求能够自我反省。如果大家说了我没有采纳，那么后果我甘心承担；我打算采纳却没有人来提建议，这是谁的责任呢？从今以后，你们应当拿出全部的诚意。如果我有做得对或不对的地方，直言相告，不要有所隐瞒。"

【评解】

弥勒佛像侧有副几乎尽人皆知的对联："大肚能容容天下难容之事，笑口常开笑世上可笑之人。"一个人活在世上，会遭遇数不清的恩恩怨怨，或由爱转恨，或由恩生仇，这都是难以避免的。当遇到这种情况的时候，达观的人可以做到宽大为怀，一笑置之，举贤不避仇，最终化敌为友。唐太宗和魏徵君臣之间的情意，可以说是这个道理的最好注解。

王珪，太原祁县人也。武德中，为隐太子中允，甚为建成所礼。后以连其阴谋事，流于嶲州。建成诛后，太宗即位，召拜谏议大夫。每推诚尽节，多所献纳。珪尝上封事切谏，太宗谓曰："卿所论皆中朕之失，自古人君莫不欲社稷永安，然而不得者，只为不闻己过，或闻而不能改故也。今朕有所失，卿能直言，朕复闻过能改，何虑社稷之不安乎？"太宗又尝谓珪曰："卿若常居谏官，朕必永无过失。"顾待益厚。贞观元年，迁黄门侍郎，参预政事，兼太子右庶子。二年，进拜侍中。时房玄龄、魏徵、李靖、温彦博、戴胄与珪同知国政，尝因侍宴，太宗谓珪曰："卿识鉴精通，尤善谈论，自玄龄等，咸宜品藻。又可自量孰与诸子贤。"对曰："孜孜奉国，知无不为，臣不如玄龄。每以谏诤为心，耻君不及尧、舜，臣不如魏徵。才兼文武，出将入相，臣不如李靖。敷奏详明，出纳惟允，臣不如温彦博。处繁理剧，众务必举，臣不如戴胄。至于激浊扬清，嫉恶好善，臣于数子，亦有一日之长。"太宗深然其言，群公亦各以为尽己所怀，谓之确论。

【译文】

王珪，是太原祁县人。唐高祖武德年间，他在李建成的宫中做太子中允，深得李建成礼遇。后来因为受李建成阴谋作乱事情的牵连，被流放到巂州。李建成被杀之后，唐太宗即位，把他召回拜为谏议大夫。王珪对太宗以诚相待，竭心尽力，多次进献好的建议和意见。王珪曾经上机密的奏章极力劝谏，唐太宗对他说："你所谈论的都恰好切中我的过失，自古以来，作为一国君主的人没有不想国家长治久安的，之所以做不到这一点的原因，就在于听不到别人指出自己的过失，或者听了之后也不能改正。如今我有过失，你能够直言指出，再加上我听了之后能够改正，还用得着忧虑国家不能长治久安吗？"唐太宗还曾经对王珪说："你如果一直做谏官，我一定永远不会有过错。"于是对待他更加优厚。贞观元年（627），王珪升任黄门侍郎，参与国家大政方针的决策，兼任太子右庶子。贞观二年（628），升迁为侍中。当时房玄龄、魏徵、李靖、温彦博、戴胄与王珪一起处理国家的大政，曾经因此而在太宗宴享时陪侍。太宗对王珪说："你见识高明，精通鉴别人才，尤其善于评论，从房玄龄以下这几个人，你都可以品评。也可以自己衡量，同他们比起来哪方面更高明。"王珪回答："勤奋不倦地为国事操劳，只要自己知道的就不会不去做，我不如房玄龄。心里时常想着直言劝谏，以自己的君主不如尧、舜贤明而感到羞耻，我不如魏徵。文韬武略兼备，出征可为将帅，入朝可为宰相，我不如李靖。陈奏报告详细清楚，上传下达准确合理，我不如温彦博。处理繁多而急切的事务，件件事情都办得有条有理，我不如戴胄。至于激浊扬清，去恶扬善，我与各位比起来，也是有些长处的。"唐太宗认为他说得很对，各位大臣也都觉得非常切合自己的实际情况，称赞他评论精确而恰当。

【评解】

王珪对自己的评价可以说客观而深刻。俗话说，金无足赤，人无完人；寸有所长，尺有所短。每个人都有缺点和优点。而在用人方面，不能要求所用的每个人都十分完美，明智的做法是根据每个人的情况，用其所长，不计小过，做到人尽其才。否则会因小失大，白白失去选择贤才的许多良机。

李靖，京兆三原人也。大业末，为马邑郡丞。会高祖为太原留守，靖观察高祖，知有四方之志，因自锁上变，诣江都。至长安，道塞不通而止。高祖克京城，执靖，将斩之，靖大呼曰："公起义兵除暴乱，不欲就大事，而以私怨斩壮士乎？"太宗亦加救靖，高祖遂舍之。武德中，以平萧铣、辅公祏功，历迁扬州大都督府长史。太宗嗣位，召拜刑部尚书。贞观二年，以本官检校中书令。三年，转兵部尚书，为代州行军总管，进击突厥定襄城，破之。突厥诸部落俱走碛北，北擒隋齐王暕之子杨道政，及炀帝萧后，送于长安。突利可汗来降，颉利可汗仅以身遁。太宗谓曰："昔李陵提步卒五千，不免身降匈奴，尚得名书竹帛。卿以三千轻骑，深入虏庭，克复定襄，威振北狄，实古今未有，足报往年渭水之役矣。"以功进封代国公。此后，颉利可汗大惧，四年，退保铁山，遣使入朝谢罪，请举国内附。又以靖为定襄道行军总管，往迎颉利。颉利虽外请降，而心怀疑贰。诏遣鸿胪卿唐俭、摄户部尚书将军安修仁慰谕之，靖谓副将张公谨曰："诏使到彼，虏必自宽，乃选精骑赍二十日粮，引兵自白道袭之。"公谨曰："既许其降，诏使在彼，未宜讨击。"靖曰："此兵机也，时不可失。"遂督军疾进。行至阴山，遇其斥候千余帐，皆俘以随军。颉利见使者甚悦，不虞官兵至也。靖前锋乘雾而行，去其牙帐七里，颉利始觉，列兵未及成阵，单马轻走，虏众因而溃散。斩万余级，杀其妻隋义成公主，俘男女十余万，斥土界自阴山至于大漠，遂灭其国。寻获颉利可汗于别部落，余众悉降。太宗大悦，顾谓侍臣曰："朕闻主忧臣辱，主辱臣死。往者国家草创，突厥强梁，太上皇以百姓之故，称臣于颉利，朕未尝不痛心疾首，志灭匈奴，坐不安席，食不甘味。今者暂动偏师，无往不捷，单于稽颡，耻其雪乎！"群臣皆称万岁。寻拜靖光禄大夫、尚书右仆射，赐实封五百户。又为西海道行军大总管，征吐谷浑，大破其国。改封卫国公。及靖身亡，有诏许坟茔制度依汉卫、霍故事，筑阙象突厥内燕然山、吐谷浑内碛石二山，以旌殊绩。

【译文】

李靖，是京兆三原人。隋炀帝大业末年，在马邑当郡丞。那时候唐高祖李渊还在做太原留守，李靖观察李渊这个人，知道他有统治天下的志向，因此自己封锁了关隘并到朝廷去告发李渊将要谋反，打算到江都去。走到长安的时候，因道路堵塞而停了下来。唐高祖攻克了长安，抓住了李靖，将杀掉他时，李靖大喊道："您组织起正义的军队剪除暴虐昏乱，不打算去成就大事，反而因为个人的怨愤要杀掉一个壮士吗？"唐太宗也设法搭救李靖，李渊于是放了他。唐高祖武德年间，因为平定萧铣、辅公祏有功，李靖被数次提升后做了扬州大都督府长史。唐太宗即位之后，把他召到京城任命为刑部尚书。贞观二年（628），在原来官职的基础上兼为检校中书令。贞观三年（629），转任兵部尚书，并被任命为代州行军总管，率军进击突厥的定襄城，大破突厥。突厥各个部落都逃到大漠以北，从北方抓来了隋朝齐王杨暕的儿子杨道政，以及隋炀帝的皇后萧氏，将他们送到都城长安。

突利可汗前来归降，颉利可汗也仅仅只身逃脱。唐太宗说："汉代的李陵率领五千名步兵同匈奴作战，也不免战败投降的下场，即使这样也仍然能够青史留名。你率领三千轻骑兵，深入突厥的腹地，收复了定襄，威震北方的各民族，实在是古今没有过的功绩，足以报我当年渭水战役的仇恨了。"加封李靖为代国公。从此之后，颉利可汗非常惶恐，贞观四年（630），退兵据守铁山，派使者到朝廷请罪，要求全国归顺。唐太宗又命李靖为定襄道行军总管，前往迎接颉利可汗。颉利可汗表面上请求归降，心里却怀有猜忌和贰心。唐太宗派鸿胪卿唐俭、摄户部尚书将军安修仁前去抚慰并晓谕他，李靖对副将张公谨说："皇帝下诏让使者到突厥去，敌人自己一定会松懈下来，我们可以挑选精锐骑兵，带二十天的粮食，发兵从白道袭击他们。"张公谨说："既然我们已经同意了他们请降，并且有皇帝亲派的使者在那里，不宜攻打。"李靖说："这是战机啊，这样的时机是不能失去的。"于是他指挥军队快速行军。人马走到阴山的时候，正遇上千余户为颉利可汗担任侦查任务的突厥人，李靖把他们俘虏了随唐军一同前进。颉利可汗看到唐朝的使者来了，非常高兴，没有想到唐朝的官军会来。李靖的前锋部队用大雾作隐蔽行军，到了离颉利可汗的大帐只有七里远的地方，颉利可汗才发觉，已经来不及将队伍组织成阵列了，只得单人独骑迅速逃走，突厥的人马因而四散奔逃。这一仗杀了突厥一万多人，并杀掉颉利可汗的妻子——隋朝的义成公主，俘获了十多万人，开拓了从阴山一直到大漠的疆土，灭掉了突厥国家。不久之后，又从其他部落抓住了颉利可汗，剩余的突厥人也都投降了。唐太宗很高兴，对身边侍从的大臣说："我听说君主如果有忧患，臣下就会感到羞辱；君主如果感到羞耻，臣下就会尽死力为其洗雪。当初国家刚建立时，突厥势力强大，太上皇为了安定百姓，向颉利可汗称臣。我无时无刻不为此事痛心疾首，立志要消灭它，并为此而坐不安席，食不甘味。如今刚刚调动了并非主力的军队，就无往不胜，突厥的单于虔诚归顺，这个耻辱算是得到洗雪了吧！"群臣听后都高呼万岁。不久之后，太宗任命李靖为光禄大夫、尚书右仆射，赐给食邑实封五百户。此后，又任命他为西海道行军大总管，征讨吐谷浑，将其大败。后来，李靖被改封卫国公。等到他去世之后，太宗皇帝下诏书准许他的墓葬依照汉代名将卫青、霍去病的旧例，在墓前筑起像突厥境内的铁山、吐谷浑境内的碛石山一样的石牌坊，表彰他的特殊功绩。

【评解】

李靖是中国历史上的名将，除了赫赫战功，他编著的《唐太宗李卫公问对》也是传统兵家最重要的代表作之一。从李靖的事迹来看，他不但有军事指挥方面的才能，而且做人的谋略也是值得称道的。

虞世南，会稽余姚人也。贞观初，太宗引为上客，因开文馆，馆中号为多士，咸推世南为文学之宗。授以记室，与房玄龄对掌文翰。尝命写《列女传》以装屏风，于时无本，世南暗书之，一无遗失。贞观七年，累迁秘书监。太宗每机务之隙，引之谈论，共观经史。世南虽容貌懦弱，如不胜衣，而志性抗烈，每论及古先帝王为政得失，必存规讽，多所补益。及高祖晏驾，太宗执丧过礼，哀容毁悴，久替万机，文武百寮，计无所出，世南每入进谏，太宗甚嘉纳之，益所亲礼。尝谓侍臣曰："朕因暇日，每与虞世南商榷古今。朕有一言之善，世南未尝不悦；有一言之失，未尝不怅恨。其恳诚若此，朕用嘉焉。群臣皆若世南，天下何忧不治？"太宗尝称世南有五绝：一曰德行，二曰忠直，三曰博学，四曰词藻，五曰书翰。及卒，太宗举哀于别次，哭之甚恸。丧事官给，仍赐以东园秘器，赠礼部尚书，谥曰文懿。太宗手敕魏王泰曰："虞世南于我，犹一体也。拾遗补阙，无日暂忘，实当代名臣，人伦准的。吾有小善，必将顺而成之；吾有小失，必犯颜而谏之。今其云亡，石渠、东观之中，无复人矣，痛惜岂可言耶！"未几，太宗为诗一篇，追思往古理乱之道，既而叹曰："钟子期死，伯牙不复鼓琴。朕之此篇，将何所示？"因令起居褚遂良诣其灵帐读讫焚之，其悲悼也若此。又令与房玄龄、长孙无忌、杜如晦、李靖等二十四人，图形于凌烟阁。

【译文】

虞世南，是会稽余姚人。贞观初年，唐太宗把他招来，尊为上宾，因此开设了文馆，当时馆中号称贤士众多，都推举虞世南为才学最高者。唐太宗任命他为记室，与房玄龄一起掌管公文信札方面的事情。唐太宗曾经让他书写《列女传》用来装饰屏风，当时没有底本可以参照，虞世南就默写了出来，一点差错都没有。贞观七年（633），升任秘书监。唐太宗每当处理公务的闲暇，都会召见虞世南，与他谈经论史，一起探讨经史中的问题。虞世南虽然长相孱弱，好像连衣服都撑不起来一样，但是性情刚烈，每每谈论到古代帝王治理国家的得失，一定有所规谏讽喻，对唐太宗增益很多。等到唐高祖去世，唐太宗守丧超过礼制的规定，容貌因悲伤而过于憔悴，很长时间都不理朝廷政事，文武百官对此都没有想出好办法，虞世南每次进宫劝谏，唐太宗都非常赞赏并采纳他的建议，对他更加亲近和礼貌。唐太宗曾对身边侍从的大臣说："我在闲暇的时候，经常与虞世南一起谈古论今。我如果有一句话说得好，虞世南一定会非常高兴；有一句话说错了，他就一定会惆怅怨愤。他为人诚恳到这种程度，我因此而赞赏他。诸位大臣如果都像虞世南一样，我还用忧虑天下治理不好吗？"唐太宗曾经称赞虞世南有"五绝"：一是端正的德行，二是忠直的性情，三是广博的学才，四是优美的辞赋，五是出众的书法。虞世南去世之后，唐太宗在别第进行哀悼，哭得非常悲痛。虞世南的丧葬费用由官府负担，并赐给他棺木，追赠为礼部尚书，谥号"文懿"。唐太宗亲手写了一份诏书给魏王李泰说："虞世南对于我，就如同一个人一样。他补正我的缺点和过失，从来没有遗忘过，确实是当今名臣作为的标准。我有小的优点，他一定会顺应并助成它；我有小的缺点，他一定会不顾情面直言劝谏。如今他去世了，石渠、东观之中不再有这样的人，我的悲痛、惋惜之情怎么能够用言语表达呢！"不久之后，唐太宗作了一首诗，追思古代天下治乱的一般规律，感叹道："钟子期死了，伯牙就不再弹琴。我作的这首诗，还能给谁看呢？"命令起居郎褚遂良到虞世南的灵帐之中，读完诗之后焚毁，他的悲痛伤悼之情到了这种程度。唐太宗又命人将虞世南与房玄龄、长孙无忌、杜如晦、李靖等二十四个人的图像，画到了凌烟阁内。

【评解】

虞世南被戈直称为"德行忠直文章之士，唐兴之儒臣"，他的"五绝"是一般人很难全部具有的，他与唐太宗的情意，也是历史上的一段佳话。

李勣，曹州离狐人也。本姓徐，初仕李密，为左武侯大将军。密后为王世充所破，拥众归国，勣犹据密旧境十郡之地。武德二年，谓长史郭孝恪曰："魏公既归大唐，今此人众土地，魏公所有也。吾若上表献之，则是利主之败，自为己功，以邀富贵，是吾所耻。今宜具录州县及军人户口，总启魏公，听公自献，此则魏公之功也，不亦可乎？"乃遣使启密。使人初至，高祖闻无表，惟有启与密，甚怪之。使者以勣意闻奏，高祖方大喜曰："徐勣感德推功，实纯臣也。"拜黎州总管，赐姓李氏，附属籍于宗正。封其父盖为济阴王，固辞王爵，乃封舒国公，授散骑常侍。寻加勣右武侯大将军。及李密反叛伏诛，勣发丧行服，备君臣之礼，表请收葬。高祖遂归其尸。于是大具威仪，三军缟素，葬于黎阳山。礼成，释服而散，朝野义之。寻为窦建德所攻，陷于建德，又自拔归京师。从太宗征王世充、窦建德，平之。贞观元年，拜并州都督，令行禁止，号为称职，突厥甚加畏惮。太宗谓侍臣曰："隋炀帝不解精选贤良，镇抚边境，惟远筑长城，广屯将士，以备突厥，而情识之惑，一至于此。朕今委任李勣于并州，遂得突厥畏威远遁，塞垣安静，岂不胜数千里长城耶？"其后并州改置大都督府，又以勣为长史，累封英国公。在并州凡十六年，召拜兵部尚书，兼知政事。勣时遇暴疾，验方云须灰可以疗之，太宗自剪须为其和药。勣顿首见血，泣以陈谢。太宗曰："吾为社稷计耳，不烦深谢。"十七年，高宗居春宫，转太子詹事，加特进，仍知政事。太宗又尝宴，顾勣曰："朕将属以孤幼，思之无越卿者。公往不遗于李密，今岂负于朕哉！"勣雪涕致辞，因噬指流血。俄沉醉，御服覆之，其见委信如此。勣每行军，用师筹算，临敌应变，动合事机。自贞观以来，讨击突厥、颉利及薛延陀、高丽等，并大破之。太宗尝曰："李靖、李勣二人，古之韩、白、卫、霍岂能及也！"

【译文】

李勣，是曹州离狐人。他原本姓徐，最初的时候在李密手下做官，为左武侯大将军。李密被王世充打败，率领部众降唐，但李勣仍然占据着李密原来所统治的十个郡的土地。武德二年（619），李勣对长史郭孝恪说："魏公李密已经投降大唐了，现在这些人马和土地，都是属于魏公的。如果我上表将其献给大唐，这是从主公的失败中获取利益，当作自己的功劳，以换取富贵利禄，这是我耻于去做的。如今应当把各州各县的钱粮土地、军马人口等全都统计清楚，一并陈奏给魏公，让魏公自己献出来，这就是魏公的功劳，这样做不也可以吗？"于是他派使者向李密陈奏。使者刚到长安，唐高祖听说没有表章，只有送给李密的书信，感到非常奇怪。使者把李勣的意图陈奏给唐高祖，高祖这才非常高兴地说："徐勣感怀恩德推让功劳，真是一个忠心不二之臣啊。"于是任命他为黎州总管，赐姓李，将他的户籍纳入王室亲族之中。又封他的父亲李盖为济阴王，因其坚决推辞王爵，于是改封舒国公，授予散骑常侍之职。不久之后又加封李勣为右武侯大将军。后来李密反叛被杀，李勣为他举行丧礼并穿孝服居丧，完全按照君臣之间的礼节，并上表请求将李密的尸体收殓入葬。唐高祖就把李密的尸体给了他。李勣于是大张旗鼓地举行了丧葬仪式，全军上下都穿起白色的丧服，将李密埋葬在黎阳山。丧葬礼仪全部完成之后，脱下丧服让大家结束仪式，朝野之间都称他很仗义。不久李勣被窦建德攻击，并被窦建德所俘，他又自己逃出来回到京城。李勣跟随唐太宗征讨王世充、窦建德，把他们都消灭了。贞观元年（627），他被任命为并州都督，号令严明，令行禁止，被人们称赞为称职，突厥人对他非常畏惧。唐太宗对身边侍从的大臣说："隋炀帝不知道精心挑选贤才良将镇守边境的道理，只是在远处修建长城，到处驻扎军队，以此防范突厥，才情和见识糊涂到这种地步。我如今委派李勣在并州镇守，突厥人因害怕他的威名而远远地逃走了，北方的边境得以安宁，这难道不比几千里长城更有用吗？"后来，并州改设为大都督府，又任命李勣为长史，加封为英国公。李勣在并州十六年后，被召回京城任命为兵部尚书，同时参与管理国家大事。李勣有一次突然得了重病，验方上说胡须烧成灰可以治，唐太宗便剪下自己的胡须为他配药。李勣头磕到流血，哭泣着表达感激之情。唐太宗说："我这样做是为国家考虑，不要这样过于感谢。"贞观十七年（643），李治为太子，李勣转任太子詹事，加封特进，仍然参与管理国家大事。唐太宗曾经在一次宴会上对李勣说："我想托付个人在我死后照顾我年幼的孩子，考虑了一下没有比你更合适的。你从前的时候不忘记李密，如今难道会辜负我吗！"李勣一边擦着眼泪一边回话，结果把手指咬破流出血来。过了一会儿，他喝得大醉，唐太宗把自己的衣服盖在他身上，由此可见对他的委任和信赖达到何种程度。李勣每次指挥军队，用兵作战精心筹划，遇到敌人随机应变，军队行动符合战机。从唐太宗即位之后，先后征讨突厥、颉利、薛延陀和高丽等，把他们完全击败了。唐太宗曾经说："李靖、李勣这两个人，古代的韩信、白起、卫青、霍去病怎么能赶得上呢！"

【评解】

唐初名将如云，李勣能够在其中特立超群，除了他的军事才能，忠诚正直的人品也是其中重要的原因。

马周，博州茌平人也。贞观五年，至京师，舍于中郎将常何之家。时太宗令百官上书言得失，周为何陈便宜二十余事，令奏之，事皆合旨。太宗怪其能，问何，何对曰："此非臣所发意，乃臣家客马周也。"太宗即日召之，未至间，凡四度遣使催促。及谒见，与语甚悦。令直门下省，授监察御史，累除中书舍人。周有机辩，能敷奏，深识事端，故动无不中。太宗尝曰："我于马周，暂时不见，则便思之。"十八年，历迁中书令，兼太子左庶子，周既职兼两宫，处事平允，甚获当时之誉。又以本官摄吏部尚书。太宗尝谓侍臣曰："周见事敏速，性甚慎至。至于论量人物，直道而言，朕比任使之，多称朕意。既写忠诚，亲附于朕，实藉此人，共康时政也。"

【译文】

马周，是博州茌平人。贞观五年（631），他来到京城，住在中郎将常何家里。恰逢唐太宗命令百官上书评论政事得失，马周对常何陈述了有利国家、合乎时宜的二十多件事，让常何上奏，每件事都合乎皇帝的心意。唐太宗对常何的才能感到奇怪，便询问他，常何回答："这不是我的想法，是我家的客人马周提出的。"唐太宗当天就召见马周，在马周还没有到达期间，曾经四次派人去催促。等到马周前来拜见，两人谈论得非常愉快。唐太宗命马周到门下省当值，并任命他为监察御史，多次提拔之后任命为中书舍人。马周为人机智而有辩才，善于陈奏，对事情了解深入，所以行动没有不恰当合理的。唐太宗曾经说："我对于马周，一时看不见，就会想他。"贞观十八年（644），马周的官职升到中书令，兼任太子左庶子，马周已经身兼两宫的职务，但因处事公平适度，深得当时人们的赞誉。后又在原有官职基础上兼任吏部尚书。唐太宗曾经对侍从的大臣说："马周判断事务敏锐迅速，性情极端谨慎，至于议论和品评人物，都能够据实直言，我近来据他的评判任用的人，大多符合我的心意。他既然能把忠诚之心表现出来，并且对我又很亲近，我确实应当依赖这个人，共同使国家的秩序安定。"

【评解】

对马周的任用可以说是唐太宗不拘一格选人才的一个典型事例，受后世称颂。

李 白

与韩荆州书

　　白闻天下谈士相聚而言曰："生不用封万户侯,但愿一识韩荆州。"何令人之景慕,一至于此!岂不以有周公之风,躬吐握之事,使海内豪俊,奔走而归之,一登龙门,则声价十倍!所以龙蟠凤逸之士,皆欲收名定价于君侯。君侯不以富贵而骄之,寒贱而忽之,则三千之中有毛遂,使白得颖脱而出,即其人焉。

　　白,陇西布衣,流落楚汉。十五好剑术,遍干诸侯。三十成文章,历抵卿相。虽长不满七尺,而心雄万夫。皆王公大人许与气义。此畴曩①心迹,安敢不尽于君侯哉!

　　君侯制作侔②神明,德行动天地,笔参造化,学究天人。幸愿开张心颜,不以长揖见拒。必若接之以高宴,纵之以清谈,请日试万言,倚马可待。今天下以君侯为文章之司命,人物之权

---

① 曩:nǎng。
② 侔:móu。

衡，一经品题，便作佳士。而君侯何惜阶前盈尺之地，不使白扬眉吐气，激昂青云耶？

昔王子师为豫州，未下车，即辟荀慈明，既下车，又辟孔文举；山涛作冀州，甄拔三十余人，或为侍中、尚书，先代所美。而君侯亦荐一严协律，入为秘书郎，中间崔宗之、房习祖、黎昕、许莹之徒，或以才名见知，或以清白见赏。白每观其衔恩抚躬，忠义奋发，白以此感激，知君侯推赤心于诸贤腹中，所以不归他人，而愿委身国士。傥急难有用，敢效微躯。

且人非尧舜，谁能尽善？白谟猷①筹画，安能自矜？至于制作，积成卷轴，则欲尘秽视听。恐雕虫小技，不合大人。若赐观刍荛②，请给纸墨，兼之书人，然后退扫闲轩，缮写呈上。庶青萍、结绿，长价于薛、卞之门。幸惟下流，大开奖饰，惟君侯图之。

【译文】

我听说天下士子聚在一起议论："人生不用封万户侯，只愿结识韩荆州就行了。"您怎么能使人敬仰爱慕到如此程度！实则缘于您有周公那样的风度，吐哺握发的行为使海内豪杰俊士都奔走归附您的门下。士人一经您的接待延誉，便声名大振，所以屈而未伸的贤士，都想在您这儿获得美名、赢得声望。由于您不因他们富贵而骄纵他们，不因他们贫贱而轻视他们，所以您众多的

---

① 谟猷：mó yóu。
② 刍荛：chú ráo。

宾客中一定会出现毛遂那样的奇才。假使我能有机会脱颖而出，我就是那样的人啊。

我是陇西平民，在楚汉游历。十五岁时爱好剑术，拜会了许多地方长官；三十岁时文章有成，拜见了很多卿相显贵。虽然身高不满七尺，但豪气满怀，胜于万人。王公大人都赞许我有气概，讲道义。这是我往日的心事行迹，怎么能不尽情向您表露呢？

您的著作堪比神明，您的德行得配天地；文章与自然造化同功，学问穷极天道人事。希望您宽宏大量，和颜悦色，不会因我长揖不拜而拒绝我。如果能用盛宴来款待我，使我清谈高论，那请您再以日写万言来测试我，我将一挥而就。如今天下人都认为您是决定文章水平、衡量人物高低的权威，一经您的品评，便被认作贤士，您何必舍不得阶前的区区尺寸之地接待我，而使我不能扬眉吐气、气势凌云呢？

从前，王子师担任豫州刺史，未到任即征召荀慈明，到任后又征召孔文举；山涛作冀州刺史，选拔三十余人，有的成为侍中、尚书。这都是前代人所称赞的。而您也荐举过一位严协律，进入中央为秘书郎；还有崔宗之、房习祖、黎昕、许莹等人，有的因才干名声被您知晓，有的因操行清白受您赏识。我每每看到他们怀恩感慨，忠义奋发，就会因此受到感动和激励，知道您对诸位贤士推心置腹，赤诚相见，故而我不归向他人，而愿意托身于您。如逢紧急艰难有用我之处，我当献身效命。

一般人都不是尧、舜那样的圣人，谁能完美无缺？我的谋略策划，岂能自我夸耀？至于我的作品，已积累成为卷轴，但想要请您过目。只怕这些雕虫小技，不能受到大人的赏识。若蒙您垂青，愿意看看拙作，那便请赐予纸墨，还有抄写的人手，然后我回去打扫静室，缮写呈上。希望青萍宝剑、结绿美玉，能在薛烛、卞和门下增添价值。愿您顾念身居下位的人，大开奖誉之门，请您加以考虑。

【评解】

这是"诗仙"李白的一篇传世之作。李白作诗，洒脱飘逸；诗仙为文，干练豪气。本文约作于唐玄宗开元二十二年（734），是李白在襄阳拜谒荆州长史兼荆州刺史韩朝宗前作的宏文。李白极有抱负，自称"愿为辅弼，使寰区大定，海县清一"（《代寿山答孟少府移文书》）。但他不屑经由进士、明经等常规考试进入仕途，而企图一朝蒙受帝王赏识，获得高位。所以多方干谒，投赠诗文，以文章才华，培养声名。该文属于干谒之作，极力称赞韩朝宗善于识拔人才，希望得到接见和赞誉。但是作者并不卑躬屈膝，而是充满自信，既称赞对方的提携后进，又对自我的才华进行肯定。文辞骈散结合，长短错落，文气起伏跌宕、豪情万丈。

文章开篇写道："白闻天下谈士相聚而言曰：'生不用封万户侯，但愿一识韩荆州。'"《古文观止》评："欲赞韩荆州，却借天下谈士之言，排宕而出之，便与谀美者异。"李白通过天下士子之口说明韩荆州的名声，并非私下谀美之辞，可见韩朝宗确有赏拔人才的风度，并且影响极大，已经誉满天下。因此，李白为自己投身韩门做好铺垫。韩朝宗又是如何赢取天下名声的呢？李白用周公一沐三握发、一饭三吐哺招待贤士之典和文士一受李膺容接即身登龙门之典来称誉韩朝宗，最后借毛遂讲到自己，说明自己的不同寻常，总有一天会在韩的举荐下脱颖而出。这样，既点明了自己的真正意图，又顺利转接下文。李白属于极为自负又极有才华之人，纵观历史，此类人少见。因此，若让李白"摧眉折腰事权贵"，无疑是"使我不得开心颜"。然而出身布衣，若想居庙堂之高就必然需有赏识之人，这就使得李白用狂飙的才气来证实自己并慷慨面对闻名天下的韩荆州。

李白的自我介绍极有特色，通过"剑术""文章"等才干已经拜会过"诸侯""公卿"来告诉韩朝宗自己的身价和才华不是等闲之人所能企及的。随后，将自己的身高和志气进行对比，意在希望韩朝宗不要以貌取人，要能够在滚滚红尘中认识到千里马的价值。拜谒书信写到李白这个地步也真是高峰了，当然这是由李白本人的性格决定的。杜甫在《饮中八仙歌》中写道："天子呼来不上船，自称臣是酒中仙。"这就是李白的风骨。千百年来，文人士大夫做到如此洒脱、藐视权贵的也只有李白一人了，这就是李白的价值，这就是李白的品格。《古文观止》在此处评论说："此段正写己愿识荆州，却绝不作一分寒乞态，殊觉豪气逼人。"

中间部分是李白对韩朝宗的推崇，其意在于使韩举荐自己，名为赞誉韩，实则使其接受自己。李白一生傲对王侯，却对战国策士比较向往，所以文风恣肆，铺张扬厉，如大江东去，滔滔不绝，势必席卷苍茫天地。他之所以抬高韩荆州，也是因为自抬身价，睥睨天下。同时，用前人举贤典故来说明韩朝宗举荐自己后将赢得更大的名声，以此彰显士林思贤、荐贤之风。最后，李白在天地之间大大写就了"人"字——如果想得到我的谋略策划，就好好准备接待吧，自己虽然不是尧、舜一般的圣人，却自有奇策妙计，可安天下。李白的文如同他的人一样，是那样坦诚、真实，没有卑躬屈膝、哗众取宠，有的是一颗真诚的、炙热的、报效家国天下的赤子之心。《古文观止》说："既以文自荐，却又不即自献其文。先请给纸笔书人，何等身分。"李白的所作所为，光明磊落，一派天机，令人仰视千古。

文章虽是干谒之书，却也是文人在仕途上的宣言书。千百年过去了，重拾昨日之文，更加感到心灵的洗礼和思想的升华，功名可求取，自我人格更当坚守。李白用文人的风骨给了古今政客一记幽默的耳光，响亮而沉重。

古风·其九

庄周梦胡蝶，胡蝶为庄周。
一体更变易，万事良悠悠。
乃知蓬莱水，复作清浅流。
青门种瓜人，旧日东陵侯。
富贵故如此，营营何所求。

【译文】

庄周梦见自己化为翩翩起舞的蝴蝶，醒后竟不知道是自己梦中变成蝴蝶呢，还是蝴蝶梦见自己变成庄周。事物总在不断变化之中，宇宙万物没有例外。可知道蓬莱岛周围广袤的海水当初也曾经作为清清的细水东流。你看那长安南门边种瓜的老头，他当初就是秦朝的东陵侯。功名富贵莫不如此，笑看那营营之辈，临死什么也不能带走。

【评解】

李白是我国历史上最负盛名的浪漫主义诗人，"安能摧眉折腰事权贵，使我不得开心颜"。如此豪放坦荡的诗句，千百年来，也只有"诗仙"李白一人而已。天马行空、无拘无束才是李白思绪的特色，敢于笑对权贵，敢于执着追求，这就是"仰天大笑出门去，我辈岂是蓬蒿人"的李白。当然，李白作诗不是一味求奇，这是李白组诗《古风五十九首》的第九首，全诗主要表达了作者对功名富贵的态度，于清新、飘逸的风格当中注入思想，隽永且意味深长。

本首诗意在说明人生变幻无常，人活一世又何必过分在意富贵呢？李白曾写诗句"千金散尽还复来"，面对富贵是洒脱的、豪爽的精神风貌。自古以来，出将入相、封侯称王是多少人穷尽一生追求的目标，然而又有多少人能够面对名利淡然处之？李白不是第一个也不是最后一个，却以自己的人生态度刷新了对功名富贵的时代眼界。

诗歌以"庄周梦蝶"的典故开题，表达了诗人人生如梦的感怀。"庄周梦胡蝶，胡蝶为庄周。"这句诗源于《庄子·齐物论》中的一则故事，庄周晚上做梦，梦到自己变成一只蝴蝶飘然飞去，醒后感觉自己本是自己，可又一考虑，不知道是自己梦为蝴蝶还是蝴蝶梦为自己？很明显，诗人引用典故绝不是随意而为，而是寄托着心中的情愫。在诗人看来，人生如梦并不是圣人的戏言，而是圣人借戏言告诉世人：人生如梦，梦如人生。在不可把握的生命长河中，谁又能真正规划好每一步，现实生活的突发事件未知而不可捉摸，再细细品味，人生不就如梦吗？李白志在卿相，虽满腹才学却只能为皇帝填词取乐，人生况味只能用一个"梦"字代替了。

"一体更变易，万事良悠悠。乃知蓬莱水，复作清浅流。"此四句进一步抒发诗人感怀万事变化无常的心境。事物总是在不断地变化当中，谁又能真正看透历史的迷雾，所做的也只能是顺应历史潮流罢了。想想眼前浩渺无垠的蓬莱海水，当年可只是一脉清泉，汩汩东流。山水都可以发生如此大的变化，更不要说王朝更迭、政权交替了，而个人的富贵在变化的世界里又怎么能长盛不衰呢？所以要以通达、开朗之心来面对世界的多变。李白晚年时，大唐帝国爆发"安史之乱"，唐帝国就此败落。也许盛世时代的诗人有着非比寻常的视角，能够读懂繁华后的变幻风雨。

"青门种瓜人，旧日东陵侯。富贵故如此，营营何所求。"最后四句表达了本诗的中心思想。其实，诗的前六句都是在为这四句做铺垫，终于四句出笼，诗人的思想喷薄而出。东陵侯乃秦帝国时期受封的侯爵，可是江山易主，汉代秦立，昔日高高在上、地位显赫的东陵侯如今只能在长安城东城墙最南边的城门外以种瓜为生。人生境遇，谁能预料？面对这种不可知的命运转变，诗人发出心灵的呼声：功名富贵都是如此，又何必过于执着呢？笑看那些在仕途上拼命钻营之辈，在临死的时候又能带走什么呢？诗人如此冷眼旁观、嘲笑他人，其实在心理上是希望得到快慰，使壮志未酬的郁结得以释怀，从某种意义上说，诗人还是有些不能忘情。但诗人还是从历史中找到了释怀心灵的答案。

本首诗是李白的阅世之作，通过对自然万物的多端变化分析，再到东陵侯前后的身份差距对比，最后李白得出人生结论：在有限的生命里不要过于追求功名富贵，因为生命短暂和历史的突变会轻易地改变这一切。他意在告诉后人，要用一颗平常心面对宦海沉浮。

韩 愈

原 道

博爱之谓仁,行而宜之之谓义,由是而之焉之谓道,足乎己无待于外之谓德。仁与义为定名,道与德为虚位。故道有君子小人,而德有凶有吉。老子之小仁义,非毁之也,其见者小也。坐井而观天,曰天小者,非天小也。彼以煦煦为仁,孑孑为义,其小之也则宜。其所谓道,道其所道,非吾所谓道也。其所谓德,德其所德,非吾所谓德也。凡吾所谓道德云者,合仁与义言之也,天下之公言也。老子之所谓道德云者,去仁与义言之也,一人之私言也。

周道衰,孔子没,火于秦,黄老于汉,佛于晋、魏、梁、隋之间。其言道德仁义者,不入于杨,则归于墨;不入于老,则归于佛。入于彼,必出于此。入者主之,出者奴之;入者附之,出者污之。噫!后之人其欲闻仁义道德之说,孰从而听之?老者曰:"孔子,吾师之弟子也。"佛者曰:"孔子,吾师之弟子也。"

为孔子者，习闻其说，乐其诞而自小也，亦曰"吾师亦尝师之"云尔。不惟举之于其口，而又笔之于其书。噫！后之人虽欲闻仁义道德之说，其孰从而求之？

甚矣，人之好怪也，不求其端，不讯其末，惟怪之欲闻。古之为民者四，今之为民者六。古之教者处其一，今之教者处其三。农之家一，而食粟之家六。工之家一，而用器之家六。贾之家一，而资焉之家六。奈之何民不穷且盗也？

古之时，人之害多矣。有圣人者立，然后教之以相生相养之道。为之君，为之师。驱其虫蛇禽兽，而处之中土。寒然后为之衣，饥然后为之食。木处而颠，土处而病也，然后为之宫室。为之工以赡其器用，为之贾以通其有无，为之医药以济其夭死，为之葬埋祭祀以长其恩爱，为之礼以次其先后，为之乐以宣其湮郁，为之政以率其怠倦，为之刑以锄其强梗。相欺也，为之符、玺、斗斛、权衡以信之。相夺也，为之城郭甲兵以守之。害至而为之备，患生而为之防。今其言曰："圣人不死，大盗不止。剖斗折衡，而民不争。"呜呼！其亦不思而已矣。如古之无圣人，人之类灭久矣。何也？无羽毛鳞介以居寒热也，无爪牙以争食也。

是故君者，出令者也；臣者，行君之令而致之民者也；民者，出粟米麻丝，作器皿，通货财，以事其上者也。君不出令，则失其所以为君；臣不行君之令而致之民，则失其所以为臣；民不出粟米麻丝，作器皿，通货财，以事其上，则诛。今其法曰，必弃而君臣，去而父子，禁而相生相养之道，以求其所谓清净寂灭者。呜呼！其亦幸而出于三代之后，不见黜于禹、汤、文、武、周公、孔子也。其亦不幸而不出于三代之前，不见正于禹、汤、文、武、周公、孔子也。

帝之与王，其号虽殊，其所以为圣一也。夏葛而冬裘，渴饮而饥食，其事虽殊，其所以为智一也。今其言曰："曷不为太古之无事？"是亦责冬之裘者曰："曷不为葛之之易也？"责饥之食者曰："曷不为饮之之易也？"传曰："古之欲明明德于天下者，先治其国；欲治其国者，先齐其家；欲齐其家者，先修其身；欲修其身者，先正其心；欲正其心者，先诚其意。"然则古之所谓正心而诚意者，将以有为也。今也欲治其心而外天下国家，灭其天常，子焉而不父其父，臣焉而不君其君，民焉而不事其事。孔子之作《春秋》也，诸侯用夷礼则夷之，进于中国则中国之。经曰："夷狄之有君，不如诸夏之亡。"《诗》曰："戎狄是膺，荆舒是惩。"今也举夷狄之法，而加之先王之教之上，几何其不胥而为夷也？

夫所谓先王之教者，何也？博爱之谓仁，行而宜之之谓义。由是而之焉之谓道。足乎己无待于外之谓德。其文：《诗》《书》《易》《春秋》；其法：礼、乐、刑、政；其民：士、农、工、贾；其位：君臣、父子、师友、宾主、昆弟、夫妇；其服：麻、丝；其居：宫、室；其食：粟米、蔬果、鱼肉。其为道易明，而其为教易行也。是故以之为己，则顺而祥；以之为人，则爱而公；以之为心，则和而平；以之为天下国家，无所处而不当。是故生则得其情，死则尽其常。效焉而天神假，庙焉而人鬼飨。曰："斯道也,何道也?"曰:"斯吾所谓道也,非向所谓老与佛之道也。尧以是传之舜,舜以是传之禹,禹以是传之汤,汤以是传之文、武、周公,文、武、周公传之孔子,孔子传之孟轲,轲之死,不得其传焉。"荀与扬也,择焉而不精,语焉而不详。由周公而上,上而为君,故其事行。由周公而下,下而为臣,故其说长。然则如之何而可也?曰:"不塞不流,不止不行。人其人,火其书,庐其居。明先王之道以道之,鳏寡孤独废疾者有养也。其亦庶乎其可也!"

【译文】

博爱叫作仁,合宜于仁的行为叫作义,从仁义再向前的叫作道,自身具有而不依赖外界的叫作德。仁和义是意义确定的名词,道和德是意义不确定的名词。所以道有君子之道和小人之道,而德有吉德和凶德。老子轻视仁义,并不是诋毁仁义,只是由于他的观念狭小。好比坐在井里看天的人,说天很小,其实天并不小。老子把小恩小惠当作仁,把谨小慎微认作义,他轻视仁义就是很自然的了。老子所说的道,是把他观念里的道当作道,不是我所说的道。他所说的德,是把他观念里的德当作德,不是我所说的德。凡是我所说的道德,都是结合仁和义说的,是天下的公论。老子所说的道德,是抛开了仁和义说的,只是他一个人的说法。

自从周道衰落,孔子去世以后,秦始皇焚烧诗书,黄老学说盛行于汉代,佛教盛行于晋、魏、梁、隋各代。那时谈论道德仁义的人，不归入杨朱学派，就归入墨翟学派；不归入道学，就归入佛学。归入了那一家，必然轻视另外一家。尊崇所归入的学派，就贬低所反对的学派；依附所归入的学派，就污蔑所反对的学派。唉！后世的人想知道仁义道德的学说，到底听从谁的呢？道家说："孔子是我们老师的学生。"佛家也说："孔子是我们老师的学生。"研究孔学的人，听惯了他们的话，乐于接受他们的荒诞言论而轻视自己，也说"我们的老师曾向他们学习"这一类话。不仅在口头说，而且把它写在书上。唉！后世的人即使想知道关于仁义道德的学说，又该向谁去请教呢？

人们喜欢听怪诞的言论真是太过分了！他们不探求事情的起源，不考察事情的结果，只喜欢听怪诞的言论。古代的人民只有四类，今天的人民有了六类。古代负有教育人民的任务的，只占四类中的一类，今天却有三类。务农的一家，要供应六家的粮食；务工的一家，要供应六家的器用；经商的一家，依靠他服务的有六家。这种情况，又怎么能使人民不因穷困而去偷盗呢？

古时候，人民的灾害很多。有圣人出来，才教给人民相生相养的生活方法，做他们的君王或老师。驱走那些蛇虫禽兽，把人们安顿在中原。天冷就教他们做衣裳，饿了就教他们种庄稼。栖息在树木上容易掉下来，住在洞穴里容易生病，于是就教导他们建造房屋。又教导他们做工匠，供应人民的生活用具；教导他们经营商业，调剂货物有无；发明医药，以拯救那些短命而死的人；制定葬埋祭祀的制度，以增进人与人之间的恩爱感情；制定礼节，以分别尊卑秩序；制作音乐，以宣泄人们心中的郁闷；制定政令，以督促那些怠惰懒散的人；制定刑罚，以铲除那些强暴之徒。因为有人弄虚作假，于是又制作符节、印玺、斗斛、秤尺，作为凭信。因为有争夺抢劫的事，于是设置城池、盔甲、兵器守卫家国。总之，灾害来了就设法防备；祸患将要发生，就及早预防。现在道家却说："如果圣人不死，大盗就不会停止。只要砸烂斗斛、折断秤尺，人民就不会争夺了。"唉！这都是没有经过思考的话罢了。如果古代没有圣人，人类早就灭亡了。为什么呢？因为人们没有羽毛鳞甲以适应严寒酷暑，也没有坚硬的爪牙以夺取食物。

因此说，君王是发布命令的；臣子是执行君王的命令并且实施到百姓身上的；百姓是生产粮食、丝麻，制作器物，交流商品，供奉在上统治的人的。君王不发布命令，就丧失了作为君王的权力；臣子不执行君王的命令且实施到百姓身上，就失去了做臣子的职责；百姓不生产粮食、丝麻、制作器物、交流商品供应在上统治的人，就应该受到惩罚。现在佛家却说，一定要抛弃你们的君臣关系，消除你们的父子关系，禁止你们相生相养的办法，以便追求那些所谓清净寂灭的境界。唉呀！他们也幸而出生在三代之后，没有被夏禹、商汤、周文王、周武王、周公、孔子所贬斥。他们又不幸而没有出生在三代以前，没有受到夏禹、商汤、周文王、周武王、周公、孔子的教导。

五帝与三王，他们的名号虽然不同，但他们成为圣人的原因是相同的。夏天穿葛衣，冬天穿皮衣，渴了要喝水，饿了要吃饭，这些事情虽然各不相同，但它们同样是人类的智慧。现在道家却说："为什么不实行远古的无为而治呢？"这就好像怪人们在冬天穿皮衣："为什么你不穿简便的葛衣呢？"或者怪人们饿了要吃饭："为什么不光喝水，岂不简单得多！"《礼记》说："在古代，想要发扬他的光辉道德于天下的人，一定要先治理好他的国家；要治理好他的国家，一定要先整顿好他的家庭；要整顿好他的家庭，必须先进行自身的修养；要进行自我修养，必须先端正自己的思想；要端正自己的思想，必须先使自己具有诚意。"可见古人所谓正心和诚意，都是为了有所作为。现在那些修身养性的人，却想抛开天下国家，灭绝天性，做儿子的不把他的父亲当作父亲，做臣子的不把他的君主当作君主，做百姓的不做他们该做的事。孔子作《春秋》，对于采用夷狄礼俗的诸侯，就把他们列入夷狄；对于采用中原礼俗的诸侯，就承认他们是中国人。《论语》说："夷狄虽然有君主，还不如中国的没有君主。"《诗经》说："夷狄应当攻击，荆舒应当惩罚。"现在，却尊崇夷礼之法，把它抬高到先王的政教之上，那么我们不是全都要沦为夷狄了？

我所谓先王的政教，是什么呢？就是博爱即称为仁，合乎仁的行为即称为义。从仁义再向前进就是道。自身具有而不依赖外界的叫作德。讲仁义道德的书有《诗经》《尚书》《易经》《春秋》。体现仁义道德的法制就是礼仪、音乐、刑法、政令。它们教育的人民是士、农、工、商，它们的伦理次序是君臣、父子、师友、宾主、兄弟、夫妇，它们的衣服是麻布丝绸的，它们的居处是房屋，它们的食物是粮食、瓜果、蔬菜、鱼肉。它们作为理论是很容易明白的，它们作为教育是很容易推行的。所以，用它们来教育自己，就能和顺吉祥；用它们来对待别人，就能做到博爱公正；用它们来修养内心，就能平和而宁静；用它们来治理天下国家，就没有不适当的地方。因此，人活着就能感受到人与人之间的情谊，死了就是结束了自然的常态。祭天则天神降临，祭祖则祖先的灵魂享用。有人问："你这个道，是什么道呀？"我说："这是我所说的道，不是刚才所说的道家和佛家的道。这个道是从尧传给舜，舜传给禹，禹传给汤，汤传给文王、武王、周公，文王、武王、周公传给孔子，孔子传给孟轲，孟轲死后，就没有继承的人了。只有荀卿和扬雄，从中选取过一些但选得不精，论述过一些但并不全面。从周公以上，继承的都是在上做君王的，所以儒道能够实行；从周公以下，继承的都是在下做臣子的，所以他们的学说能够流传。那么，怎么才能使儒道获得实行呢？我以为："不堵塞佛老之道，儒道就不得流传；不禁止佛老之道，儒道就不能推行。必须把和尚、道士还俗为民，烧掉佛经、道书，把佛寺、道观变成民房。阐明先王的儒道以教导人民，使鳏夫、寡妇、孤儿、老人、残疾人、病人都能生活，这样做也就差不多了。"

【评解】

韩愈（768—824），字退之，唐河内河阳（今河南孟州）人，自称郡望昌黎，世称韩昌黎，被宋代大文豪苏东坡赞曰："文起八代之衰。"明人推他为"唐宋八大家"之首，有"文章巨公"和"百代文宗"之名，与柳宗元并称"韩柳"，著有《韩昌黎集》等。诚然，韩愈更是一位思想家。中唐之后，佛老盛行，整个社会都弥漫着谈佛论老的气息，面对儒家学说凋零，道统衰微，韩愈振臂高呼意在唤醒沉睡、麻木的时代。韩愈知道以一己之力不能挽狂澜于既倒，但是作为儒者，他发扬"知其不可为而为之"的进取精神，在维系儒家道统的旗帜下，他和柳宗元联手发起了轰轰烈烈的古文运动，对后世影响深远。

《原道》作为一篇时代宏文，一面世就如飓风般席卷整个思想界。不仅在当时，就是整个中唐以后的思想界都深受影响。晚唐的皮日休热情地赞扬韩愈："蹴杨墨于不毛之地，踩释老于无人之境，故得孔道巍然而自正。"并请求于太学立其位配飨孔子。程颐曰："韩愈亦近世豪杰之士，如《原道》中言语虽有病，然自孟子而后，能将许大见识寻求者，才见此人。至如断曰：'孟氏醇乎醇'，又曰：'荀与扬也，择焉而不精，语焉而不详。'若不是他见得，岂千余年后，便能断得如此分明也。"（《二程语录》卷一）所以说，韩愈是我国古代思想界的巨人，用古道热肠饱蘸流水文笔写就这篇震古烁今的时代宏文，真是一篇文章可名世，一生辛苦费思量。

在《原道》中，韩愈开篇提出了他对儒道的理解："博爱之谓仁，行而宜之之谓义，由是而之焉之谓道，足乎己无待于外之谓德。仁与义为定名，道与德为虚位。"并以此为立论，他对道家舍仁义而空谈道德的"道德"观进行了批评。韩愈认为"老子之小仁义，非毁之也，其见者小也"，老子所倡导的仁义只是寻常的小恩小惠而不是囊括宇内、并吞八荒的大仁大义，是不能运用于社会秩序当中的，不能顺应历史潮流，化成天下，所以"老子之所谓道德云者，去仁与义言之也，一人之私言也"。韩愈立于时代之巅，俯瞰天下，认为社会的平稳前进需要的是儒家的纲常伦理，儒家的仁义才是时代的选择。

在第二段中，韩愈回顾了先秦以来杨墨、佛老等异端思想侵害儒道，使仁义道德之说趋于混乱的历史，对儒道衰坏、佛老横行的现实深表忧虑。"噫！后之人其欲闻仁义道德之说，孰从而听之？"面对社会上紊乱的仁义之说，韩愈认真梳理先秦时期儒家学说在发展中遇到的境遇，以此矫正人们的误读、误解，从而在下文为儒家道统证明埋下伏笔。

第三段则是对民众的批评，在缺乏辨别社会意识的情形下，人们没有一定的原则去选择所谓正确的思想。因为，在时代的背景下，佛教发展迅速，杜牧曾写诗句："南朝四百八十寺，多少楼台烟雨中？"这种情况不仅在民间蔓延，甚至当朝皇帝竟然都要迎佛骨供奉宫中，韩愈怎能坐视不管？必定要大声疾呼，为儒道正名。作为沉睡时代的清醒者，韩愈注定了孤独，注定了扮演担当的角色，这既是儒家精神的体现，也是韩愈个体生命的挺立。

第四、第五、第六段是对儒家道统正名的层层推进，以上古以来社会历史发展为例证，彰显了圣人及其开创的儒道在历史发展中的巨大功绩，论证了儒家社会伦理学说的历史合理性，并以儒家正心诚意、修身齐家、治国平天下的人生理想为对比，批评了佛老二家置天下国家于不顾的心性修养论的自私和悖理，揭示了它们对社会生产生活和纲常伦理的破坏作用，提出"人其人，火其书，庐其居。明先王之道以道之，鳏寡孤独废疾者有养也"的具体措施。

最后一段韩愈饱含热情渲染先王仁政的重要意义。在历史演变过程中，仁义道德的教化思想代代传承，对历史文化做出了重要贡献。小而言之，教化庶民；大而言之，治国平天下；无论是百姓日常伦理生活，还是国家命运之走向，只有坚持儒家的思想教化才能使百姓安居乐业，国家长治久安。因此，韩愈提倡的道不是老子的仁义小道，也不是佛家的慈悲之道，而是驱动乾坤、化成天下的人间正道。可是道统在延续的过程中一度中断，韩愈总结说："'斯道也，何道也？'曰：'斯吾所谓道也，非向所谓老与佛之道也。尧以是传之舜，舜以是传之禹，禹以是传之汤，汤以是传之文、武、周公，文、武、周公传之孔子，孔子传之孟轲，轲之死，不得其传焉。'"既然千年中断，终须有人挺身而出，韩愈的意义也由此凸显。

《原道》使韩愈的情怀也得到彰显，本身意义非凡，陈寅恪先生说《原道》文字是"吾国文化史上最有关系之文字"，因为它把"抽象之心性与具体之政治社会组织可以融会无碍，即尽量谈心说性，兼能济世安民"。

柳宗元

登柳州城楼寄漳、汀、封、连四州

城上高楼接大荒，海天愁思正茫茫。
惊风乱飐芙蓉水，密雨斜侵薜荔墙。
岭树重遮千里目，江流曲似九回肠。
共来百越文身地，犹自音书滞一乡！

【译文】

从城上高楼远望空旷的荒野，海天相接，茫茫愁绪像海一样深、像天一样宽。疾风狂乱肆虐出水的芙蓉，骤雨斜斜敲打墙头的薜荔。岭上树木层层遮挡千里远望的视线，江水弯弯曲曲，就像九转回肠。我们一起来到这南方少数民族之地，虽处一乡，却书信阻滞，音讯渺茫。

【评解】

柳宗元（773—819），字子厚，河东（今山西运城）人，著名文学家、哲学家、儒学家、成就卓著的政治家，"唐宋八大家"之一，在诗文方面有着不可企及的高度，他与韩愈推行的"古文运动"对当时及后世都有着重大影响。然而，作为时代的政治家，他似乎命运不济，从京城到地方，一贬再贬，最后竟卒于柳州刺史任上。其短暂一生也成为古代文人政客生命的缩影。

唐宪宗元和十五年（820），柳宗元与韩泰、韩晔、陈谏、刘禹锡五人奉诏进京，被朝廷外放边州，分别为柳州、漳州、汀州、封州、连州刺史。本是报效之心，却落贬谪下场，柳宗元失意至极，初到柳州，登上城楼，远望四州，怀着忧愤之情写下此诗。

"城上高楼接大荒，海天愁思正茫茫。"只一句，便写尽诗人心中之愁，天地之间弥漫着的全是诗人愁绪。有才难为，有苦难道，有怨难消，有恨难平，诗人心中是百感交集、五味俱存。从京城庙堂之高，到边城南蛮之苦，一路贬谪，一路颠沛，对柳宗元而言，生活的困苦是可以克服的，可精神的打击确是难以恢复的。唐顺宗永贞元年（805），柳宗元参加以王叔文为核心的革新派，整顿朝纲，结果却是"永贞革新"五月夭折，柳宗元外放司马。十年蹉跎，换来的却是更远的贬谪，再强大的精神堡垒也会轰然倒塌。斯人斯景，怎不叫人痛苦难当、悲愤交加？

"惊风乱飐芙蓉水，密雨斜侵薜荔墙。"诗人借自然风雨揭示邪恶的政治势力对自我的迫害。作为革新派昔日的中坚力量，柳宗元注定成为政坛角逐的牺牲品。随着革新领袖王叔文的惨死，柳宗元已无法立足于庙堂，唯有在贬谪中觅得一边陲之地使疲惫身心得以栖息。可是，虽远在京师之外，却依旧躲不过朝中监视的耳目，文人羸弱的身影在政治旋涡中显得更加不堪一击，更加孤独。唯有当年为革新流血的志同道合者才能读懂那颗备受煎熬的心。于是，柳宗元在这风雨之中越发思念流放边州的同人们。

"岭树重遮千里目，江流曲似九回肠。"贬谪之痛，最是隔绝。柳宗元立于城楼，努力远望，可是，绵绵山岭、重重树木，遮挡了远望的视线。看不见长安城的雄壮，也看不见老友们的治所，只有柳江的江水在眼前弯弯曲曲地流淌着，自己的愁肠不正如这江水一般弯曲、萦绕吗？眼前江水空自流，不见友人满心愁。借问秋风知我意？直到漳汀封连州。此时，诗人倍感孤独，天地之间，唯有无言的愁绪在升腾着、弥漫着。

"共来百越文身地，犹自音书滞一乡！"岭南之地，文化落后，风俗迥异，服装不同，语言不通，虽有书信却无法遥寄，更无法收取。本就孤独寂寞的心灵更是充满无奈的酸楚。诗人最后客死柳州，的确称得上我国文化史上较为沉重的一页。虽为刺史，却如同囚禁，有友不能来往，有亲不能通信，诗人的内心又岂是一个"愁"字了得？遥想革新当年，众位同人，齐心协力共赴大唐，致力中兴，如今，都外放千里之遥，见不得、谈不得，唯有隔空的思念抚慰诗人敏感、疲惫的心灵。

本诗虽是柳宗元一人所写，却发出外放刺史友人们的共同心声，也为后世贬谪官员打了安慰剂。自古贬官之多，如柳宗元一般写出心声引发共鸣者，较少。全诗从愁绪到悲愤，再到无言的苦闷，郁结过程，层层推进，抒发了诗人的愤懑之情，表达了对同人们的怀念之意。全诗贯穿一种孤雁难鸣的失声情愫。韩愈在《柳子厚墓志铭》中写道:"子厚前时少年,勇于为人,不自贵重顾藉,谓功业可立就,故坐废退;既退,又无相知有气力得位者推挽,故卒死于穷裔,材不为世用,道不行于时也。"柳宗元用本诗写就古今失意官员的生命挽歌,富含人生哲理,值得仔细品味。

封建论

天地果无初乎？吾不得而知之也。生人果有初乎？吾不得而知之也。然则孰为近？曰：有初为近。孰明之？由封建而明之也。彼封建者，更古圣王尧、舜、禹、汤、文、武而莫能去之。盖非不欲去之也，势不可也。势之来，其生人之初乎？不初，无以有封建。封建，非圣人意也。

彼其初与万物皆生，草木榛榛，鹿豕狉狉，人不能搏噬，而且无毛羽，莫克自奉自卫。荀卿有言：必将假物以为用者也。夫假物者必争，争而不已，必就其能断曲直者而听命焉。其智而明者，所伏必众，告之以直而不改，必痛之而后畏，由是君长刑政生焉。故近者聚而为群，群之分，其争必大，大而后有兵有德。又有大者，众群之长又就而听命焉，以安其属。于是有诸侯之列，则其争又有大者焉。德又大者，诸侯之列又就而听命焉，以安其封。于是有方伯、连帅之类，则其争又有大者焉。德又大者，方伯、连帅之类又就而听命焉，以安其人，然后天下会于一。是故有里胥而后有县大夫，有县大夫而后有诸侯，有诸侯而后有方伯、连帅，有方伯、连帅而后有天子。自天子至于里胥，其德在人者，死必求其嗣而奉之。故封建非圣人意也，势也。

夫尧、舜、禹、汤之事远矣，及有周而甚详。周有天下，裂土田而瓜分之，设五等，邦群后。布履星罗，四周于天下，轮运而辐集；合为朝觐会同，离为守臣扞城。然而降于夷王，害礼伤尊，下堂而迎觐者。历于宣王，挟中兴复古之德，雄南征北伐之威，卒不能定鲁侯之嗣。陵夷迄于幽、厉，王室东徙，而自列为诸侯。厥后问鼎之轻重者有之，射王中肩者有之，伐凡伯、诛苌弘者有之，天下乖戾，无君君之心。余以为周之丧久矣，徒建空名于公侯之上耳。得非诸侯之盛强，末大不掉之咎欤？遂判为十二，合为七国，威分于陪臣之邦，国殄于后封之秦，则周之败端，其在乎此矣。

秦有天下，裂都会而为之郡邑，废侯卫而为之守宰，据天下之雄图，都六合之上游，摄制四海，运于掌握之内，此其所以为得也。不数载而天下大坏，其有由矣：亟役万人，暴其威刑，竭其货贿，负锄梃谪戍之徒，圜视而合从，大呼而成群，时则有叛人而无叛吏，人怨于下而吏畏于上，天下相合，杀守劫令而并起。咎在人怨，非郡邑之制失也。

汉有天下，矫秦之枉，徇周之制，剖海内而立宗子，封功臣。数年之间，奔命扶伤之不暇，困平城，病流矢，陵迟不救者三代。后乃谋臣献画，而离削自守矣。然而封建之始，郡国居半，时则有叛国而无叛郡。秦制之得，亦以明矣。继汉而帝者，虽百代可知也。

唐兴，制州邑，立守宰，此其所以为宜也。然犹桀猾时起，虐害方域者，失不在于州而在于兵，时则有叛将而无叛州。州县之设，固不可革也。

或者曰："封建者，必私其土，子其人，适其俗，修其理，施化易也。守宰者，苟其心，思迁其秩而已，何能理乎？"余又非之。

周之事迹，断可见矣：列侯骄盈，黩货事戎，大凡乱国多，理国寡，侯伯不得变其政，天子不得变其君，私土子人者，百不有一。失在于制，不在于政，周事然也。

秦之事迹，亦断可见矣：有理人之制，而不委郡邑，是矣。有理人之臣，而不使守宰，是矣。郡邑不得正其制，守宰不得行其理，酷刑苦役，而万人侧目。失在于政，不在于制，秦事然也。

汉兴，天子之政行于郡，不行于国；制其守宰，不制其侯王。侯王虽乱，不可变也；国人虽病，不可除也。及夫大逆不道，然后掩捕而迁之，勒兵而夷之耳。大逆未彰，奸利浚财，怙势作威，大刻于民者，无如之何。及夫郡邑，可谓理且安矣。何以言之？且汉知孟舒于田叔，得魏尚于冯唐，闻黄霸之明审，睹汲黯之简靖，拜之可也，复其位可也，卧而委之以辑一方可也。有罪得以黜，有能得以赏。朝拜而不道，夕斥之矣；夕受而不法，朝斥之矣。设使汉室尽城邑而侯王之，纵令其乱人，戚之而已。孟舒、魏尚之术，莫得而施；黄霸、汲黯之化，莫得而行。明谯而导之，拜受而退已违矣。下令而削之，缔交合从之谋，周于同列，则相顾裂眦，勃然而起；幸而不起，则削其半，削其半，民犹瘁矣，曷若举而移之以全其人乎？汉事然也。

今国家尽制郡邑，连置守宰，其不可变也固矣。善制兵，谨择守，则理平矣。

或者又曰："夏、商、周、汉封建而延，秦郡邑而促。"尤非所谓知理者也。

魏之承汉也,封爵犹建;晋之承魏也,因循不革。而二姓陵替,不闻延祚。今矫而变之,垂二百祀,大业弥固,何系于诸侯哉?

或者又以为:"殷、周,圣王也,而不革其制,固不当复议也。"是大不然。

夫殷、周之不革者,是不得已也。盖以诸侯归殷者三千焉,资以黜夏,汤不得而废;归周者八百焉,资以胜殷,武王不得而易。狥之以为安,仍之以为俗,汤、武之所不得已也。夫不得已,非公之大者也,私其力于己也,私其卫于子孙也。秦之所以革之者,其为制,公之大者也;其情,私也,私其一己之威也,私其尽臣畜于我也。然而公天下之端自秦始。

夫天下之道,理安斯得人者也。使贤者居上,不肖者居下,而后可以理安。今夫封建者,继世而理;继世而理者,上果贤乎?下果不肖乎?则生人之理乱未可知也。将欲利其社稷,以一其人之视听,则又有世大夫世食禄邑,以尽其封略,圣贤生于其时,亦无以立于天下,封建者为之也。岂圣人之制使至于是乎?吾固曰:"非圣人之意也,势也。"

【译文】

自然界果真没有原始阶段吗?我没法知道。人类果真有原始阶段吗?我也没法知道。那么,有或没有原始阶段哪种说法更接近事实呢?我认为,有原始阶段这种说法更接近事实。怎么知道这一点呢？从"封国土、建诸侯"的封建制就可以明白。那种封建制，经历了古代贤明的帝王唐尧、虞舜、夏禹、商汤、周文王和周武王，没有谁能把它废除。不是不想把它废除，而是事物发展的趋势不允许，这种形势的产生，大概是在人类的原始阶段吧？不是原始阶段的那种形势，就没有可能产生封建制。实行封建制，并不是古代圣人的本意。

人类在他的原始阶段跟万物一起生存，那时野草树木杂乱丛生，野兽成群四处奔走，人不能像禽兽那样抓扑啃咬，而且身上也没有毛羽抵御严寒，不能够光靠自身供养自己、保卫自己。荀卿说过：人类一定要借用外物作为自己求生的工具。借用外物求生必然会相争，争个不停，一定会去找那能判断是非的人而听从他的命令。那又有智慧又明白事理的人，服从他的人一定很多；他把正确的道理告诉那些相争的人，不肯改悔的，必然要惩罚他，使他受痛苦之后感到惧怕，于是君长、刑法、政令就产生了。这样附近的人就聚结成群，分成许多群以后，相互间争斗的规模一定会扩大，相争的规模大了就会产生军队和威望。这样，又出现了更有威德的人，各个群的首领又去听从他的命令，安定自己的部属。于是产生了一大批诸侯，他们相争的规模就更大了。又有比诸侯威德更大的人，许多诸侯又去听从他的命令，安定自己的封国。于是又产生了方伯、连帅一类诸侯领袖，他们相争的规模还要大。这就又出现了比方伯、连帅威德更大的人，方伯、连帅们又去听从他的命令，安定人民，这以后天下便统一于天子一人了。因此，先有乡里的长官而后有县的长官，有了县的长官而后有诸侯，有了诸侯而后有方伯、连帅，有了方伯、连帅而后才有天子。从最高的天子到乡里的长官，那些对人民有恩德的人死了，人们一定会尊奉他们的子孙为首领。所以说封建制的产生不是圣人的本意，而是形势发展的必然结果。

尧、舜、禹、汤的事离我们很远了，到了周代记载就很详备了。周朝占有天下，把土地像剖瓜一样分割开来，设立了公、侯、伯、子、男五等爵位，分封了许多诸侯。诸侯国像繁星似的罗列，四面遍布大地上，集结在周天子的周围，就像车轮围绕着中心运转，就像辐条集中于车毂；诸侯聚合起来就去朝见天子，分散开来就是守卫疆土的臣子、朝廷的捍卫者。但是往下传到周夷王的时候，破坏了礼法，损害了尊严，天子只得亲自下堂去迎接朝见的诸侯。传到周宣王的时候，他虽然倚仗着复兴周王朝的功德，显示出南征北伐的威风，终究还是无力决定鲁君的继承人。这样日渐衰败下去，直到周厉王、周幽王，后来周平王把国都向东迁移到洛邑，把自己排列在诸侯同等地位上去了。从那以后，问周天子传国九鼎轻重的事情出现了，用箭射伤天子肩膀的事情出现了，讨伐天子的大臣凡伯、逼迫天子杀死大夫苌弘这样的事情也出现了，天下大乱，再没有把天子看作天子的了。我认为周王朝丧失统治力已经很久了，只不过还在公侯之上保存着一个空名罢了！这岂不是诸侯势力太强大而指挥不动，就像尾巴太大以至于摇摆不动所造成的过失吗？于是周王朝的统治权分散到十二个诸侯国，后来又合并为七个强国，王朝的权力分散到陪臣掌政的国家，最后被很晚才封为诸侯的秦国灭掉。周朝败亡的原因，大概就在这里了。

秦朝统一全国后，部分诸侯国设置郡县，废除诸侯而委派郡县长官。秦占据了天下的险要地势，建都于全国的上游，控制着全国，把局势掌握在手里，这是它做得对的地方。但没过几年便天下大乱，那是有原因的。它多次征发数以万计的百姓服役，使刑法越来越残酷，耗尽了财力。于是那些扛着锄、木棍被责罚防守边境的人们，彼此递个眼色就联合起来，怒吼着会合成群，奋起反秦。那时有造反的人而没有反叛的官吏，百姓在下怨恨秦王朝；官吏在上惧怕朝廷。全国四面八方互相配合，杀郡守、劫县令的事情在各地同时发生。其错误在于激起了人民的怨恨，并不是郡县制的过失。

汉朝统一全国之后，它纠正秦朝的错误，沿袭周朝的封建制，分割天下，分封自己的子弟和功臣为诸侯王。但没有几年，为了平息诸侯国的叛乱便闻命奔赴镇压，以至于连救死扶伤都来不及，汉高祖刘邦被围困在平城，被飞箭射伤，如此衰落不振达三代之久。后来由于谋臣献策，才分散削弱诸侯王的势力并由朝廷命官管理诸侯国。但是汉朝开始恢复封建制的时候，诸侯国和郡县各占一半疆域，那时只有反叛的诸侯国而没有反叛的郡县，秦朝郡县制的正确性也已经明白清楚了。继汉朝而称帝的，就是再过一百代，郡县制比封建制优越，也是可以知道的。

唐朝建立以后，设置州县，任命州县的长官，这是它做得正确的地方。但还是有凶暴狡猾的人不时起来叛乱、侵州夺县的情况出现，其过失不在于设置州县而在于藩镇拥有重兵，那时有反叛的藩镇将领而没有反叛的州县长官。郡县制的建立，确实是不能改变的。

有的人说："封建制的世袭君长，一定会把他管辖的地区当作自己的土地尽心治理，把他管辖的百姓当作自己的儿女一样悉心爱护，使那里的风俗变好，把那里的政治治理好，这样施行教化就比较容易。郡县制的州县地方官，抱着得过且过的心理，一心只想升官罢了，怎么能把地方治理好呢？"我认为这种说法也是不对的。

周朝的情况，毫无疑问地可以看清楚了：诸侯骄横，贪财好战，大致是政治混乱的国家多，治理得好的国家少。诸侯的霸主不能改变乱国的政治措施，天子无法撤换不称职的诸侯国的君主，真正爱惜土地、爱护人民的诸侯，一百个中间也没有一个。造成这种弊病的原因在于封建制，不在于政治方面。周朝的情况就是如此。

秦朝的情况，也完全可以看清楚了：朝廷有治理百姓的制度，而不让郡县专权，这是正确的；中央有管理政务的大臣，不让地方官自行其是，这也是正确的。但是郡县不能正确发挥郡县制的作用，郡守、县令不能很好地治理人民。残酷的刑罚、繁重的劳役，使万民怨恨。这种过失在于政治方面，不在于郡县制本身。秦朝的情况便是这样。

汉朝建立的时候，天子的政令只能在郡县推行，不能在诸侯国推行；天子只能控制郡县长官，不能控制诸侯王。诸侯王尽管胡作非为，天子也不能撤换他们；侯王国的百姓尽管深受祸害，朝廷却无法解除他们的痛苦。只是等到诸侯王叛乱造反，才把他们逮捕、流放或率兵讨伐，以至于灭掉他们。当他们的罪恶尚未充分暴露的时候，尽管他们非法牟利搜刮钱财，依仗权势作威作福，给百姓造成严重的伤害，朝廷也不能对他们怎么样。至于郡县，可以说是政治清明、社会安定了。根据什么这样讲呢？汉文帝从田叔那里了解到孟舒，从冯唐那里了解到魏尚，汉宣帝听说黄霸执法明察审慎，汉武帝看到汲黯为政简约清静，就可以任命黄霸做官，可以恢复孟舒、魏尚原来的官职，甚至可以让汲黯躺着任职，委任他只凭威望去安抚一个地区。官吏犯了罪可以罢免，有才干可以奖赏。早上任命的官吏，如果发现他不行正道，晚上就可以撤了他；晚上接受任命的官吏，如果发现他违法乱纪，第二天早上就可以罢免他。假使汉王朝把城邑全部都分割给侯王，即使他们危害人民，也只好对它发愁罢了。孟舒、魏尚的治理方法不能施行，黄霸、汲黯的教化无法推行。如果公开谴责并劝导这些侯王，他们当面接受，但转过身去就违反了；如果下令削减他们的封地，互相串通联合行动的阴谋就会遍及各国之间，那么大家都怒眼圆睁，气势汹汹地反叛朝廷。万一他们不起来闹事，就削减他们的一半封地，即使削减一半，百姓还是受害了，何不把诸侯王完全废除掉以保全那里的人民呢？汉朝的情况就是这样。

今天国家完全实行郡县制，不断地任命郡县长官，这种情况是肯定不能改变了。只要好好地控制军队，慎重地选择地方官吏，那么政局就会安定了。

有人又说："夏、商、周、汉四代实行封建制，他们统治的时间都很长久，而秦朝实行郡县制，统治的时间却很短。"这更是不懂得治理国家的人说的话。

魏继承汉朝，分封贵族的爵位仍然实行封建制；西晋继承魏，因袭旧制不加改变，但魏和晋都很快就衰亡了，没听说有国运长久的。现在唐朝纠正魏晋的过失改变了制度，享国已近两百年，国家基业更加巩固，这与分封诸侯又有什么关系呢？

有人又认为："治理商、周二代的是圣明的君王啊，他们都没有改变封建制，那么，本来就不应当再议论这件事了。"这种说法非常不对。

商、周二代没有废除封建制，是不得已的。因为当时归附商朝的诸侯有三千个，商朝靠了他们的力量才灭掉了夏，所以商汤就不能废除他们；归附周朝的诸侯有八百个，周朝凭借他们的力量才战胜商朝，所以周武王也不能废弃他们。沿用它求得安定，因袭它作为习俗，这就是商汤、周武王不得不这样做的原因。他们是不得已的，并不是什么大公无私的美德，而是有私心的，是要使诸侯为自己出力，并保卫自己的子孙。秦朝用废除分封诸侯的办法作为制度，是最大的公；它的动机是为私的，是皇帝想要巩固个人的权威，使天下的人都臣服于自己。但是废除分封，以天下为公，却是从秦朝开始的。

至于天下的常理，是治理得好、政局安定，这样才能得到人民的拥护。使贤明的人居上位，没有才德的人居下位，然后才会清明安定。封建制的君长，是一代继承一代地统治下去的。这种世袭的统治者，居上位的果真贤明吗？居下位的真的没有才德吗？这样，人民究竟是得到太平还是遭遇祸乱，就无法知道了。想要对国家有利而统一人民的思想，同时又有世袭大夫世世代代统治他们的封地，占尽了诸侯国的全部国土，即使有圣人、贤人生在那个时代，也会没有立足之地，这种后果就是封建制造成的。难道是圣人的制度要使事情坏到这种地步吗？所以我说："这不是圣人的本意，而是形势发展的结果。"

【评解】

柳宗元作为王叔文改革时期的中坚力量，当然是不能以纯粹文人的身份来界定的。当柳宗元被贬谪到柳州担任刺史时，面对复杂的民族问题依旧从容执政，体现了一位政治家的风采。因此，柳宗元的政论文章就更加有意义，他是体制内的官员，更具有发言权，所以，《封建论》的意义便立即凸显。柳宗元立于时代之巅，纵观历史，对封建制和郡县制进行全面的比较，并最终得出结论：郡县制优于封建制，两种制度的出现都是历史发展的结果。柳宗元的长篇大论其实是想向居庙堂之高的当政者提出警告，藩镇割据的危害和影响需要及时面对，否则祸及江山，危害苍生，这彰显了柳宗元作为政治家的历史眼光和济世情怀。

在特定的历史条件下，古圣王也不能去除分封制，因为当时部落众多、诸侯林立，而在人们的思想观念当中还没有完全大一统的概念，所以封邦建国是必然的。从最初的原始部落逐步到有宗法礼仪的部落联盟，然后诸侯国的兴起，最后形成一个名义上的天子，在这个过程中，天子是最后出现的，所以封邦在前，建国在后。只有对历史上封建制的形成、发展的过程作一系统梳理，才能得出必要的结论，成为郡县制的出现之理论上的建构。

随着社会制度的逐步完善，各诸侯雄霸一方，分享统治权力，而且日趋做大，与中央政权分庭抗礼，成为古圣王的直接威胁。这时，封建制又成为他们的心腹大患，虽欲去之而力有不逮。所以文章一再强调，并三次提出："封建非圣人意也，势也。"

中间部分重点说明，郡县制优于封建制。汤建立商朝时有诸侯三千，武王伐纣时，大会八百诸侯于孟津；战国时期，形成秦、齐、楚、燕、赵、魏、韩七大国；后来秦王嬴政灭六国，一统天下，不再分封诸侯王，而是设立郡县，至此，封建制告一段落。后来，汉代秦立，高祖刘邦大肆分封刘姓诸侯王和异姓王，结果疲于应对各诸侯国的反抗，直到朝廷以"推恩令"的形式逐步瓦解各诸侯国。而且在朝廷平叛的过程中发现，郡县基本都没有背叛朝廷，而诸侯国多有反意。为了维护国家的中央集权，郡县制的优点就明显地体现出来了。因此郡县制代替封建制，是历史一大变革，是社会进步的标志，柳宗元并作出总结"夫天下之道，理安斯得人者也"。所谓"得人"，则是说郡县制是朝廷直接派人进行治理州郡，而分封制则是属于地方诸侯王世代沿袭。唐代时，郡县制早已完备，但是各地节度使拥兵自重的现象比较严重，柳宗元指出"然犹桀猾时起，虐害方域者，失不在于州而在于兵，时则有叛将而无叛州"，充分肯定了"州县之设，固不可革也"。

最后，柳宗元作了深刻总结，他虽然没有明确明指封建制与郡县制区别的实质，就是地方与中央的对立，如顾亭林在《郡县论》一文中直截了当地说，"封建之失，其专在下；郡县之失，其专在上"。《封建论》指出，地方守令由中央任命，"有罪得以黜，有能得以赏。朝拜而不道，夕斥之矣；夕受而不法，朝斥之矣"。倘若发生叛乱，以秦为例，"有叛人而无叛吏"；以汉为例，"有叛国而无叛郡"；以唐为例，"有叛将而无叛州"。总之，可保中央政权的稳固。封建制办不到这点，《封建论》指出这原因在于诸侯"继世而理"，"又有世大夫世食禄邑"，只能"天下乖戾，无君君之心"了。

《封建论》的问世，反映了柳宗元进步的历史观，同时，他的历史眼光也颇为犀利，透过历史的层层迷雾，揭去笼罩在所谓"圣王"头顶的光环，还原他们建立专制统治制度的真相。柳宗元所处的时代，藩镇割据，节度使父子相承，朝廷鞭长莫及，逐步形成了小封建的局面。作为中央集权制度的积极拥护者，柳宗元当然是不会赞成恢复封建制的。所以这篇文章也是给当今统治者的一个忠告。

欧阳修

朋党论

　　臣闻朋党之说，自古有之，惟幸人君辨其君子小人而已。大凡君子与君子以同道为朋，小人与小人以同利为朋，此自然之理也。

　　然臣谓小人无朋，惟君子则有之。其故何哉？小人所好者禄利也，所贪者财货也。当其同利之时，暂相党引以为朋者，伪也；及其见利而争先，或利尽而交疏，则反相贼害，虽其兄弟亲戚，不能自保。故臣谓小人无朋，其暂为朋者，伪也。君子则不然。所守者道义，所行者忠信，所惜者名节。以之修身，则同道而相益；以之事国，则同心而共济；终始如一，此君子之朋也。故为人君者，但当退小人之伪朋，用君子之真朋，则天下治矣。

　　尧之时，小人共工、驩兜等四人为一朋，君子八元、八凯十六人为一朋。舜佐尧，退四凶小人之朋，而进元、凯君子之朋，尧之天下大治。及舜自为天子，而皋、夔、稷、契等二十二人并列于朝，更相称美，更相推让，凡二十二人为一朋，而舜皆用之，天下亦大治。《书》曰："纣有臣亿万，惟亿万心；周有臣三千，惟一心。"纣之时，亿万人各异心，可谓不为朋矣，然纣以亡国。周武王之臣，三千人为一大朋，而周用以兴。后汉献帝时，尽取天下名士囚禁之，目为党人。及黄巾贼起，汉室大乱，后方悔悟，尽解党人而释之，然已无救矣。唐之晚年，渐起朋党之论。及昭宗时，尽杀朝之名士，或投之黄河，曰："此辈清流，可投浊流。"而唐遂亡矣。

夫前世之主，能使人人异心不为朋，莫如纣；能禁绝善人为朋，莫如汉献帝；能诛戮清流之朋，莫如唐昭宗之世；然皆乱亡其国。更相称美推让而不自疑，莫如舜之二十二臣，舜亦不疑而皆用之；然而后世不诮舜为二十二人朋党所欺，而称舜为聪明之圣者，以能辨君子与小人也。周武之世，举其国之臣三千人共为一朋，自古为朋之多且大，莫如周；然周用此以兴者，善人虽多而不厌也。

夫兴亡治乱之迹，为人君者，可以鉴矣。

【译文】

臣听说关于朋党的言论，是自古以来就有的，只是希望君主能分清他们是君子还是小人就好了。大概君子与君子因志同道合结为朋党，而小人则因利益相同结为朋党，这是很自然的规律。

但是臣认为：小人并无朋党，只有君子才有。这是什么原因呢？小人所爱、所贪的是权势、财物。当他们利益相同的时候，就暂时互相勾结成为朋党,那是虚伪的;等到他们见到利益而争先恐后,或者利益已尽而交情淡漠之时,就会反过来互相残害,即便是兄弟亲戚,也不会互相保护。所以说小人并无朋党,他们暂时结为朋党,也是虚伪的。君子就不是这样:他们坚持的是道义,履行的是忠信,珍惜的是名节。用这些提高自身修养,那么志趣一致就能相互补益;用这些为国家做事,那么观点相同就能共同前进;始终如一,这就是君子的朋党啊。所以做君主的,只要能斥退小人的假朋党,进用君子的真朋党,那么天下就可以安定了。

唐尧的时候,小人共工、驩兜等四人结为一个朋党,君子八元、八凯十六人结为一个朋党。舜辅佐尧,斥退"四凶"的小人朋党,而进用"元、凯"的君子朋党,唐尧的天下因此非常太平。等到虞舜自己做了天子,皋陶、夔、稷、契等二十二人同时列位于朝廷。他们互相推举,互相谦让,一共二十二人结为一个朋党。但是虞舜全都重用他们,天下也因此得到大治。《尚书》上说:"商纣有亿万臣,是亿万条心;周有三千臣,却是一条心。"商纣王的时候,亿万人各存异心,可以说不成朋党了,于是纣王因此而亡国。周武王的臣下,三千人结成一个大朋党,但周朝因此而兴盛。后汉献帝的时候,把天下名士都关押起来,将其视作"党人"。等到黄巾贼来了,汉王朝大乱,然后才悔悟,解除了党锢释放他们,可是已经无可挽救了。唐朝末期,逐渐生出朋党的议论,到了昭宗时,把朝廷中的名士都杀害了,有的竟被投入黄河,说什么"这些人自命为清流,应当把他们投到浊流中去",

唐朝也就随之灭亡了。

前代的君主，能使人人异心不结为朋党的，谁也不及商纣王；能禁绝好人结为朋党的，谁也不及汉献帝；能杀害"清流"们的朋党的，谁也不及唐昭宗之时；但是都由此为他们的国家招来混乱以致灭亡。互相推举谦让而不疑忌的，谁也不及虞舜的二十二位大臣，虞舜也毫不猜疑地进用他们。但是后世并不讥笑虞舜被二十二人的朋党所蒙骗，却赞美虞舜是聪明的圣主，原因就在于他能区别君子和小人。周武王时，全国所有的臣下三千人结成一个朋党，自古以来作为朋党又多又大的，谁也不及周朝；然而周朝因此而兴盛，原因就在于善良之士虽多却不感到满足。

前代治乱兴亡的过程，为君主的可以作为借鉴了。

【评解】

欧阳修（1007—1072），字永叔，号醉翁，晚年又号六一居士，吉州永丰（今属江西永丰）人，自称庐陵人。谥号"文忠"，世称欧阳文忠公，北宋卓越的文学家、政治家、史学家。《朋党论》是一篇极富现实意义的政论文，虽千载已过，余响不绝。朝廷党争，自古及今未曾消减，无论保守，还是革新，庙堂之上总是硝烟弥漫，"于无声处听惊雷"。然而，像欧阳修这般透彻说理、直面朋党的政论文章却是第一篇。作为当时大宋王朝首席谏官的欧阳修面对革新派遭受贬官、保守派占据要位的现状，满怀悲愤之情写就本文，体现了一位政治家的历史眼光和济世情怀。

本文最初是以奏章的形式出现的，后来被士林传诵。庆历三年（1043），范仲淹、富弼等执政革新，史称"庆历新政"，欧阳修也出任谏官。其间，受到保守派的攻击，以夏竦为首的保守派官僚就攻击范仲淹、欧阳修是"党人"，并指其为朋党。为此，宋仁宗特意下"戒朋党"诏书。为了给夏竦等保守派以坚决的回击，欧阳修于庆历四年（1044）上了一篇奏章，叫《朋党论》。这篇传之千古的政论文，就是在革新派与保守派的斗争中产生的，具有极强的战斗意义。

文章开篇点题，直面"朋党"，"大凡君子与君子以同道为朋，小人与小人以同利为朋"，说明朋党是一直就有的，关键是如何正确定位"朋党"，既然是奏疏，就是希望君王能够辨别"朋党"，在朝野喧嚣中认清贤臣、小人。欧阳修本是谏官，文笔强劲，直接就把革新派和保守派以君子、小人区分了，充分体现了作为改革先锋的爱憎分明。随后，又提出自己的观点："然臣谓小人无朋，惟君子则有之。"明确表明"朋党"乃君子之党，"朋党"在朝表示贤人在位，如此一转既为改革派洗去污名，又是对保守派的当头棒喝，如此笔力，不愧为"唐宋八大家"之赞誉。接着，欧阳修对君子为朋和小人为朋作了详细的区分和辨别，小人因自身利益引为朋党是虚假之党，在利益分配不均时便同室操戈、尔虞我诈，最后置国家利益不顾而相互攻讦，是破坏朝纲、危害国家的真正罪人。然而君子不同，君子重视名节，坚守道义，以忠信为本，因同怀报国之心而志趣相投引为朋党，实际上属于贤人联盟，而朝廷需要的正是这样的"朋党"。所以，作为君王要能够辨别出"君子朋党""小人朋党"。历史已经证明：改革派通常是没有好归宿的。赵宋王朝本非大一统，更是"冗兵""冗费"，有识之士着眼革新，意在使国家强盛，然而，欲推行革新就必然占据高位，如此一来，小人必定妒忌，明枪暗箭纷纷而出，改革也注定夭折，这是一个时代的悲剧，也是整个历史的悲剧。在做事、掌权、触犯旧贵族利益三者中，从来都是三位一体的。"庆历新政"不到一年光景就人走政亡，这是中国历史上屡见不鲜的景象，欧阳修虽满腔报国之志，也只能以文赢得身后名了。

中间大段引用历史材料，意在说明"君子朋党"的重要性。君王治国，最喜党派平衡，最是厌恶一派做大。然而，欧阳修通过具体的事例告诫君王"小人朋党"的危害性。尤其通过商纣王、汉献帝、唐昭宗三位君王因打压"君子朋党"、重用"小人朋党"，而国破身败的历史事例使赵家天子猛醒：切忌平衡术，远离小人党，亲近君子党。这也为后世统治者提出忠告，仅靠政治权术是无法治理天下的，只有重用君子贤人才能国富民强，才能长治久安。而在历史存在中，小人多为得势而君子多遭贬谪，代代重复的历史演绎恐怕是欧阳修也讲不清吧。可能欧阳修在后来修《新五代史》的时候体会更加深刻吧！实际上，欧阳修这篇《朋党论》是对君王提出关于用人的命题，确切地讲，这是一个永恒的历史命题。古往今来，多少统治者在用人上或得或失，九合诸侯、一匡天下的齐桓公可谓声名远扬，然而不听管仲之言任用小人而身死国衰，惹得后人感叹。三国时无安身立命之地的刘备，三顾茅庐请出诸葛亮，从此君臣相得，鼓动风云，建立霸业，成为后世美谈。

《朋党论》虽从朋党说起，却引来两大命题：变革和用人。君王欲有作为于天下就必然要革新政治、与时俱进，而国家富强必然需要贤人辅助，栋梁谋国。读《朋党论》就是阅读过去，更是明察当世；同时，《朋党论》提供了一种审视古今历史的眼光。

秋声赋

　　欧阳子方夜读书，闻有声自西南来者，悚然而听之，曰："异哉！"初淅沥以萧飒，忽奔腾而砰湃；如波涛夜惊，风雨骤至。其触于物也，鏦鏦铮铮，金铁皆鸣；又如赴敌之兵，衔枚疾走，不闻号令，但闻人马之行声。

　　余谓童子："此何声也？汝出视之。"

　　童子曰："星月皎洁，明河在天，四无人声，声在树间。"

　　余曰："噫嘻悲哉！此秋声也。胡为而来哉？盖夫秋之为状也，其色惨淡，烟霏云敛；其容清明，天高日晶；其气栗冽，砭人肌骨；其意萧条，山川寂寥。故其为声也，凄凄切切，呼号愤发。丰草绿缛而争茂，佳木葱茏而可悦。草拂之而色变，木遭之而叶脱。其所以摧败零落者，乃其一气之余烈。夫秋，刑官也，于时为阴；又兵象也，于行用金。是谓天地之义气，常以肃杀而为心。天之于物，春生秋实，故其在乐也，商声主西方之音，夷则为七月之律。商，伤也，物既老而悲伤；夷，戮也，物过盛而当杀。

　　"嗟呼！草木无情，有时飘零。人为动物，惟物之灵。百忧感其心，万物劳其形，有动于中，必摇其精。而况思其力之所不及，忧其智之所不能行，宜其渥然丹者为槁木，黟然黑者为星星。奈何以非金石之质，欲与草木而争荣？念谁为之戕贼，亦何恨乎秋声！"

童子莫对，垂头而睡。但闻四壁虫声唧唧，如助余之叹息。

【译文】

我（欧阳先生）夜里正在读书，忽然听到有声音从西南方向传来，心里不禁悚然。我一听，惊道："奇怪啊！"这声音初听时像淅淅沥沥的雨声，其中还夹杂着萧萧飒飒的风吹树木声，然后忽然变得汹涌澎湃起来，像是江河夜间波涛突起、风雨骤然而至。碰到物体上发出铿锵之声，又好像金属撞击的声音，再仔细听，又像衔枚奔走袭击敌人的军队，听不到任何号令声，只听见有人马行进的声音。

于是，我对童子说："这是什么声音？你出去看看。"

童子回答说："月色皎皎，星光灿烂，浩瀚银河高悬中天，四下里没有人的声音，那声音是从树林间传来的。"

我叹道："唉，可悲啊！这就是秋声呀，它为何而来呢？它怎么突然就来了呢？大概是那秋天的样子，它的色调暗淡、烟飞云收；它的形貌清新明净、天空高远、日色明亮；它的气候寒冷、刺人肌骨；它的意境寂寞冷落，没有生气、川流寂静、山林空旷。所以它发出的声音时而凄凄切切，呼号发生迅猛，不可遏止。绿草浓密丰美，争相繁茂，树木青翠茂盛而使人快乐。然而，一旦秋风吹起，拂过草地，草就要变色；掠过森林，树就要落叶。它所用来折断枝叶、凋落花草，使树木凋零的，正是一种构成天地万物的浑然之气——秋气的威力。秋天是刑官执法的季节，它于季节来说属于阴；秋天又是兵器和用兵的象征，在五行上属于金。这就是常说的天地之严凝之气，它常常以肃杀为意志。自然对于万物，是要它们在春天生长，在秋天结实。所以，秋天在音乐的五声中又属商声。商声是西方之声，夷则是七月的曲律之名。商，也就是'伤'的意思，万物衰老了，都会悲伤。夷，是杀戮的意思，草木过了繁盛期就应该衰亡。

"唉！草木是无情之物，尚有衰败零落之时。人是一种高级动物，在万物中又最有灵性。无穷无尽的忧虑煎熬他的心绪，无数琐碎烦恼的事劳累他的身体。费心劳神，一定要动摇他的精神，更何况常常思考自己的力量所做不到的事情，忧虑自己的智慧所不能解决的问题，自然会使他红润的面色变得苍老枯槁，乌黑的头发（壮年）变得鬓发花白（年老）。既然这样，为什么还要以并非金石的肌体，去像草木那样争一时的荣盛呢？人应当仔细考虑究竟是谁给自己带来了这么多残害，又何必去怨恨这秋声呢？"

书童没有应答，低头沉沉睡去。只听得四壁虫鸣唧唧，像在附和我的叹息。

【评解】

《秋声赋》是欧阳修作品中的名篇。"自古逢秋悲寂寥"，悲秋是我国古代文人吟咏不倦的题材，但欧阳修并不是一味沉溺于哀伤情绪中不能自拔，而是在传统写秋天肃杀的基础上提炼出自己的感悟——人事忧劳比深秋萧瑟更为伤神。

宋仁宗嘉祐四年（1059）春，欧阳修辞去开封府尹一职，专心著述，这时的欧阳修，宦海浮沉多年，对朝廷党争、仕途倾轧已经看淡，对人生短暂、岁月无情颇为感怀，情感上属于苦闷期。在《秋声赋》中，作者以"无形"的秋声作为描写和抒怀的对象，采用赋的形式抒写秋声，极尽渲染铺陈之能事，实际上则融入了个人对宦海沉浮、人生苦短的感慨。

文章一开始就描绘了一幅特别的图景：欧阳修正在读书，忽然被一种奇特的声音惊起。一个"惊"字，说明声音的无形出现惊动了正在安静读书的欧阳修，他的思绪随即被牵引。这是什么声音呢？如同万马奔腾，好像波涛汹涌，不见人马，却全是喊杀声。他惊奇了，急忙令书童看个究竟。而童子在皎洁月光下却没看到任何人，最后发现是从树上传来的。欧阳修通过与童子对话得出，这声音原来是秋声，虽然无形，却处处不在；虽然有声，却时时变化。这是怎样的秋声？这真的就是自然之秋声吗？他的思绪被完全打开。

中间部分是欧阳修对秋声的形象进行全方位的描绘和议论。"噫嘻悲哉！此秋声也。胡为而来哉？"一句说明他是熟悉秋天的，更加熟悉这秋天到来时的声响。从秋声的凄切到秋风的凄冷，再到秋气的凄厉，层层递进、步步深入，一点点挖掘出秋天的本性，当然这不是欧阳修随意描绘，而是推窗就能看到的自然景象。在描绘过程中，他的思绪飘散开来，作为宦海沉浮多年的官员，早就培养出超出常人的敏锐政治嗅觉。此时的欧阳修虽然已经赋闲，但是他又怎么能够忘却朝廷呢？从他年轻时考中进士，进朝为官已经二十余年，报效家国、平治天下的理想怎么能够随时光流水而去呢？早年，和范仲淹、富弼等贤人志士居庙堂之高，行"庆历新政"，何其壮哉！而今，英雄老去，暮年袭来，虽有心报国，却无力回天。虽然，在时代文坛上引领天下士子，可毕竟文章不等同于功业，男儿读书又岂是仅仅舞文弄墨吗？欧阳修借秋声叩问心灵，幼年丧父，幸有母教，十多年寒窗苦读，为的是上报朝廷、下安百姓，可是天下之大，自己疲惫的身心都已无处安放，又何谈建功立业呢？真是无人领会心中意。欧阳修是孤独的，也许宦海沉浮二十余年真的累了，可是需要这样消沉下去吗？当然不能，"六一居士"的目光岂能仅仅是这自然秋景？入朝不易，散朝更难，欧阳修注定在赵宋王朝的庙堂沉浮了。

欧阳修决然不是纯粹写景愉悦之人，而是通过描绘秋声、秋风、秋气得到哲理的启示，"草木无情，有时飘零。人为动物，惟物之灵"。人之悲苦不是自然草木凋零所引起的，而是人自身的忧虑所导致的。所以，秋天也不全是萧杀、肃穆之感，也有秋高气爽之时，唐代诗人刘禹锡曾写《秋词》一首："自古逢秋悲寂寥，我言秋日胜春朝。晴空一鹤排云上，便引诗情到碧霄。"秋天只是四季轮回中的一个，本身并无情绪的变化，只是人们在面对秋叶飘零、秋风四起、秋气逼人的时候，内心产生莫名的惆怅、寂寥。而对于在宦海浮沉多年的欧阳修来说，更是容易感伤的季节。但是，作为北宋政坛、文坛的领军人物，欧阳修自然有着个人生命的冷峻思考。无休止的哀伤、苦闷又能如何呢？整天对月浩叹又能改变什么呢？与其在深秋中暗自消沉下去，不如"独立小桥风满袖"，一任风雨袭来，我自从容阔步、笑对人生。欧阳修通过这篇短文对自己从政数十年的心路历程进行了梳理，同时也是对郁郁不得志者的启示。

  本文不是一篇纯粹写情抒怀的文章。欧阳修于无意之间,通过肃杀、凄冷的秋声来告诉后人,生命的意义不是随物赋形、随波逐流、肆意感伤,而是于逆境中坚守理想、消沉中不忘信仰,只有保持一颗平和、坚韧之心,才能笑对风雨、倾听秋声。

苏　轼

刑赏忠厚之至论

尧、舜、禹、汤、文、武、成、康之际，何其爱民之深，忧民之切，而待天下以君子长者之道也。有一善，从而赏之，又从而咏歌嗟叹之，所以乐其始而勉其终。有一不善，从而罚之，又从而哀矜惩创之，所以弃其旧而开其新。故其吁俞之声，欢休惨戚，见于虞、夏、商、周之书。成、康既没，穆王立，而周道始衰，然犹命其臣吕侯，而告之以祥刑。其言忧而不伤，威而不怒，慈爱而能断，恻然有哀怜无辜之心，故孔子犹有取焉。

【译文】

尧、舜、禹、商汤、周文王、周武王、周成王、周康王的时候，是多么深爱着百姓、多么为百姓担忧啊，还用君子长者的态度来对待天下人。如果有人做了一件好事，就会给予奖赏，用歌曲进行赞美，为有一个好的开始而高兴，并鼓励他把这个好的开始坚持到最后；如果有人做了一件不好的事，就会在惩罚他的同时，还哀怜同情他，希望他抛弃错误重新开始。在虞、夏、商、周的史书中，圣王的语气及同意与否，直接影响着百姓的欢喜和忧伤。周成王、周康王之后，周穆王继承了王位，周朝的王道开始衰落了，不过周穆王还是命令大臣吕侯，告诉他刑罚的详细情况。他讲的话忧愁却不伤感，威严却不生气，慈爱而能决断，有哀怜无罪者的好心肠。所以，孔子作《尚书》时，就把这篇《吕刑》编了进去。

《传》曰："赏疑从与，所以广恩也；罚疑从去，所以慎刑也。"当尧之时，皋陶为士。将杀人，皋陶曰"杀之"三。尧曰"宥之"三。故天下畏皋陶执法之坚，而乐尧用刑之宽。四岳曰"鲧可用"，尧曰："不可，鲧方命圮族"，既而曰"试之"。何尧之不听皋陶之杀人，而从四岳之用鲧也？然则圣人之意，盖亦可见矣。

【译文】

《尚书》传文上讲："要奖赏时有疑惑也可以给予奖赏，为的是广施恩泽；要处罚时有疑惑可以先免去处罚，为的是谨慎地进行刑罚。"唐尧在位时，皋陶是负责刑罚的官。要处死一个人，皋陶三次都说要杀，唐尧三次都说要宽恕。所以天下人都害怕皋陶执法坚决，而赞美唐尧用刑宽大。四方诸侯都说："鲧是可用之才。"唐尧却说："不行！鲧违抗命令，毁谤同族。"过后，他还是说"试用一下吧"。唐尧不听从皋陶处死犯人的主张，却听从四方诸侯任用鲧的建议是什么原因呢？从这里我们就可以看出圣王的良苦用心了。

《书》曰："罪疑惟轻，功疑惟重。与其杀不辜，宁失不经。"呜呼，尽之矣。可以赏，可以无赏，赏之过乎仁；可以罚，可以无罚，罚之过乎义。过乎仁，不失为君子；过乎义，则流而入于忍人。故仁可过也，义不可过也。

古者赏不以爵禄，刑不以刀锯。赏之以爵禄，是赏之道行于爵禄之所加，而不行于爵禄之所不加也。刑之以刀锯，是刑之威施于刀锯之所及，而不施于刀锯之所不及也。先王知天下之善不胜赏，而爵禄不足以劝也；知天下之恶不胜刑，而刀锯不足以裁也。是故疑则举而归之于仁，以君子长者之道待天下，使天下相率而归于君子长者之道。故曰忠厚之至也。

【译文】

《尚书》说："在量罪定刑轻重不决时，从轻；论功行赏轻重不决时，从重。执法的原则是宁可犯执法失误的过失，也不能错杀无辜的人。"唉！这里说的就完全表达忠厚之意了。可赏可不赏时，赏了就是仁慈过度了；可罚可不罚时，罚了就超越义法了。过于仁慈，还不失为君子；超出义法，就会沦为残暴之流了。所以，仁慈可以过，义法是不能过的。

古人奖赏不用官位和钱财，刑罚不用刀锯。用官位、钱财行赏，就会使人得到官位、钱财就做，得不到官位和钱财就不做。用刀锯作为刑罚，刑罚的效力只有刀锯所能起作用的程度，而不能对刀锯不起作用的地方发挥效力。古代圣王知道天下的善行赏不胜赏，不能都用官位、钱财来奖赏；也知道天下的罪恶是罚不胜罚，用刀锯是不足以进行惩处的。所以，当赏罚有疑时，就以仁爱之心处理。用君子和长者宽厚仁慈的态度统治天下人，使天下人都按照君子、长者的忠厚仁爱行事。所以说这就是赏罚忠厚到了极点啊！

《诗》曰："君子如祉，乱庶遄已。君子如怒，乱庶遄沮。"夫君子之已乱，岂有异术哉？时其喜怒，而无失乎仁而已矣。《春秋》之义，立法贵严，而责人贵宽。因其褒贬之义以制赏罚，亦忠厚之至也。

【译文】

《诗经》中有这样的诗句："君子如祉，乱庶遄已。君子如怒，乱庶遄沮。"君子能够平息祸乱，难道是有异术的原因吗？他们只是适时地控制自己的喜怒，不偏离仁慈宽大的原则罢了。《春秋》的大义就是立法贵严，责人贵宽。根据这样的原则来确立刑赏的尺度，这也是忠厚到了极点啊！

【评解】

苏轼（1037—1101），字子瞻，自号东坡居士，北宋文学家、思想家，"唐宋八大家"之一，眉州眉山（今四川）人。与父苏洵、弟苏辙合称"三苏"。宋嘉祐二年（1057），二十一岁的苏轼参加礼部试，题目就是《刑赏忠厚之至论》。据说，当时的主考官欧阳修和负责阅卷的梅尧臣，都认为这篇文章写得非常好。但欧阳修认为这篇文章可能是自己的学生曾巩写的，为了避嫌就没把这篇定为第一，而是定为了第二。后来才知道此文的作者是苏轼。作为"唐宋八大家"之一的欧阳修却不知苏轼文中所写"当尧之时，皋陶为士。将杀人，皋陶曰'杀之'三。尧曰'宥之'三"的出处。待苏轼及第后去拜见欧阳修时，欧阳修问及这句的出处，苏轼却说无需出处，这只是为了论证有力自己捏造的，其实不是出自《尚书》。实际所引事例出于《礼记·文王世子》，说的是周公的事例。苏轼考试时误记为尧了。我们阅读本文时需要注意这个问题。

这种策论考试类似于现在公务员考试的申论，是用经义，将发表政治见解的时务对策作为考试的主要内容，以便选拔一些通经致用的人才。这种政论性文体要求考生就某项国家政策或对策的可行性与合理性进行论述，侧重于考查考生解决问题的能力。苏轼的这篇策论逻辑清晰，结构严谨，文辞简练，论证有力，充分展现了苏轼的文采和应对能力。欧阳修评价本文脱尽五代宋初以来的浮靡艰涩之风，十分赏识，还说"读轼书不觉汗出，快哉！老夫当避此人，放出一头地"。

周敦颐

太极图说

濂溪先生曰：无极而太极。太极动而生阳，动极而静；静而生阴，静极复动。一动一静，互为其根；分阴分阳，两仪立焉。阳变阴合，而生水、火、木、金、土；五气顺布，四时行焉。五行，一阴阳也；阴阳，一太极也；太极，本无极也。五行之生也，各一其性。无极之真，二五之精，妙合而凝。乾道成男，坤道成女，二气交感，化生万物。万物生生，而变化无穷焉；惟人也，得其秀而最灵。形既生矣，神发知矣，五性感动而善恶分、万事出矣。圣人定之以中正仁义，（圣人之道，仁义中正而已矣。）而主静，（无欲，故静。）立人极焉。故圣人与天地合其德，日月合其明，四时合其序，鬼神合其吉凶。君子修之吉，小人悖之凶。故曰："立天之道，曰阴与阳；立地之道，曰柔与刚；立人之道，曰仁与义。"又曰："原始反终，故知死生之说。"大哉《易》也，斯其至矣！

【译文】

周敦颐说，无形无相的太极是宇宙万物的本原。太极变化就会生成阳，动到极点就会变成静，静会产生阴，静到极点就又会变为动。太极的动静，互相转化，互为根本。阴阳有了区分，就会出现阴阳之间的对立。阴阳互相交感变化，就会产生水、火、木、金、土；水、火、木、金、土五种气充满天地间，春夏秋冬四季运行变化。五行虽不同，却都是阴阳交感变化的结果，阴阳虽有别，却都是太极动静变化的产物；而太极本来又是无形无相的。五行产生后，各有不同的特点。无极作为真实的本原，是阴阳五行的根源，无极之气的巧妙融合交汇产生了宇宙万物。表现为乾道刚健的，就是男性；表现为坤道阴柔的，就是女性，阴阳二气交感变化产生万物，万物互相作用，就成了变化无穷的大千世界。这其中只有人独得天地精华而成为万物之灵。形体形成了，就能感知万物，用仁义礼智信来感知世界，就有了善恶之分、万象之别。圣人把中正仁义作为道德的准则，主张以静作为根本，奠定人的最高行为标准。所以，圣人有着天地一样的品德，有着日月一样的光辉，遵守四季变化有序，探究本质区别吉凶。君子依此之道行事，就会吉利，小人违背这个原则，就会有凶险。所以说："阴与阳是上天运行的法则，柔与刚是大地运转的规律，仁与义是做人的根本。"还说："考察万物的始终，就会知道人的生死。"《易》的道理真的广博呀，真是至论啊！

【评解】

本文是北宋周敦颐所作。本文用短短二百七十字阐述了宇宙起源的问题,从哲学本体论来解释《周易·说卦传》提出的"立天之道,曰阴与阳;立地之道,曰柔与刚;立人之道,曰仁与义"。为儒家的纲常伦理作了本源性论证,是影响南宋、元、明、清各朝七百余年政治理论的重要文献。相传周敦颐《太极图》作于他的出生地,那里流传着"月岩悟太极"的故事。关于周敦颐的出生地,不能不提到历史上的"瑶族千家峒"问题。

周敦颐(1017—1073),宋明理学的开山祖师,也称濂溪先生。其学派被称为"濂学",但他生前地位不高、影响亦不大,直到死后一百多年才受到重视。他的哲学理论成为南宋、元、明、清各朝的官方哲学。南宋著名学者度正曾作《濂溪先生年谱》,对周敦颐的家世作过认真而详细的考证,认为"宋真宗天禧元年丁巳五月五日,先生生于道州营道县之营乐里楼田保"[1]。《宋史·周敦颐传》亦说:"周敦颐,字茂叔,道州营道人。"[2] 道州营道营乐里楼田保,即今湖南省道县久佳乡楼田村。"营乐里"的名称今已不复存在,但楼田村附近有个村寨还称"营乐源"(当地土话"营乐源"和"营乐里"读音相同)。营乐源一带是宋代著名的"道州千家峒"瑶家村寨分布地之一。我曾于1991年秋去道县参加周敦颐思想暨濂溪书院学术研讨会,前往周敦颐

---

[1] 周文英主编、李才栋副主编:《周敦颐全书》,江西教育出版社1993年版,第6页、第353页、第356页。

[2] [元]脱脱等撰:《宋史》卷四百二十七《道学传》,中华书局1985年版。

的家乡进行过实地调查，楼田村和营乐源村（宋代管属营乐里）一些周姓、唐姓村民都说自己是千家峒瑶民后代。从营乐源往西南方向走大约三十里，跨越韭菜岭茅平峒就进入了广西灌阳和湖南江永、道县交界之处的历史上所说的"道州千家峒"（或称"广西灌阳千家峒"）的中心——今江永县千家峒瑶族乡。因此，营乐源一带的周姓、唐姓村民说他们是这支千家峒瑶民的后代，的确是可信的。这一带发现的（评王券牒书传为记）就肯定周姓、唐姓属于千家峒瑶族十二姓："一赐七男姓周名元，封都尉判使……一赐十男姓唐名元端，定国公尚书。"[1]可见周敦颐属于千家峒瑶族，是不应怀疑的。在这块神奇的地方，有一个山洞叫月岩，这个月岩分阴阳，一半有山盖住为阴，一半无山遮挡为阳。从地势高的地方俯视，恰是一个阴阳太极图。相传少年周敦颐经常来此读书、游玩，所以有周敦颐"月岩悟太极"的故事。

---

[1] 《过山榜》编辑组：《瑶族〈过山榜〉选编》，湖南人民出版社1984年版，第100—101页。

通 书（节选）

濂溪曰：诚，无为；几，善恶。德：爱曰仁，宜曰义，理曰礼，通曰智，守曰信。性焉、安焉之谓圣，复焉、执焉之谓贤，发微不可见、充周不可穷之谓神。(《通书·诚几德第三》)

【译文】

周敦颐说：诚就是自然而然没有人为做作；任何微小的行为都有善恶之别。所谓德就是博爱即仁，行为合宜即义，举止依理即礼，博古通今即智，守约不爽即信。本性如此、安于此道就是圣人，学习如此、坚持此道就是贤人。这些道理发源于微小的事物看不到，却有无事不及、无时不及的神奇。

濂溪先生曰：圣希天，贤希圣，士希贤。伊尹、颜渊，大贤也。伊尹耻其君不为尧、舜，一夫不得其所，若挞于市；颜渊不迁怒，不贰过，三月不违仁。志伊尹之所志，学颜子之所学，过则圣，及则贤，不及则亦不失于令名。(《通书·志学第十》)

【译文】

周敦颐说：圣人效法天，贤人效法圣人，士效法贤人，伊尹、颜渊都是大贤人。伊尹认为不能使自己的君主成为尧、舜那样的圣王，有一个人没有地方住，就像在市场上被人鞭挞一样难受。颜渊不迁怒别人，不犯重复的错误，能做到长期坚持仁的原则。能够以伊尹的志向为志向，学习颜渊所学习的东西，超过他们就是圣人，达到他们的程度就是贤人，即使达不到也不失有一个好的名声。

圣人之道，入乎耳，存乎心，蕴之为德行，行之为事业。彼以文辞而已者，陋矣。(《通书·陋第三十四》)

【译文】

圣人的仁道精神，通过耳听心记，时间长了就会成为自己内在的品行，在日常生活中实践这些德行就会成就一番事业。如果仅把圣人的话看作华美的辞藻，就太浅陋了。

【评解】

《通书》是周敦颐重要的哲学著作，其中论述了儒家心性论、伦理学、工夫论等许多概念命题，在儒学史上占有重要地位。周敦颐在《通书》中把"诚"作为"圣人之本""性命之源"。按照《通书》所说，"圣人"所立的"人极"不是道家、道教"中正仁义而主静"，而是"中正仁义而主诚"。虽一字之差，但是周敦颐因此为儒学确立了本体论根源，为儒学系统化奠定了基础，兼收并蓄地吸收了道佛的思想，构筑了自己的体系，对儒学发展至关重要。本书所选的几段文字，主要是介绍诚和成为贤之道的。周敦颐把"诚"作为天地之德，援引《周易·乾卦·文言》论证宇宙间事物的发展变化及其规律。

张　载

西　铭

　　横渠先生作《订顽》曰：乾称父，坤称母。予兹藐焉，乃混然中处。故天地之塞，吾其体；天地之帅，吾其性。民吾同胞，物吾与也。大君者，吾父母宗子；其大臣，宗子之家相也。尊高年，所以长其长；慈孤弱，所以幼其幼。圣，其合德；贤，其秀也。凡天下疲癃①残疾、惸独鳏寡，皆吾兄弟之颠连而无告者也。于时保之，子之翼也；乐且不忧，纯乎孝者也。违曰悖德，害仁曰贼，济恶者不才；其践形，惟肖者也。知化则善述其事，穷神则善继其志。不愧屋漏为无忝，存心养性为匪懈。恶旨酒，崇伯子之顾养；育英才，颖封人之锡类。不弛劳而底豫，舜其功也；无所逃而待烹，申生其恭也。体其受而归全者，参乎！勇于从而顺令者，伯奇也。富贵福泽，将厚吾之生也；贫贱忧戚，庸玉汝

---

① 疲癃：pí lóng。

于成也。存，吾顺事；没，吾宁也。（《正蒙·乾称篇第十七》）

【译文】

横渠先生作《订顽》如下：天为父，地为母。我们得天地之气，身处天地之中。身体充塞着天地之气；统率天地之气的意志成为我们的本性。天下百姓，都是我们的同胞；宇宙万物都是我们的朋友。国君是我们天地父母的嫡长子；大臣是国君的总管家。尊重老年人，就是尊重我们自己的兄长；怜爱孤弱者就是怜爱我们自己的孩子。圣人，是与天地之德合一的人；贤人，是得天地灵秀的人。凡是天下衰老多病、鳏寡孤独的人都是我们困苦不堪、无从诉说的兄弟呀。畏惧天命以求自保，敬亲天命，乐天不忧，是天地纯孝的人。违抗天就是背弃道德，损害仁义就是贼寇，助人为恶者是不才，那些对仁义身体力行的人只能是贤人。知晓天地造化才能善于表达事物，穷尽天地生物的神秘才能善于继承其志。独处一人则无愧于己，存心养心则终身不懈。像大禹那样讨厌美酒，推崇照顾奉养父母；培育英才，像颖考叔那样把孝行传给同类；竭尽一切心力侍奉父母而使父母变得高兴的，不松懈自己勤劳一生而使父母得到快乐的，是舜的事亲之功；不逃亡而等待自杀，是晋献公之子申生；身体受之于父母而能保全归还于父母的是曾参；勇敢地顺从父命、不怨天尤人的，是周尹吉甫的儿子伯奇。贤人的富贵福泽，使我们的生命得以丰厚；贫贱忧戚的处境，将考验我们的生命以取得最后的成功。活着，我会顺从天命去行事；死了，我会问心无愧而安宁。

【评解】

《西铭》本是张载《正蒙·乾称篇》中第一段,张载曾经将它抄录张贴在西窗上作为自己的座右铭,标题为《订顽》。后来,程颐看到了特别欣赏,称其为《西铭》。这是张载用佛家的慈悲观释《周易·说卦传》"乾称父"章提出的"天地一家论",其主张"民胞物与"说,这是宋儒"故天地万物一体"论的典型生态伦理学说。张载说:"故天地之塞,吾其体;天地之帅,吾其性。民吾同胞,物吾与也。"张载提出天道、天德以及"万物一源"之性等范畴,说明人与人、人与万物之间的关系是一种生命关系。"天地之塞"是就气而言的,气是我的身体的来源;"天地之帅"是指天德而言的,它是我的性的来源。气与性是人与万物共同的本源,因此,我与人民的关系是同胞兄弟的关系,我与万物的关系是朋友伴侣的关系。将万物视为人类的朋友与伴侣,这是对"仁民爱物"说的进一步发展。万物既然是人类的朋友与伴侣,当然就应当爱惜与呵护,应当和谐相处。由于人和万物都是天地的儿女("乾称父,坤称母"),人与万物的关系就不是一般的爱护关系,而是非常亲近的关系。人性的根本内容是仁德,仁的作用就是"体物而不遗",即毫无保留、毫无遗漏地将爱施之于万物,体会万物的生命意义。张载喜欢"闻驴鸣"。西北是张载的家乡,多产毛驴,它是重要的家畜。毛驴在停止劳作休息期间特别喜欢"鸣",这同老子的"鸡犬之声相闻"一样,体现出人与自然的一种生命和谐。张载之所以喜欢"闻驴鸣",正是出于对这种和谐的生命感受和体验,这就是仁德"体物"。张载视宇宙为大家庭，天地为父母，人类为儿女，故有"物吾与也"的深切感受。人的生命活动不仅要重视调整人与人之间的关系，而且要重视调整人与自然界之间的关系，故人生最高理想应是双重的："为天地立心，为生民立命，为往圣继绝学，为万世开太平"(《张子语录》)，这里包括了人与宇宙、人与人的双重和谐。

一 西铭

横渠四句

为天地立心，为生民立命，为往圣继绝学，为万世开太平！（《张子语录》卷十四）

【译文】

我要为天地万物树立人类的爱心，为一切众生树立人类的生命价值，为历史上的圣人继承其好的思想学说，为千秋万代开创出太平盛世！

【评解】

因为张载是凤翔郿县（今陕西眉县）横渠镇人，世称横渠先生，因而冯友兰将这几句话称为"横渠四句"。冯友兰曾在《中国哲学史新编》最后结语中表达了对"横渠四句"的赞佩：高山仰止，景行行止，虽不能至，心向往之。短短四句话，表达了读书人的理想。为天地立心：是指为社会建立一套以道德伦理为核心的精神价值系统。简单地说，即我们端端正正地做一个真正的人，大写的人。正如教育家陶行知所说："千学万学，学做真人。"为生民立命：儒家将命与义相结合，将外在必然与内在当然统一起来，主张自强不息，张扬人的生命价值。这也可以看作张载为万千生民所确立的价值使命和精神家园。为往圣继绝学：往圣之绝学，也就是历代仁人志士一脉相传之道，主要表现为以彰显仁义为根本，以心性修养为大要，以践履伦常为旨归。实际上也就是所谓的"内圣外王"之道。为万世开太平：太平盛世是中国人的社会理想，张载素有经世济民之志，"为万世开太平"，无疑是他济世之志的集中体现。

程 颢

秋日偶成

闲来无事不从容，睡觉东窗日已红。
万物静观皆自得，四时佳兴与人同。
道通天地有形外，思入风云变态中。
富贵不淫贫贱乐，男儿到此是豪雄。

【译文】

当事情不多、时间变得慢下来的时候，我怡然自得。一觉睡醒睁眼望去，太阳已经将东窗照红。静静地去观看世界万物都能自得其乐啊，一年中四季的美景熏染着我们的心情。大道相通啊贯通寰宇，思绪渐飘渐远直至空中，风云变幻莫测，无处不及。能够做到富贵不乱来、贫贱亦快乐的人啊，这样的男儿才称得上是豪雄。

【评解】

程颢（1032—1085），字伯淳，号明道，河南府（今河南洛阳）人，北宋著名学者，理学大师。他与其弟程颐，合称"二程"，皆是程朱理学的鼻祖，著名的哲学思想家。作为一代宗师，程颢俯仰天地，感怀生命，"理"就在天地运行之中。理学重视修养功夫，只有把心境酝酿到淡而又淡的极致才能真正做到修齐治平。

通过题目得知，本诗是诗人在秋日中修己之时偶然灵感来袭而写出的。首先，"闲来无事不从容，睡觉东窗日已红"。作为首联写出诗人的生命状态，由于日子过得清闲，所以面对世间万事都能从容应对。在不知不觉中，一觉醒来发现东边的窗户已经被朝阳照得通红。诗人用轻松的笔墨写出自己的精神风貌，使人感到羡慕、向往。想想都是一件惬意的事情，没有外界干扰，没有俗务缠身，可以睡到自然醒，迎接东升的朝阳。可是，这种生活又有多少人能够做到呢？大浪淘沙，滚滚红尘，为了个人荣辱得失，多少人活在患得患失中？归隐山林、告别俗世，这是多少人的口号？不知不觉短暂的人生就匆匆结束了，留下多少遗憾、多少眷恋？

颔联写道："万物静观皆自得，四时佳兴与人同。"诗人缘于有着轻松、愉悦的心态，所以他静观万物都能感到大自然带来的乐趣，看到季节交替时产生不同的景致，心情是一样的舒畅。多么使人向往！可是这种表象的静穆背后需要怎样的修心？诗人作为理学宗师，对修己之学下的功夫最深，荣辱不惊的心态又怎能是瞬间修炼而成的呢？宠辱不惊，闲看庭前花开花落；去留无意，漫随天外云卷云舒。诗人的格调高雅，一扫尘世污浊气息，在红尘中觅得一清洁之地安放安贫乐道的心灵。

颈联是:"道通天地有形外,思入风云变态中。"道理蕴藏在天地间万事万物之中,思想渗透在风云变幻莫测之中。诗人用颈联回答了如何修为到从容自若之心。只有窥测到蕴藏在天地万物中的"天理"才能驾驭思想巨龙遨游天地,才能拥有一颗平静之心面对世间一切。这是一个修为的理论体系,作为北宋理学大家,诗人毕生的精力都在为"天理"学说正名,而本首诗则是最好的注解。可是思想达到道通天地是多高的境界呀?寻常世人又岂能轻易做到?千百年来,儒学一度中断,唐代经韩愈振臂高呼才略有余响,到了宋代,思想界的巨子们逐步承接,而程颢就是最尽心的一位。所以,诗人传递的境界是圣人之境,是追求之境。

尾联写道:"富贵不淫贫贱乐,男儿到此是豪雄。""富贵不能淫"是孟子浩然之气的写照,"贫而乐"则是颜回的境界,而诗人将二者有机地融合在一起构建起男儿的豪气来。由此可以看出,诗人并不是一味地淡泊明志,也有着孟子所谓的"浩然之气"。诗人年少时曾求学于北宋大儒周敦颐,周敦颐让他寻找"孔颜乐处",即追求一种摆脱世俗名利、一生求"道"的境界。他所追求的"道"正是儒家的"道",认为"孟子没而圣学不传,以兴起斯文为己任"(《明道先生行状》)。只有做到"道"在心中,才能安贫乐道,才能面对功名富贵淡然处之,不被名利所累。这就是儒家静观天地的境界,只有真正做到,才算得上是男儿中的豪杰之士。实际上也是对世俗生活的一种超脱,精神高度的建立是成就豪雄的关键所在。

　　本诗是程颢作为理学大师的思想大作,虽然只是七律,但是蕴藏着极大的哲学思想,诗人求"道"一生方才顿悟,因此本诗的意义就得以彰显。面对世间几多功名利禄、宦海沉浮,只要悟道本心,就能以精神制高点俯瞰世俗红尘,就能洒脱从容笑对生命。这是生命的大境界,这是"天理"濡染个体生命的大境界。

程　颐

颜子所好学论

或问："圣人之门，其徒三千，独称颜子为好学。夫《诗》《书》六艺，三千子非不习而通也，然则颜子所独好者，何学也？"伊川先生曰："学以至圣人之道也。""圣人可学而至欤？"曰："然。""学之道如何？"曰："天地储精，得五行之秀者为人。其本也真而静；其未发也，五性具焉，曰仁、义、礼、智、信。形既生矣，外物触其形而动其中矣。其中动而七情出焉，曰喜、怒、哀、惧、爱、恶、欲。情既炽而益荡，其性凿矣。是故觉者，约其情使合于中，正其心，养其性；愚者则不知制之，纵其情而至于邪僻，梏其性而亡之。

【译文】

有人问："孔圣人有三千弟子，却只说颜渊好学。诗书六艺，三千弟子都学通了，那么颜渊所独好的是什么学问呢？"程颐回答："学习如何成为圣人的道理。""圣人是可以通过学习达到的吗？"程颐回答："是的。""怎么学习做圣人呢？"程颐回答："天地储藏万物的精华，能够得到五行的精秀的就是人。其本真状态就是至诚无妄的，是主静的；在形体开始形成之前，就有仁、义、礼、智、信五种基本的属性了。等到形体形成后，有外界事物触碰到他的形体就会影响到他的内心。他的内心变化就会表现为喜、怒、哀、乐、爱、恶、欲的七种情绪。情欲既炙热又不加控制，必然会影响他的本性。因此，有觉悟的人，就会约束他的情绪使其合乎中道，端正本心，修养心性；愚蠢的人不知道控制自己的情欲，放任情欲以至于邪僻的程度，使自己的本性消失殆尽。

"然学之道，必先明诸心，知所往，然后力行以求至，所谓自明而诚也。诚之之道，在乎信道笃，信道笃则行之果，行之果则守之固。仁义忠信不离乎心，造次必于是，颠沛必于是，出处语默必于是。久而弗失，则居之安，动容周旋中礼，而邪僻之心无自生矣。

【译文】

"所以学习的办法，必须首先了解自己的本心，知道要学到什么程度，然后努力实践以求达到这样的境界，这就是通过自己了解自己的内心而达到诚的境界。要使自己达到诚的境界，就要做到一心一意、不加修改地遵从天道，这样做事就会果断，做事果断就会形成习惯。时间长了，仁、义、忠、信就不会离开人的本心。这样无论是匆忙做事，颠沛流离，做官不做官，还是说话不说话，都会符合仁、义、忠、信之道。时间长了也不会丧失，饮食起居就会安然自若，一动一静、待人处世就会合乎中道，也不会产生邪僻之心。

"故颜子所事，则曰：'非礼勿视，非礼勿听，非礼勿言，非礼勿动。'仲尼称之，则曰：'得一善，则拳拳服膺而弗失之矣。'又曰：'不迁怒，不贰过。有不善未尝不知，知之未尝复行也。'"此其好之笃、学之之道也。

【译文】

"所以颜渊做事，就说：'不合乎礼的事情不看，不合乎礼的事情不听，不合乎礼的事情不说，不合乎礼的事情不做。'孔子称赞他，说：'学到一件善事，就会坚持做下去而不失去。'又说：'不迁怒别人，不会犯犯过的错误，有不对的地方不会不知道，知道就不会不改。'"这就是颜渊一心一意地爱好仁义、学习仁义的方法。

"然圣人则不思而得，不勉而中；颜子则必思而后得，必勉而后中，其与圣人相去一息。所未至者，守之也，非化之也。以其好学之心，假之以年，则不日而化矣。后人不达，以谓圣本生知，非学可至，而为学之道遂失。不求诸己而求诸外，以博闻强记、巧文丽辞为工，荣华其言，鲜有至于道者。则今之学，与颜子所好异矣。"

【译文】

"但是圣人是不用思考就知道的，不用约束就会按中道而行事的；颜渊是思考后知道，约束行为而能达到中道的，这与圣人的差距就是时间。颜渊之所以不能一蹴而就，就在于他必须先体悟仁道才能遵守仁道。而圣人与仁道本身就是一体的。他那么好学，假以时日，一定可以做到与仁道合而为一。后人做不到，认为圣人本来就是生而知之，而不是学而知之，所以就放弃了学习。不找寻自己内心仁道的本性而去学习那些外在的东西，追求博闻强识，文章巧妙辞藻华丽，只能在言语上做到夸夸其谈，是很少能达到中道的。所以说今天的学问，与颜渊所好的学问是有差别的。"

【评解】

程颐（1033—1107），北宋时期著名思想家、哲学家。本文选自朱熹、吕祖谦所编的《近思录》，是程颐谈论为学的重要篇目，充分体现了程颐理学的核心思想。文章将三千弟子之学与颜子所好之学进行比较，指出为学之道的关键不是学知识、长见识，不是学习文辞工整、辞藻华丽，而是在于求诸己，在于找回自己本来就有的后来丧失的仁、义、忠、信的本心。人人皆可以为尧、舜，只要好学，只要笃行，就都可以做到。所谓"圣与贤，可训致"，说的就是这个道理。这是一个既简单又明白的道理。但问题在于如何在漫长的人生中，一直坚持下去。所谓"一箪食、一瓢饮，人也不堪其忧，回也不改其乐"，说的就是颜渊与普通人的差距吧！在物欲横流、到处充满诱惑的当今时代，我们能否像颜渊那样一心向道，不改初衷、不变本色呢？

朱 熹

中和旧说第三书

浩浩大化之中，自家自有一个安宅，正是自家安身立命、主宰知觉处，所以立大本、行达道之枢要。所谓体用一源，显微无间者，此之谓也。(《晦庵文集》卷三十二)

【译文】

生活在浩浩宇宙的无穷变化之中，每个人都会有自己的一个安宅。这个安宅正是自己安身立命、主宰知觉的所在地，这也就是一个人树立为人之根本、实行人生大道的关键所在。程颐所讲的本体和作用同出一源，显露和隐微不能间隔，就是说的这种情况。

【评解】

朱熹（1130—1200），字元晦，一字仲晦，号晦庵，南宋著名理学家、思想家，程朱理学的集大成者。朱熹注的《四书集注》，自元代开始作为录取进士的教材，前后经历明、清共计三朝，其理学思想占据官方统治地位达几百年之久。因此，朱熹在我国儒学思想史上占有重要地位。

所选之文探讨"中和"问题，《中庸》认为中为大本、和为达道，即"喜怒哀乐未发谓之中，发而皆中节谓之和。中也者，天下之大本也；和也者，天下之达道也"。宋明理学重视"中和"问题的讨论，涉及人的心性、情感和道德等问题，是人生哲学必须解决的大问题。"体用一源，显微无间"是北宋程颐提出的理学命题，意指事物隐微的本体与其显露的现象之间，是同出一源、无法间隔的关系。程颐在其著作《周易程氏传》中说："至微者理也，至著者象也；体用一源，显微无间。"所谓体，指本原、本体；所谓用，指显露、作用。他认为隐微的理与显露的象，二者统一，没有间隙。无形的理，当以物象来显示其意义和功能，而有形之物，本于无形之理。所谓一源，即源于一理，理为根本。可见，程颐所讲的体，是精神（理、本根）；用，是物质（象、形状）；显，是显露在外的形态、象；微，是隐藏在内的思想、理。

朱熹进一步发展了程颐的这一思想，把"体用一源，显微无间"上升到一个人树立为人之根本、实行人生大道的关键所在。这样把程朱理学的体用显微的关系，更严密地建立在人生哲学之上，有更加重要的理论和实践意义。

观书有感·其二

昨夜江边春水生，
艨艟巨舰一毛轻。
向来枉费推移力，
此日中流自在行。

【译诗】

　　昨晚的江边，春水涌动水涨了起来，那艘巨大的船一下子变得像一根羽毛一样轻。想来以前是白费了那么大的力气去推它，而今天水涨了，船就可以轻轻松松地航行在江中了。

【评解】

　　《观书有感》是哲学说理诗。朱熹在观书时的灵感再现，为后世学人留下了宝贵的两首诗，与其说是诗，不如说是读书的心得和体会。朱熹一生手不释卷，不仅读了大量书，而且还整理了大量文献，他倾其一生注解的《四书集注》对后世影响巨大。所以，朱熹本人的观书心得就更加有传世意味。说理是其诗歌的特色，仔细品读，慢慢吟咏，方能体会到诗人的真切用意。

　　这也是一首形象说理的诗。诗人笔下呈现的是这样一幅画面：江水之上，一艘大船快速航行，没有任何阻力。然而诗人笔锋一转："向来枉费推移力，此日中流自在行。"以往江水下降时，大船停在那里，任凭你有多大的力气都不能推动它，可是昨晚一夜的雨水使江面上涨，巨舰就轻松地上浮起来，而且自在地在江水中航行。诗人好像在讲一个故事，一个关于水能载舟的故事，实则是自己的观书心得。

诗中主要突出春水的重要，没有春江水的浮力，巨舰只能搁浅而不能远航，充分强调艺术灵感的勃发才能使艺术创作流畅自如。当然也可以理解为创作艺术需要打好基础，只有在基础上才可熟能生巧、挥洒自如，好比作诗一般，如果唐诗三百首都没有细细品读，又怎么能够"绣口一吐就半个盛唐"呢？同理可得，灵感是在大量阅读、写作过程中产生并勃发的，这不是说，今天看一会儿书就能产生巨大灵感写下《四书集注》的大作来。这首诗很可能是诗人在思虑某个问题，经过学习忽然有了心得后写下来的。从对"巨舰"作比喻来看，很可能朱熹品评的是榜书大字的创作。此诗的寓意很深，以水涨船高则能够自在航行，生动地比喻书法艺术创作一旦灵感勃发，则书写一下子变得挥洒自如，这不仅是书法艺术的一个本质过程，也是一般艺术创作的本质。当然，该诗也可以从另外一个角度理解，即朱熹看见书法作品行云流水般的绝佳艺术，从中品味出熟能生巧的艺术道理。同样，诗人以诗文的形式记下灵感再现的情景，这本身就是一种情感的喷发。

本诗所蕴含的道理属于美学原理范畴，其说理角度属于创作之美。创造过程是短暂的，所以需要激情、需要灵感，只有瞬间灵感的勃发才能使久旱的禾苗感受甘霖的浇灌，那是一种兴奋的充满，更是一种艺术创作高潮的体现。因此，后世学者在艺术创作过程中，无论吟诗作对，还是舞文弄墨，都需要这种兴奋的感觉，在这种兴奋充满下方可创作出更绝妙的艺术作品来。

文天祥

指南录后序

德祐二年二月十九日，予除右丞相兼枢密使，都督诸路军马。时北兵已迫修门外，战、守、迁皆不及施。缙绅、大夫、士萃于左丞相府，莫知计所出。会使辙交驰，北邀当国者相见，众谓予一行为可以纾祸。国事至此，予不得爱身；意北亦尚可以口舌动也。初，奉使往来，无留北者，予更欲一觇北，归而求救国之策。于是辞相印不拜，翌日，以资政殿学士行。

初至北营，抗辞慷慨，上下颇惊动，北亦未敢遽轻吾国。不幸吕师孟构恶于前，贾余庆献谄于后，予羁縻不得还，国事遂不可收拾。予自度不得脱，则直前诟虏帅失信，数吕师孟叔侄为逆，但欲求死，不复顾利害。北虽貌敬，实则愤怒。二贵酋名曰"馆伴"，夜则以兵围所寓舍，而予不得归矣。

未几，贾余庆等以祈请使诣北。北驱予并往，而不在使者之目。予分当引决，然而隐忍以行。昔人云："将以有为也"。

至京口，得间奔真州，即具以北虚实告东西二阃，约以连兵大举。中兴机会，庶几在此。留二日，维扬帅下逐客之令。不得已，变姓名，诡踪迹，草行露宿，日与北骑相出没于长淮间。穷饿无聊，追购又急，天高地迥，号呼靡及。已而得舟，避渚洲，出北海，然后渡扬子江，入苏州洋，展转四明、天台，以至于永嘉。

呜呼！予之及于死者，不知其几矣！诋大酋当死；骂逆贼当死；与贵酋处二十日，争曲直，屡当死；去京口，挟匕首以备不测，几自到死；经北舰十余里，为巡船所物色，几从鱼腹死；真州逐之城门外，几彷徨死；如扬州，过瓜洲、扬子桥，竟使遇哨，无不死；扬州城下，进退不由，殆例送死；坐桂公塘土围中，骑数千过其门，几落贼手死；贾家庄几为巡徼所陵迫死；夜趋高邮，迷失道，几陷死；质明避哨竹林中，逻者数十骑，几无所逃死；至高邮，制府檄下，几以捕系死；行城子河，出入乱尸中，舟与哨相后先，几邂逅死；至海陵，如高沙，常恐无辜死；道海安、如皋，凡三百里，北与寇往来其间，无日而非可死；至通州，几以不纳死；以小舟涉鲸波，出无可奈何，而死固付之度外矣！呜呼！死生，昼夜事也，死而死矣，而境界危恶，层见错出，非人世所堪。痛定思痛，痛何如哉！

予在患难中，间以诗记所遭，今存其本，不忍废，道中手自抄录。使北营，留北关外，为一卷；发北关外，历吴门、毗陵，渡瓜洲，复还京口，为一卷；脱京口，趋真州、扬州、高邮、泰州、通州，为一卷；自海道至永嘉、来三山，为一卷。将藏之于家，使来者读之，悲予志焉。

呜呼！予之生也幸，而幸生也何为？所求乎为臣，主辱，臣死有余僇；所求乎为子，以父母之遗体行殆，而死有余责。将请罪于君，君不许；请罪于母，母不许。请罪于先人之墓，生无以救国难，死犹为厉鬼以击贼，义也；赖天之灵、宗庙之福，修我戈矛，从王于师，以为前驱，雪九庙之耻，复高祖之业，所谓"誓不与贼俱生"，所谓"鞠躬尽力，死而后已"，亦义也。嗟夫！若予者，将无往而不得死所矣。向也，使予委骨于草莽，予虽浩然无所愧怍，然微以自文于君亲，君亲其谓予何？诚不自意返吾衣冠，重见日月，使旦夕得正丘首，复何憾哉！复何憾哉！

是年夏五，改元景炎，庐陵文天祥自序其诗，名曰《指南录》。

【译文】

德祐二年二月十九日，我被授予右丞相兼枢密使，统率全国各省兵马。当时元兵已经逼近临安城外，交战、防守、迁都都来不及实施了。满朝大小官员会集在左丞相吴坚府邸，没有人知道该怎么办。正当双方使者往来频繁，元军邀约宋朝主持国事的人前去见他们，大家认为我去一趟是可以缓解祸患的。国事到了这种地步，我不能顾惜自己了；估计元方也是可以用言辞打动的。当初，使者奉命往来，并没有被元扣留，我就更想窥探一下元方的虚实，回来谋求救国的计策。于是，我便辞去右丞相职位，第二天，用资政殿学士的身份前往。

我刚到北营时，陈辞不屈，意气激昂，元军上下都很惊慌震动，他们也未敢立即轻视我国。可不幸的是，吕师孟先在元人面前说我的坏话，贾余庆又在后来向敌人献媚，于是我被软禁不能回国，国事更加不可整治了。我暗自揣度不能脱身，就径直上前痛骂元军统帅不守信用，列举吕师孟叔侄叛国的罪状，只求一死，不再顾及个人的安危。元军虽然在表面上表示尊敬我，实际上却很愤怒，两个贵族名义上是到宾馆来陪伴使者，实际上夜晚就派兵包围我住的地方，因此，我就不能回国了。

不久，贾余庆等以祈请使的身份到元京大都去，我被元军驱使一同前往，但不列入使者的名单。我按理应当自杀，然而仍然含恨忍辱地前去。正如古人所说："将要有所作为啊！"

到了京口，得到机会逃往真州，我立即把元方的虚实情况全部告知淮东、淮西两位制置使，约定联兵大举反攻。宋朝由衰落而复兴的机会，差不多就在此一举了。我停留了两天，驻守维扬的统帅下了逐客令。不得已，我只能改变姓名，隐蔽踪迹，在荒草间行进，在露天下休息。日日为躲避元军的骑兵，出没在淮东路而没有相遇。困窘饥饿，无依无靠，元军悬赏追捕得又很紧急，天高地远，叫天天不应，叫地地不灵。不久我得到一条船，躲开元军占据的沙洲，逃出江口以北的海面，然后渡过扬子江口，进入苏州洋，辗转在四明、天台等地，最后到达永嘉。

唉！我到达死亡的境地不知有多少次了！痛骂元军统帅当死；辱骂叛国贼当死；与元军头目相处二十天，争论是非曲直，多次该当死；离开京口，带着匕首以防意外，差点想要自杀死；

经过元军兵舰停泊的地方十多里，被巡逻船只搜寻，几乎落入鱼腹而死；在真州被逐到城门之外，几乎走投无路而死；到扬州，路过瓜洲扬子桥，假使遇上元军哨兵，没有不死的；扬州城下，进退不能自主，几乎等于送死；坐在桂公塘的土围中，元军数千骑兵从门前经过，几乎落到敌人手中而死；在贾家庄几乎被巡察兵凌辱逼迫而死；夜晚逃向高邮，迷失道路，几乎陷没而死；天刚亮的时候，到竹林中躲避哨兵，有好几十名巡逻的骑兵，几乎无处逃避而死；到了高邮，制置司官署的通缉令下达，几乎被捕而死；经过城子河，在乱尸中出入，我乘的船和敌方哨船一前一后行进，几乎不期而遇被杀死；到海陵，往高沙，常担心无罪而死；经过海安、如皋，总计三百里，元兵与盗贼往来其间，没有一天不可能死；到通州，几乎由于不被收留而死；靠了一条小船渡过巨浪，实在无可奈何，对于死，我本已置之度外了！唉！死和生，是早晚的事情，死就死了，可是像我这样处境艰难且险恶，坏事层叠交错涌现，实在不是人世间所能忍受的。痛苦平定以后，再去追思当时的痛苦，那是何等的悲痛啊！

　　我在患难中，有时用诗记述个人的遭遇，现在还保存着那些底稿，不忍心废弃，在逃亡路上亲手抄录。现在将出使元营，被扣留在北门外的诗文作为一卷；从北门外出发，经过吴门、毗陵，渡过瓜洲，又回到京口的诗文作为一卷；逃出京口，奔往真州、扬州、高邮、泰州、通州的诗文作为一卷；从海路到永嘉、来三山的诗文作为一卷。我将把这些诗稿收藏在家中，使后来的人能读到它，同情我的志向。

唉！我能死里逃生算是幸运了，可幸运地活下来干什么呢？要求做一个忠臣，国君受到侮辱，做臣子的即使死了也还是有罪的；要求做一个孝子，用父母留给自己的身体去冒险，即使死了也有罪责。要向国君请罪，国君不答应；向母亲请罪，母亲不答应；我只好向祖先的坟墓请罪。人活着不能拯救国难，死后还要变成恶鬼去杀贼，这才是合乎情理的行为；依靠上天的神灵、祖宗的福泽，修整武备，跟随国君出征，作为先锋，洗雪朝廷的耻辱，恢复开国皇帝的事业，也就是古人所说的"誓不与贼共存"，"恭敬谨慎地竭尽全力，直到死了方休"，这也是义。唉！像我这样的人，在任何地方都可以找到我的死地。以前，假使我丧身在荒野里，即使正大光明问心无愧，也不能掩饰自己对国君、对父母的过错，国君和父母会怎么讲我呢？实在料不到我终于返回宋朝，重整衣冠，又见到皇帝和皇后，即使立刻死在故国的土地上，我还有什么遗憾呢！还有什么遗憾呢！

这一年夏天五月，改年号为景炎，庐陵文天祥为自己的诗集作序，命名为《指南录》。

【解析】

南宋短短百余年的历史上，多少仁人志士为收复失地而奔走呐喊，多少将相雄杰为"还我山河"而流血牺牲。文天祥作为其中杰出的代表，用一身正气在青史上写下永恒的记忆，用生命的热血在历史上铸就民族脊梁，用一篇篇诗文在战火中镌刻山河。文天祥注定不是一个人的，更不单纯是南宋王朝的，而是整个民族的,他以一介书生的柔弱双肩支撑将倾大厦,虽明知不敌,依旧敢于亮剑,在敌人的刀剑恐吓下、在叛徒的出卖打击下、在朝廷无力救援下、在高官厚禄诱惑下,文天祥以一腔热血洒满乾坤,在天地之间写下了一个大大的"人"字。

文章开篇讲述面对敌人临近,朝野震荡、百官无策的情况,自己临危受命,自告奋勇前往元军大营,表现了诗人不畏艰险一心报国的爱国精神。可是就在作者面对元军统帅慷慨陈词之际,不料叛徒从中作梗,使自己身陷囹圄而不能完成使命。作为南宋末年最负盛名的政治家,文天祥用一生实践着儒家修齐治平的思想。作为大臣,出使敌国并被扣留是应当以死殉国的,但是作者并不轻易言死,而是有着对生命价值的判断,在文中他说道:"予分当引决,然而隐忍以行。昔人云:'将以有为也'。"在作者看来,一己赴死并不难为,难为之处在于隐忍存活继续战斗,历史上多少血气方刚的英雄因无法面对被羞辱而怒向刀剑,当年楚霸王无法面对失败的结局自刎乌江为后人留下太多深思。文天祥乃当朝宰相,岂是寻常匹夫所能企及的高度?不死是为了更好地战斗,为了挽狂澜于既倒,为了大厦将倾一木可支。从隐忍存活的角度来看,文天祥的心志是坚强的,目光是高远的,顶住压力,怀抱希望。山河呜咽,草木涕零,百姓流离失所,将士喋血疆场,面对残破的山河,面对被元军铁蹄践踏的土地,文天祥又岂能一死了之?他必然要使自身生命的价值发挥到极致,这既是他个人的宿命,也是儒家精神的写照,一定要有所作为既是文天祥说给自己听的,也是他说给整个南宋朝廷听的。

文章中间部分用了大量篇幅书写九死一生的过程。在整个逃亡的过程当中，文天祥经历了难以想象的苦痛人生，辗转三百余里，途经数十城池，时刻面临生命的危险，这中间需要多么强大的生存意志和报国之志。如同作者在文章中写的那样："呜呼！死生，昼夜事也，死而死矣，而境界危恶，层见错出，非人世所堪。痛定思痛，痛何如哉！"在作者看来，生死乃早晚之事不足为惧，但是在险象环生的困境中杀出血路生存下来确是多么令人无法想象、难以忍受的呀！作者如果没有强大的斗志和报国精神，又怎么能够做到这一切？可是，自己被俘，朝廷就更加危险，大宋从太祖开国以来三百余年的基业就要毁于一旦了，国家兴亡匹夫有责，更何况自己是统率全国军队的枢密使兼丞相呢？也许是上天的眷顾，也许是命运的转机，文天祥抱着一颗必死之心却杀出血路，回到南宋疆土，历史在这一刻也许会有些许惬意吧，英雄归来必将重整山河。文天祥毕竟不是武夫，逃难中还写下大量诗作记录生命的轨迹，而本文就是他生死之间写出的诗文之序言，作者希望后人能够解读并传承下去。其实，历史是最为公正的，哪怕少了这些诗文，文天祥经历九死一生坚持抗元的精神依旧能被后人所铭记，依旧代代相传。

文章最后是文天祥思想的核心体现。在经历了九死一生之后，他是如何做的呢？"生无以救国难，死犹为厉鬼以击贼，义也。"文天祥的一生充满了悲壮色彩，他表示生前如果不能拯救国家于危难，那么哪怕是死后身为厉鬼也要奋勇杀贼，此情感天动地，荡气回肠。作为一代忠臣，作者认为未能做好君王要求的事就是死也是有罪的；作为一个孝子，作者认为未能使父母给予的身体远离危险就是死也是有罪的；只有面对祖宗先辈求得宽恕，然后"赖天之灵、宗庙之福，修我戈矛，从王于师，以为前驱，雪九庙之耻，复高祖之业，所谓'誓不与贼俱生'，所谓'鞠躬尽力，死而后已'，亦义也"。作者在此指出"义"，正是孟子所讲的"杀身成仁""舍生取义"。由此观之，作者已经做好了赴死的准备。昂首而立、从容赴死，文天祥以自己的热血染红了一个时代，也赋予民族气节新的内涵。

  文天祥已经离开七百余年了，但是"人生自古谁无死，留取丹心照汗青"的诗句依旧在华夏大地上回响，而且要继续传承下去。文天祥的大义凛然、悲壮气节濡染了民族性格，激励着一代代国人为民族尊严而战，文天祥注定不朽。

王守仁

传习录（节选）

夫人者，天地之心，天地万物本吾一体者也。生民之困苦荼毒，孰非疾痛之切于吾身者乎？不知吾身之疾痛，无是非之心者也。是非之心，不虑而知，不学而能，所谓良知也。良知之在人心，无间于圣愚，天下古今之所同也。世之君子，惟务致其良知，则自能公是非，同好恶，视人犹己，视国犹家，而以天地万物为一体，求天下无治不可得矣。古之人所以能见善不啻若己出，见恶不啻若己入，视民之饥溺犹己之饥溺，而一夫不获，若己推而纳诸沟中者，非故为是而以蕲天下之信己也，务致其良知，求自慊而已矣。尧、舜、三王之圣，言而民莫不信者，致其良知而言之也；行而民莫不说者，致其良知而行之也。是以其民熙熙皞皞，杀之不怨，利之不庸。施及蛮貊，而凡有血气者莫不尊亲，为其良知之同也。呜呼！圣人之治天下，何其简且易哉！

【译文】

人即天地之心，天地万物本来与我是一体的。百姓所受的困苦剥削，难道不就是我自己的切肤之痛吗？不明白自身痛苦的人，就是没有是非之心的人。是非之心，是不通过思考就能知道的，不通过学习就能具备的，这就是所谓的良知。良知在人的心中，不论聪明人还是不聪明的人，在天下从古到今都是相同的。世上的君子，只要专心在致其良知上，自然就能具备共同的是非和好恶，待人犹如待己，爱国犹如爱家，将天地万物看作一个整体，以求得天下的大治。古人之所以能看见别人做好事，就像自己做了好事；看见别人做坏事，就像自己做了坏事；看到百姓饥饿难受，就像自己在饥饿难受一样；而一旦有人生活无着落，就像是自己将他推到深渊中去似的，他们并非故意通过这样做取信于天下，而是通过致其良知以求得自我满足。尧、舜、禹、汤、周文王、周武王说的话民众没有不相信的，这是因为他们是致自己的良知之后才说的话；他们的行为民众没有不高兴的，这是因为他们是致自己的良知后才做出的行为。所以他们领导的民众和谐相处、心情愉快，即使有被处死者也无人埋怨，有得到利益者也不用酬谢。将这些推行于蛮夷之地，凡是血气方刚的人没有不孝敬父母的，因为大家的良知都是相通的。唉！圣人治理天下是多么的简便易行啊！

【评解】

本段选自王阳明的《传习录》。王阳明，名守仁，字伯安，号阳明,谥"文成",明代著名的思想家、教育家、哲学家和军事家。王阳明认为,此心即彼心,人心即天地之心。不仅人心都是相同的,人心与宇宙之心也是相同的。这种万物有共同的心就是仁。因为人与万物具有同样的心与相同的仁,所以他们能够合为一体。王阳明曾经在《大学问》中说过一段话,可与这里所选的文字相互比较理解:"大人之能以天地万物为一体也,非意之也,其心之仁本若是,其与天地万物而为一也。岂惟大人,虽小人之心亦莫不然,彼顾自小之耳。是故见孺子之入井,而必有怵惕恻隐之心焉,是其仁之与孺子而为一体也;孺子犹同类者也,见鸟兽之哀鸣觳觫,而必有不忍之心焉,是其仁之与鸟兽而为一体也;鸟兽犹有知觉者也,见草木之摧折而必有悯恤之心焉,是其仁之与草木而为一体也;草木犹有生意者也,见瓦石之毁坏而必有顾惜之心焉,是其仁之与瓦石而为一体也;是其一体之仁也,虽小人之心亦必有之。是乃根于天命之性,而自然灵昭不昧者也,是故谓之明德。"这就是说,人对他人和生灵万物的仁爱,都是"心之仁本若是",是人出于将其视为自己身体的一部分,而萌发出"不忍之心""悯恤之心""顾惜之心"。王阳明又曾经说过:"仁是造化生生不息之理,虽弥漫周遍,无处不是,然其流行发生,亦只有个渐,所以生生不息。如冬至一阳生,必自一阳生,而后渐渐至于六阳,若无一阳之生,岂有六阳?阴亦然。惟其渐,所以便有个发端处;惟其有个发端处,所以生;惟其生,所以不息。譬之木,其始抽芽,便是木之生意发端处;抽芽然后发干,发干然后生枝生叶,然后是生生不息。若无芽,何以有干有枝叶？能抽芽，必是下面有个根在。有根方生，无根便死。无根何从抽芽？父子兄弟之爱，便是人心生意发端处，如木之抽芽。自此而仁民，而爱物，便是发干生枝生叶。"（《传习录》上）这就是说"仁民""爱物"都是从"父子兄弟之爱"的"仁爱"本性中发生出来的。"仁"是一种生命力、一种原动的活力，通过"仁"把"天人一体"之说建立在他的心性论之上。当然，王阳明所说的"爱"，并不是不分厚薄而完全平等的爱。他认为："禽兽与草木同是爱的，把草木去养禽兽，又忍得；人与禽兽同是爱的，宰禽兽以养亲，与供祭祀，燕宾客，心又忍得。至亲与路人同是爱的，如箪食豆羹，得则生，不得则死，不能两全，宁救至亲，不救路人，心又忍得。这是道理合该如此。及至吾身与至亲，更不得分别彼此厚薄。盖以仁民爱物，皆从此出。"（《传习录》下）这种从"心之仁本"推出"天人一体"和"爱物"的生态伦理学思想，是按照自然物离人类的远近亲疏关系而定的。这是遵循孟子的"亲亲—仁民—爱物"的爱有差等观。孟子虽然把"仁"由人际关系推展到人与物的关系，然而仍把善的行为归为"亲"与"爱"，这一点又不同于现代非人类中心主义生态伦理学。现代非人类中心主义生态伦理学要求对万物一视同仁，而没有亲疏之别。当然，王阳明对儒家"仁爱型"人类中心主义生态伦理观作了极大的发展，还是值得肯定的。

王阳明又进一步说明，"盖天地万物与人原是一体，其发窍之最精处是人心一点灵明。风雨露雷，日月星辰，禽兽草木，山川土石，与人原只一体"，"只为同此一气，故能相通耳"（《传习录》下)。当他的学生问及人与禽兽草本"何谓之同体"时,王阳明回答说:"如此,便是一气流通的,如何与他间隔得!"(《传习录》下)这里,所谓"同此一气""一气流通",不仅含有宇宙本体论的意义,同时也包含把宇宙万物看成息息相通的有机整体系统的意义,即人只是宇宙中的一物,人与天地万物的关系不是主人与奴仆、征服者与被征服者的关系,而是心心相印的平等和谐的关系(本文讲的"夫人者,天地之心,天地万物本吾一体者也")。这样规定人类在天地宇宙中的地位,与现代生态伦理学的基本观点是一致的。

王船山

思问录（节选）

道莫盛于趋时。富贵、贫贱、夷狄、患难极于俄顷之动静、云为以与物接，莫不有自尽之道。时驰于前，不知乘以有功，逮其失而后继之以悔，及其悔而当前之时又失矣。故悔者，终身于悔之道也。动悔有悔，终身于葛藟，往而即新，以尽其乾惕，然后得吉焉。故曰吉行，吉在行也。

【译文】

立身处世的道理，最重要的莫过于跟上形势。富贵、贫贱、外祸、患难以至于顷刻之间的一举一动、一言一行，随时都要与外界接触，这里都存在一个主观认识与对待客观事物的问题。时机跑在前面，不利用它去达到预期的目的，等到时机丧失了，又后悔，一后悔当前的时机又丧失了。所以爱后悔的人，一辈子都陷入后悔的深渊。如果一味地后悔，就会像《诗经·王风·葛藟》

诗中所形容的那个人一样，终身无所适从。只有一往无前，跟上形势，天天进取，时时警惕，才能取得成功，所以说，"吉行"就是说吉利要在行动中争取。

"君子之过，如日月之食"，更新而趋时尔，以向者之过为悔，于是而有迁就补缀之术，将终身而仅给一过也。

【译文】

"君子之过，如日月之食"的时代变了，人的思想和行动也要因之改变。如果一味地追悔过去的错误，就会采取迁就的、修修补补的消极办法。这样，一辈子就只能对付这个错误了。

【评解】

此两段选自王船山的《思问录》，反映了王船山与时俱进、不断创新的思想。文章认为，事物是不断发展变化的，要积极进取，及时更新知识，以便跟上时代前进的步伐。《思问录》分内、外两篇，各一卷。内篇主要论述哲学问题，外篇谈了天文、历数、乐律、医学等各种自然科学问题。

王船山（1619—1692），名夫之，字而农，号姜斋，明清之际思想家、哲学家、史评家，湖南衡阳人。因晚年居衡阳之石船山，故世称"船山先生"。清兵南下，曾举兵抗清，失败后至广东肇庆，效力南明王朝。南明灭亡，从广西桂林潜回湖南，隐伏于湘、西山区（"湘"指湖南，"西"指广西，指湖南衡阳与广西桂林的瑶家山区，具体指湘桂之间的云台山、邵阳耶姜山、衡阳石船山等地），他刻苦著作四十年，有《船山全书》传世。王船山一生著作甚丰，以《读通鉴论》《宋论》为其代表作。

曾国藩

致诸弟·劝弟谨记进德修业

四位老弟左右：

昨廿七日接信，快畅之至，以信多而处处详明也。四弟七夕诗甚佳，已详批诗后；从此多作诗亦甚好，但须有志有恒，乃有成就耳。余于诗亦有工夫，恨当世无韩昌黎及苏黄一辈人，可与发吾狂言者。但人事太多，故不常作诗，用心思索，则无时敢忘之耳。

吾人只有进德、修业两事靠得住。进德，则孝悌仁义是也；修业，则诗文作字是也。此二者由我作主，得尺则我之尺也，得寸则我之寸也。今日进一分德，便算积了一升谷；明日修一分业，又算余了一文钱；德业并增，则家私日起。

至于功名富贵，悉由命定，丝毫不能自主。昔某官有一门生为本省学政，托以两孙，当面拜为门生。后其两孙岁考临场大病，科考丁艰，竟不入学。数年后两孙乃皆入，其长者仍得两榜。此可见早迟之际，时刻皆有前定，尽其在我，听其在天，万不可稍生妄想。六弟天分较诸弟更高，今年受黜，未免愤怨，然及此正可困心横虑，大加卧薪尝胆之功，切不可因愤废学。

九弟劝我治家之法，甚有道理，喜甚慰甚！自荆七遣去之后，家中亦甚整齐，待率五归家便知。《书》曰："非知之艰，行之维艰。"九弟所言之理，亦我所深知者，但不能庄严威厉，使人望若神明耳。自此后，当以九弟言书诸绅而刻刻警醒。季弟天性笃厚，诚如四弟所云"乐何知之"求我示读书之法及进德之道。另纸开示，余不具。国藩手草。（道光二十四年八月廿九日）

【译文】

四位老弟左右：

昨天收到二十七日来信，非常畅快，回信多而所写的事处处详细明白，四弟的七夕诗很好，意见已详细批在诗后；从此多作诗也很好。但要有志、有恒，才能有所成就。我对于诗也下了不少功夫，只是遗憾当世没有韩昌黎和苏、黄一辈人，可以引起我口出狂言。但人事应酬太多，所以不常作诗。用心思索，那还是时刻不敢忘的。

我们这些人只有进德、修业两件事靠得住。进德，指孝、悌、仁、义的品德；修业，指写诗、作文、写字的本领。这两件事都由我作主，能够进一尺，便是我自己的一尺；能够进一寸，便是我自己的一寸。今天进一分德，便可以算是积累了一升谷；明天修一分业，又算剩下了一文钱。德和业都增进，那么家业就会一天天兴起。

至于富贵功名，都由命运决定，一点也不能自主。过去某官员有一个门生，是本省学政，便把两个孙儿托付给他，当面拜门生为师。后来那两个孙儿在临考时大病一场，到了科考又因父母故去而有孝在身，不能入学。几年后，两人才都入学，大的仍旧连中两榜。可见入学迟早、入学时间都是生前注定。考的方面虽尽其在我，但取的方面听其在天，万万不要产生妄想。六弟天分比诸位弟弟更高些，今年没有考取，不免怨天尤人。但到了这一步应该自己衡量一番，加强卧薪尝胆的苦功，切不可因气愤而废弃学习。

九弟劝我治家的方法，很有道理，真是太让人高兴、让人欣慰！自从荆七被派去以后，家里也还算整齐，等率五回来便知道了。《尚书》说："不是认识事物难，而是认识了去实行更难。"九弟所说的道理，我深有体会，但为人不能太庄严、太威厉，使人望着像望着神一样。自此以后，我应当以九弟的批评作为座右铭，时刻警惕反省。季弟天性笃诚踏实，正像四弟所说的，怎么样都可以！要求我指示读书的方法和进德的途径，我在其他纸上一一列出了。其余的不多写了，国藩手草。（道光二十四年八月二十九日）

【评解】

曾国藩（1811—1872），初名子城，字伯涵，号涤生，谥"文正"，湖南湘乡人。晚晴湘军的创立者和统帅，理学家、政治家、文学家，官至两江总督、直隶总督、武英殿大学士，封一等毅勇侯。曾国藩作为家中长子，自中进士后经常和众位兄弟通信，谈论诗文之道、功名之学，既是兄长教育兄弟们的职责体现，又是曾国藩抒发仕途宦海的心得，同时，这些信件也传递出曾家兄弟的和睦、团结。本篇书信主要是曾国藩劝众位兄弟在进德、修业方面应当努力。由此可以看出，曾国藩的成功之道在于个人的修为。

首段指出"作诗亦甚好，但须有志有恒，乃有成就耳"。先和四弟谈论作诗之道，但是强调要有恒心、有志向，只有在这样的基础上才会有所成就。同时也可以看出，曾国藩对于作诗有着自己的独特见解，"余于诗亦有工夫，恨当世无韩昌黎及苏黄一辈人，可与发吾狂言者"。曾国藩虽然仕途顺利，但毕竟脱不掉文人习气，总想在众人面前一展诗才，但是在特殊的时代背景下已经很少有人有韩愈、苏轼、黄庭坚等大文豪的雅趣了。但是，曾国藩下的功夫依旧没有因为公务而弛。

第二段是本书信的核心，主要讲述进德和修业两个问题。"进德，则孝悌仁义是也；修业，则诗文作字是也。"在曾国藩看来，德行和修业主要还是在于本人。"此二者由我作主，得尺则我之尺也，得寸则我之寸也。"只要肯下功夫，就必定在德行上有进展，而修业更是需要不断地努力，才能熟能生巧，进而达到一定的高水准。这两方面进步的原因不在别人身上，全靠个人修为。"至于功名富贵，悉由命定，丝毫不能自主。"对于功名富贵，曾国藩的观点是运气大于个人努力，并以此劝告落第的六弟，这当然不是因为需要劝告老六曾国藩才如此认为，而是曾国藩终其一生的观点。

末段关于治家之法的评议。在曾国藩看来,"非知之艰,行之维艰"。不是知道治家有多么不易,而是在治家过程中真正感到有多么艰难。曾国藩是理学信徒,严格遵守"修齐治平"的思想,所以对治家之事特别认真,因此,也成就了治国平天下的信仰。

曾国藩的成功绝非偶然,而是不断修德的结果。从治家之事可以看出,曾国藩做事极其认真,面对功名则是顺天命的态度。在自己尽力而为的情况下,其他的就看运气了。曾国藩以自己的言论论证了成功者的必备素养。

评"研几工夫最要紧"*

倭艮峰①前辈，先生言"研几"工夫最要紧，颜子之有不善，未尝不知，是研几也。周子曰："几善恶。"《中庸》曰："潜虽伏矣，亦孔之昭。"刘念台先生曰："卜动念以知几。"皆谓此也。失此不察，则心放而难收矣。

【译文】

我的老师倭艮峰先生说："下功夫去研几是人生最要紧的事情。"孔子的学生颜回对善没有不知道的，这是他重视研几。周敦颐说："从研几中辨善恶。"《中庸》说："几虽然潜伏着，但一旦被掌握，就可以见微而知著，具备高尚的道德品性了。"刘念台（名宗周）提出"审查自己的念头可以发现知几"。这些都是讲体察精微功夫的。对这些视而不见，就会使心放纵难收，丧失道德品性。

【评解】

《周易·系辞上》云："夫《易》，圣人之所以极深而研几也。"曾国藩对这种"研几"颇有感慨。所以在其《求阙斋读书

---

* 本篇选自《求阙斋读书录》，标题为作者所加。
① 倭仁：（1804—1871），字艮峰，谥"文端"，乌齐格里氏，蒙古正红旗人，晚清大臣、同治帝之师。道光九年（1829）进士，选庶吉士，授编修。历中允、侍讲、侍读、庶子、侍讲学士、侍读学士。任副都统、工部尚书、文渊阁大学士。所著被后人辑为《倭文端公遗书》。

录》中写下这段《易》论，主旨是关于如何审辨善恶的。从研几中辨善恶是周敦颐提出的一种善恶论观点。曾国藩把它突出来加以强调，借倭仁提出"研几工夫最要紧"的哲学命题，提出了自己的研几思想。有三点值得我们注意：

第一，研几是一种道德修养功夫。"几"作为哲学范畴，是《易传》开始提出来的，所谓"几者动之微"，这个命题便提出了"几"的概念，几是一种"动之微"，即将动未动时的一种征兆，《易传》讲"几"是为了定吉凶。周敦颐发展了"几"的理论，提出"几善恶"的观点，即从几上分善恶的观点，从而使研几有了道德论的意义。曾国藩继承了这一思想，将倭仁提出的"研几工夫最要紧"的哲学认识论命题改造为伦理学命题，阐明了研几是最要紧的"道德功夫"，而非仅仅"认识功夫"的思想，从而完善了周敦颐的修养理论。

第二，卜动念以知几。任何人的善恶都有一个心理活动过程，时刻明了自己心中萌发的念头就可以知道"几"的善恶性质了。明朝心学大师刘宗周提出"卜动念以知几"的命题，是为了更好地修心养性，曾国藩加以吸收也是出于加强个人修养的需要。因为知道心之动念才会使心不放纵难收，而保持道德品性。

第三，研几是极深的理论。研几是做圣人的一种极深的理论。颜回之所以成为贤圣之人，就是因为掌握了研几理论，所以"有不善，未尝不知"。《中庸》说："知微之显，可与入德矣。《诗》云：'潜虽伏矣，亦孔之昭。'"这种研几理论一旦被掌握，就可以见微而知著，具备高尚的道德品性了。曾国藩认为"研几"就是《中庸》讲的"知微"理论，这也是其易庸相通论观点的一种体现。曾国藩重视研几理论的掌握，所以博览群书"治之终身不厌"，这亦说明了这种研几理论的"极深"，不下苦功夫是难以弄通的。在本段《易》论中，曾国藩列举了"研几"造诣很深的三个圣贤之人：颜回、周敦颐、刘宗周，绝不是偶然的，他告诉人们一条学习研几理论的门径，即向三位圣贤之人学习，便可步入研几理论的殿堂。